»Es ist eine Stärke, dass Marlen Hobrack nicht nur sehr offen und eindrucksvoll von sich und ihren Eltern erzählt, sondern dass sie daraus kluge gesellschaftliche Schlüsse zieht. […] Durch die autobiografischen Bezüge Hobracks bekommen sie eine überzeugende Dringlichkeit.«

Bettina Baltschev, *MDR Kultur*

Über die Autorin:

MARLEN HOBRACK, geboren 1986 in Bautzen, studierte Literatur-, Kultur- und Medienwissenschaften und arbeitete im Anschluss für eine Unternehmensberatung. Seit 2016 schreibt sie hauptberuflich für diverse Zeitungen und Magazine, u. a. für *der Freitag*, *Die Zeit*, *Die Welt* und das Kunstmagazin *Monopol*. 2023 erschien ihr Debütroman »Schrödingers Grrrl« im Berliner Verbrecher Verlag. Sie wurde 2023 mit dem Jörg-Henle-Preis für Literaturkritik ausgezeichnet. Marlen Hobrack lebt und schreibt in Leipzig.

Marlen Hobrack

KLASSENBESTE

Was von der Arbeit
meiner Mutter bleibt

HarperCollins

Aktualisierte Taschenbuchausgabe der 2022 bei Hanser Berlin
unter dem Titel *Klassenbeste. Wie Herkunft unsere Gesellschaft spaltet*
erschienenen Hardcover-Ausgabe.

1. Auflage 2024
Lizenzausgabe im HarperCollins Taschenbuch
Mit freundlicher Genehmigung von Hanser Berlin
in der Carl Hanser Verlag GmbH & Co. KG, München

Umschlaggestaltung von Rothfos & Gabler, Hamburg
Umschlagabbildung © Sibylle Bergemann / OSTKREUZ
Gesetzt von Greiner & Reichel, Köln
Druck und Bindung von CPI books GmbH, Leck
Printed in Germany
ISBN 978-3-365-00624-5
www.harpercollins.de

INHALT

FÜR MEINE MUTTER

Arbeit ist die wärmste Jacke. Sie steht nur nicht jedem.

VOLKSWEISHEIT

VORWORT

Seit der Veröffentlichung von *Klassenbeste* sind anderthalb Jahre vergangen. Für gewöhnlich rechtfertigt solch eine kurze Zeit zwischen dem Erscheinen eines Buches und einer neuen Ausgabe kein neues Vorwort. Wenn ich doch ein Vorwort schreibe, so aus dem Grund, dass sich seit dem Erscheinen des Buches alles verändert hat. Weil das Subjekt, dessen Geschichte in diesem Buch erzählt wird, meine Mutter also, verstorben ist. Noch immer scheue ich mich, diese Worte zu tippen: Meine Mutter ist tot. Ist die Scheu das Produkt eines magischen Denkens, das annimmt, die Realität könne durch die Wörter, durch ein Verschweigen oder Auslöschen, manipuliert werden?

Meine Mutter ist tot. Das macht dieses Buch zu einer Art Epitaph. Gewöhnlich sind Arbeiterinnen nicht die Sorte Mensch, denen man Denkmäler widmet. *Klassenbeste* ist ein Buch über meine Mutter, es ist der Versuch, eine Arbeiterinnenbiografie zu erzählen. Eine Biografie, die für sich genommen nichts Besonderes ist – wenn man Besonderheit identifiziert mit einer großen, geschichtlich verbürgten, anerkannten Leistung. Die Provokation dieses Buches besteht darin, die Geschichte einer Frau zu erzählen, die der Welt nichts bedeuten mag, mir jedoch alles.

Meine Mutter arbeitete, sie arbeitete hart. Wie kann man Lebensarbeitsleistung bemessen? Was Arbeitsleistung ist, definieren Ökonomie und Physik unterschiedlich. Für Ökonomen geht es um Kenngrößen wie Mehrwert und Produktivität. Wie ließe sich die Produktivität meiner Mutter bemessen? Welche

Formel ließe sich anwenden für die Produktivität einer Reinigungskraft, deren Aufgabe es ist, Zimmer möglichst gründlich zu reinigen? Ökonomen könnten die Produktivität der einen Arbeitskraft vergleichen mit jener einer anderen. Damit allerdings wäre nichts gesagt über die Qualität der Arbeit. Oder was diese Arbeit bedeutet. Für die Gesellschaft oder die Person, die sie leisten muss.

Ganz anders die physikalische Definition der Arbeit. Arbeit ist gleich Kraft mal Weg. Es fällt mir schwer, diese Formel nicht metaphorisch zu lesen. In gewisser Weise ist *Klassenbeste* ein Buch über die Kraft meiner Mutter, und über den von ihr zurückgelegten Weg. Diesen Weg nennen wir landläufig »Aufstieg«, für die Kraft haben wir andere Bezeichnungen gefunden: Resilienz oder Durchhaltevermögen. Die Fähigkeit, die Zähne zusammenzubeißen und weiterzumachen, den Berg erklimmen, trotz der Steine, die man im Rucksack trägt.

*

Arbeit ist ein Parasit, schreibe ich in *Klassenbeste*. Dieser Parasit sitzt den Körpern auf, laugt sie aus, verzerrt sie zuletzt. Meine Mutter arbeitete bis zu ihrem Lebensende, nicht weil sie es musste, sondern weil sie sich ein Leben ohne Arbeit nicht vorstellen konnte. Es ist die Abhängigkeit von einer Sache, die den Körper zuletzt zerstört. Mit gerade einmal 69 Jahren.

Was bleibt von der Arbeit meiner Mutter? Der Untertitel formuliert keine Frage. Tatsächlich stelle ich mir diese Frage. Die Arbeitszeugnisse meiner Mutter füllen keine Vitrinen; es gibt nichts Greifbares, nichts Vorzeigbares, denn die Arbeit meiner Mutter bestand darin, etwas für andere zu tun. Das haben ihre Arbeit als Werktätige in der DDR, als Angestellte in der wiedervereinigten Bundesrepublik und ihre Arbeit als Mutter gemein. Es ist eine Form der Arbeit, deren Natur jeweils nur in der gegenwärtigen Wirkung auf andere beschrieben werden kann. Und die droht vergessen zu werden, sobald die Person, die sie leistet, nicht länger existiert.

Was von der Arbeit meiner Mutter bleibt, ist das Alltägliche, die tägliche Wiederholung bis zur Erschöpfung. Türklinken putzen und Treppen wischen. Türen aufschließen und wieder verschließen. Kinder ankleiden und mit ihnen zunächst zum Kindergarten hetzen. Wickeln und füttern, trösten und umsorgen. Meine Mutter hat stets mit Stolz auf ihre Kinder und Kindeskinder geblickt, vermutlich deshalb, weil sie begriff, dass sie das *verkörpern,* was bleibt. Auch nach ihrem Ableben.

In den anderthalb Jahren seit dem Erscheinen von *Klassenbeste* habe ich mit vielen Menschen gesprochen, die mir mit Tränen in den Augen sagten, sie verstünden ihre eigene Mutter seit der Lektüre meines Buches etwas besser. Sie sähen sie nun mit anderen Augen. Beim Schreiben war mir nicht klar gewesen, wie repräsentativ die Geschichte meiner Mutter ist für ihre Generation von Frauen, ob in Ost- oder Westdeutschland.

Schreiben ist Verwandlung. Erinnerung ist Verwandlung. Das Schreiben dieses Buches hat mir nicht allein die Lebens- und Arbeitsleistung meiner Mutter vor Augen geführt. Es hat meine Mutter vor meinem sehenden Auge verwandelt. Meine Mutter hat sich nie als das Opfer der Verhältnisse betrachtet. Sie hat das Beste aus ihrem Leben gemacht. Genau so will ich sie in Erinnerung behalten.

EINLEITUNG

Ich stamme aus einem bildungsfernen Elternhaus. So nennt man das soziologisch steif. Mein Vater verließ die Schule nach der achten Klasse und blieb sein Leben lang ein ungelernter Arbeiter, der mal als Umzugshelfer, mal als LKW-Fahrer arbeitete. Meine Mutter verließ die Schule nach der neunten Klasse. Sie brachte es von der Fleischereifachverkäuferin zur Sachbearbeiterin, wurde schließlich verbeamtet und arbeitete insgesamt fünfundzwanzig Jahre lang in einer Justizvollzugsanstalt. Meine beiden Geschwister und ich machten Abitur, studierten und rückten mit unseren Berufen als Pflegeheimleiterin, Lehrer und Journalistin in die Mitte der Gesellschaft.

Unsere Geschichte klingt wie die Einlösung des meritokratischen Versprechens der bürgerlichen Gesellschaft: *Arbeite hart, streng dich an, dann wirst du es zu etwas bringen.* Doch dieser unerhörte Klassenwechsel ereignete sich in einer historischen Ausnahmesituation: den Nachwendejahren. Alte staatliche Hemmnisse, die den Zugang zur höheren Bildung erschwert hatten, etwa die Kopplung der Studienzulassung an Staatstreue und Armeeverpflichtung, waren durch die Wiedervereinigung beseitigt worden. Zugleich konkurrierten Mittelschichtseltern und Bildungsferne noch nicht um den Zugang zum Gymnasium, einem wichtigen Garanten für den Klassenerhalt oder -aufstieg der Kinder. Das System war für kurze Zeit offen. Bald würden sich auch im ehemaligen »Arbeiter-und-Bauern-Staat« und dem nunmehr neuen Teil der Bundesrepublik die Klassenverhältnisse verfestigen – und das bedeutet konkret, dass der Bildungserfolg der Kinder wesentlich vom Status und Bildungshintergrund der Eltern abhängt.

Das Erzählen über Klasse hat Hochkonjunktur. In den letzten Jahren erschien eine recht lange Liste mal biografisch, mal analytisch eingefärbter Bücher auf dem europäischen Buchmarkt. Christian Baron, Didier Eribon, Édouard Louis oder Darren McGarvey – um nur einige zu nennen – erzählen von Klasse, davon, wie es ist, von ganz unten zu kommen und sich heraufzuarbeiten. Sie zeichnen die feinen Unterschiede auf, wie sie Pierre Bourdieu in seiner gleichnamigen Untersuchung zum Habitus der unterschiedlichen Schichten herausarbeitete,[1] die bisweilen schwer in Worte zu fassenden Differenzen. Dabei schaffen sie es, neue, identitätsstiftende Bilder für die Zugehörigkeit zur Arbeiterklasse zu finden.

Die Figur des Arbeiters, zuletzt so gründlich allenfalls in der DDR-Literatur oder der neusachlichen Literatur des frühen 20. Jahrhunderts beleuchtet, ist plötzlich allgegenwärtig. Doch welche Texte man auch liest, diese Figur ist vor allem eins: männlich. Wenn von Frauen der Arbeiterklasse erzählt wird, dann sind es Frauen *von* Arbeitern. Diese Frauen haben Anteil am Schicksal der Arbeiterklasse – meist als Opfer ihrer versoffenen, gewalttätigen Arbeitermänner –, aber sie sind in aller Regel nicht Subjekt der Verhandlungen über Klasse.

Nicht nur die Literatur tut sich schwer mit der Erzählung von Arbeiterinnenleben; auch in feministischen Betrachtungen hat die Figur der Arbeiterin einen schweren Stand. Sie kommt zwar in Form der ausländischen Putz- oder Pflegekraft in den Debatten um Care-Arbeit vor; doch sie erscheint in diesen Debatten als mehrfach Marginalisierte. Sie verkörpert als Figur nicht so sehr innergesellschaftliche Konflikte als vielmehr die Verlagerung von Konflikten nach außen. Sie löst als Sozialfigur, als sozialer Typus und Klischeefigur, bei Feministinnen zwar

Mitleid oder ein Gefühl von Klassenscham aus, doch sie bleibt in den Darstellungen und Studien ein Opfer der Verhältnisse.

Der Grund für das Fremdeln vieler Feministinnen mit der Figur der Arbeiterin liegt auf der Hand: Es fehlt ein Bild für das, was es bedeutet, eine Arbeiterin zu sein. Es mangelt an konkreten Erzählungen darüber, wie es sich anfühlt, wenn die Funktionen von Produktion und Reproduktion von einem Subjekt und seinem Körper erfüllt werden müssen. Wenn ein Subjekt körperliche Arbeit leistet *und* Kinder gebiert. Wenn sich das Subjekt nicht entscheidet zwischen Erwerbstätigkeit und Mutterschaft, sondern sehr selbstverständlich beides lebt.

Weil ich überzeugt bin, dass es Bilder und Geschichten braucht, um über gesellschaftliche Probleme zu sprechen, möchte ich von meiner Mutter erzählen. Ihre Biografie steht stellvertretend für die Biografien all der anderen Frauen, die mich sozialisierten – meiner Tanten, meiner Schwester, der Mütter von Freundinnen und Partnern. Alle sind Frauen, die die ihr Leben lang arbeiteten, und sehr häufig in jenen Berufen, die mit körperlicher Arbeit einhergehen.

Meine Mutter ist heute siebenundsechzig, sie arbeitet, seit sie zwölf war. Das macht fünfundfünfzig Arbeitsjahre. Eine erstaunliche Lebensleistung. Mit viel Fleiß und beeindruckender Resilienz arbeitete sie sich in die Mittelschicht hoch, wurde sogar verbeamtet. Und kehrte schließlich dorthin zurück, wo sie herkam: in die Arbeiterklasse. Seit ihrer Pensionierung arbeitet sie als Putzfrau.

Ziemlich lange druckste ich herum, wenn mich Bekannte fragten, was meine Mutter denn gerade arbeite. Ich hatte Hemmungen, das Wort »Putzfrau« auszusprechen, weil ich fand, dass es ein falsches Bild von ihr vermittelte. Sie arbeitete freiwillig als Putzfrau, sie hätte sich eine andere *Beschäftigung* suchen können. Meine Hemmung kommt nicht von ungefähr: Innerhalb unserer sozialen Hierarchie steht die Putzfrau ganz unten. Zumeist nehmen wir sie gar nicht wahr, wollen sie auch nicht wahrnehmen. Mein Unbehagen zu bekennen, welche Tätigkeit meine Mutter ausübt, spiegelt die Mittelschichtsperspektive auf eine ehrenwerte und *systemrelevante* Tätigkeit wider. Sie ist Klassendünkel.

Eine Biografie lässt sich immer wieder anders erzählen, und so ließe sich auch die Biografie meiner Mutter auf jeweils andere Arten erzählen: als Aufstieg aus ärmsten Verhältnissen in die Mittelschicht, als Beleg dafür, dass sich harte Arbeit zuletzt auszahlt und dass jeder es zu etwas bringen kann. Ihre Geschichte ließe sich als Aufstieg einer Person erzählen, deren Kinder innerhalb der Mittelschicht weiter aufsteigen konnten, weil ihre Mutter ihnen das Ethos von Leistungsbereitschaft und Arbeitsdisziplin vorlebte. Ihre Geschichte ließe sich als Komödie, als Tragödie oder Farce erzählen. In jedem Fall handelt es sich um eine Geschichte, in der Armut, Arbeit, Gewalt und die Härte der Ereignisse sich immer wieder gegen das Subjekt dieser Geschichte, gegen meine Mutter also, zu verbünden scheinen.

Wir alle sind das Produkt unserer Herkunft, und diese Herkunft ist ein komplexes Gefüge aus Elternhaus, Milieu, Schichtzugehörigkeit, Klasse und der zufälligen zeitlichen Verankerung in einem historischen Abschnitt. Meine Mutter wurde in eine arme, kinderreiche, bildungsferne Familie geboren. Ihre Herkunft prägte ihre Lebensentscheidungen mit einer Selbstverständlichkeit, die nicht ohne Weiteres hinterfragt werden kann.

Herkunft ist etwas, das sich uns einschreibt. Sie markiert nicht einfach den Ausgangspunkt unserer eigenen Biografie und unseres Lebensweges, sie ist gleichsam ein Gepäck, das wir mit uns herumschleppen. Manche Menschen wollen nichts sehnlicher, als sich von ihrer Herkunft lösen. Für andere markiert Herkunft einen Halt, einen Platz in der Welt, eine sichere

Bank. Viel wird die Nase gerümpft über identitätspolitische Verortungen, die auf Herkunft – gemeint ist damit selten die Klasse, vielmehr die Zugehörigkeit zu einer bestimmten Kultur oder (gewählten) Community – abzielen, dabei bietet sie ein Sicherheitsnetz in Zeiten der Verunsicherung. Identitätspolitik ist nicht nur das, was People of Colour oder Queers betreiben. Je unübersichtlicher und komplexer die gesellschaftlichen Verhältnisse, desto größer ist das Bedürfnis, sich einer Gruppe, einem Stamm, einer Fraktion zuzuordnen: den jungen Ostdeutschen, queeren Migranten oder Schwarzen[2] Akademikerinnen.

Seit Jahren nun tobt ein Richtungsstreit zwischen traditionell marxistischer Linker und der »neuen Linken«, wie Vertreter von Identitätspolitik bezeichnet werden. Letzteren wirft man vor, sie würden sich nicht mehr für soziale Gerechtigkeit interessieren, sondern nur noch Luxusanliegen der westlichen Mittelschichten verhandeln. Unter dem Label Identitätspolitik wird je nach politischer Couleur alles subsumiert, was Frauen, Homosexuelle, Queers, trans Personen, Schwarze usw. betrifft. Deren Anliegen werden den Anliegen der »normalen Bürger« gegenübergestellt. Die Normalbürger, so muss man zwangsläufig folgern, sind dann vor allem weiß, männlich und hetero. Solch eine Konstruktion von Normalität ist offensichtlich problematisch.

Anhand der Biografie meiner Mutter will ich zeigen, dass wir gerade nicht zwischen den Perspektiven Identität oder Klasse wählen sollten, sondern dass wir sie wie Werkzeuge bei der Analyse der ungeheuer komplexen Gegenwart benutzen müssen. Wir sollten sie wie Brillen begreifen, die uns je nach Situation helfen, eine Konstellation genauer zu betrachten. Weder eine Klassenperspektive noch Identitätspolitik sollten als Dogmen verstanden oder instrumentalisiert werden.

Wenn ich in diesem Text feministische Diskurse kritisiere, dann tue ich das als Feministin, die den Blick durch die Klassenbrille wählt. Wenn ich dagegen der Figur des Malochers die Arbeiterin und Putzfrau gegenüberstelle, dann blicke ich durch eine feministische Brille und korrigiere damit die Klassenperspektive. Und zwar nicht in Opposition zur marxistisch-materiellen Analyse, sondern in deren Ergänzung. Wenn ich zusätzlich beide Konstellationen durch eine Ost-West-Brille betrachte, dann nur, um zu zeigen, dass selbst ein leicht veränderter, ideologischer Standpunkt die Dinge in einem völlig anderen Licht erscheinen lässt. Ideologisch meint hier nicht »verblendet«, sondern eine bestimmte Auffassung von Welt, wie man in Anlehnung an Antonio Gramsci sagen könnte.[3] Zusammengenommen erlauben die unterschiedlichen Perspektiven einen erheblich differenzierteren Blick auf die gesellschaftliche Realität.

Ich werde meine Mutter als Arbeiterin, als Mutter und als Ostdeutsche betrachten. Ihre Biografie dient auch als Abgrenzung und Hintergrund meiner eigenen Biografie. Diese Erzählung ist ebenso eine Erzählung über mich – und über die Prägungen, die ich durch meine Herkunft erfahren habe. Sie führen mir immer wieder die Kluft zwischen meiner Erfahrung, meiner Wahrnehmung der Wirklichkeit und den dominanten Diskursen der sogenannten Mitte vor Augen.

1. EINE FRAU IHRER KLASSE

Das Arbeitsleben meiner Mutter beginnt mit zwölf. Jenseits des Eisernen Vorhangs proben zu jener Zeit – es sind die späten Sechziger – junge Menschen den Aufstand, sie zelebrieren Musik und Frieden als Gegenkultur, als Antidot zu einem normierten Leben unter kapitalistischen Vorzeichen. Bald schon wird Woodstock zum Höhe- und Endpunkt jugendlicher Rebellion, zu *dem* Ereignis einer ganzen Generation avancieren. In der DDR gestalten sich die Sommer meiner Mutter profaner. Gemeinsam mit ihrem ein Jahr jüngeren Bruder arbeitet sie in einer Konservenfabrik. Ich stelle mir das so vor: Meine eher kleingewachsene Mutter, in ihrer jugendlichen Inkarnation vielleicht mit einer Schürze bekleidet und ganz sicher mit einem Haarnetz, steht an einem Fließband. Unablässig wälzt das Band scharfkantige Metalldosen um. Die müssen aufgerichtet und mit Suppen, eingekochtem Kompott oder Kirschen befüllt werden. Hier und da schieben sich die Geschwister eine Handvoll Früchte in den Mund. Sie sind stolz darauf, für ihre Mutter Geld mitverdienen zu können. Es sind nur etwa zwanzig Mark pro Woche, so genau erinnert sich meine Mutter heute nicht mehr, wohl aber daran: Das Geld ist überlebenswichtig, denn oft genug hungern die Kinder. Ab und zu erhält die Familie von einem mitleidigen Bäcker Kuchenränder, die alle begierig verschlingen. Was Marie Antoinettes angebliche Bemerkung, die Armen sollten doch Kuchen essen, wenn sie kein Brot haben, in ein völlig neues Licht rückt.

Meine Mutter erledigt ihre Arbeit ordentlich, so wie sie

es ihr Leben lang halten wird. Ihr Einkommen und das ihres Bruders trägt dazu bei, den Lebensunterhalt der achtköpfigen Familie – sie sind sieben Kinder und ihre Mutter – zu sichern. Vielleicht ist sie ein bisschen stolz, nein, wohl eher nicht, sie kennt es nicht anders. Auch zu Hause arbeitet sie unentwegt, denn die kleinen Kinder wollen versorgt sein, und die Wäsche muss mit der Hand gewaschen werden, das ist mühsam und langwierig. Nur wenige Jahre später wird sie die Schule verlassen müssen, obwohl sie gerne einen Realschulabschluss gemacht hätte. Aber ein Lehrlingsgehalt ist höher als das Kindergeld, das meiner Großmutter zusteht, und so entscheidet sich meine Großmutter gegen die Bildung ihrer Tochter und für die Erleichterung eines prekären Lebens. Wohlgemerkt, es sind die späten Sechziger des 20. Jahrhunderts.

Eines Tages endet die Schicht meiner Mutter und ihres jüngeren Bruders. Die Kinder sind spät dran. Sie haben Angst, meine Großmutter warten zu lassen, denn sie regiert daheim mit harter Hand. Beide schwingen sich auf ihre Fahrräder und rasen los. Rasen, nun ja, das macht mein Onkel. Meine Mutter ist bis heute keine gute Radfahrerin, sportliche Ertüchtigung ist ihre Sache nicht, sie versucht also, im Tritt zu bleiben, während mein Onkel immer schneller fährt. Die beiden Teenager rasen über das brüchige Pflaster der Kleinstadt Gardelegen in Sachsen-Anhalt. Dann nähern sie sich rasant einer Kurve, mein Onkel nimmt sie im Schwung, meine Mutter sieht die Kurve zu spät, das Fahrrad knallt an die Bordsteinkante, meine Mutter überschlägt sich und landet im Vorgarten eines Häuschens. Für einige Minuten verliert sie das Bewusstsein. Sie kommt erst wieder zu sich, als sich ein Mann über sie beugt – Glück im Unglück, es ist ein Arzt, der örtliche Frauenarzt. Mit Verwunderung muss sie feststellen, dass ihr Unterarmknochen aus ihrem Arm ragt. Der Frauenarzt schient den Arm notdürftig und ruft einen Krankenwagen.

Die Mitarbeiter des Krankenhauses halten es nicht für nötig, meine Großmutter zu informieren. Oder tun es, aber meine Großmutter macht sich nicht die Mühe, ins Krankenhaus zu kommen. So oder so: Das Kind bekommt eine Narkose, allein, auf sich gestellt, der Arm wird gerichtet. Die Zwölfjährige, die ja meine Mutter ist – die Geschichte schafft eine seltsame Distanz zwischen mir und ihr –, wird in den Krankenwagen gesetzt, der sie nach Hause fährt.

Als der Krankenwagen vor ihrem Elternhaus hält, ist meine Großmutter sichtlich aufgebracht. Stundenlang musste sie sich ganz allein um die Kinder und den Haushalt kümmern. Meine Mutter weiß in diesem Moment, dass sie die Konsequenzen spüren wird. Es mag die Aufregung oder die Narkose oder ihre Angst vor einer Strafe sein – jedenfalls übergibt sich meine Mutter noch im Krankenwagen.

Die Schweinerei müssen Sie aufwischen, sagen die Sanitäter zu meiner Großmutter. Sie genießen es womöglich, sie zu demütigen. Schauen sie dabei zu, wie meine Großmutter auf den Knien putzt? Sie tut es zähneknirschend. Dann ist der Wagen endlich sauber, die Männer sind weg, und meine Großmutter schließt die Tür hinter sich. Vielleicht ahnt es meine Mutter bereits, vielleicht hat sie es die ganze Zeit über geahnt, aber dieses Mal bekommt sie eine besonders harte Abreibung. Der Kleiderbügel – oder ist es ein Schuh, seltsam, wie Erinnerungen verschwimmen – rast immer wieder auf ihren Kopf. Jetzt weiß sie nicht, was mehr schmerzt: der gerichtete Arm oder ihr Kopf. Irgendwann ist meine Großmutter befriedigt, Strafe muss sein.

Meine Großmutter hat in den letzten Jahren mehr als einmal geäußert, dass sie sich für ihre Härte schämt. Dass sie wisse, was sie damals getan habe. Aber das Leben war hart, brutal manchmal, und dasselbe galt für sie. Vielleicht hat meine Mutter Verständnis für ihre Mutter. Aber auch das Leben meiner Mutter war hart, und sie wurde es nie, schon gar nicht brutal.

Meine Mutter hat sich nie gegen ihre Mutter aufgelehnt, es gab keine jugendliche Rebellion, sie träumte nicht vom *summer of 69*. Während eine ganze Generation sich von ihren Eltern nicht nur individuell, sondern kollektiv distanzierte, wollte meine Mutter eigentlich nur geliebt werden.

*

Sich abstrampeln und trotzdem eins auf den Deckel bekommen, *the story of my mom's life*. Es ist eine Geschichte voll von Ungerechtigkeiten, und in gewisser Weise eine, die dazu eingeladen hätte, persönliche Niederlagen als die logische Konsequenz eines harten Lebens zu deuten. Sich also als Opfer zu betrachten – der Verhältnisse, der Menschen, der Klasse, der Gesellschaft. Meine Mutter tat das nicht.

Ihre Geschichte, die Härten, die sie als Kind, als Jugendliche, als Frau, als Arbeiterin, als Ehefrau, als Mutter erdulden musste, erfüllen mich mit Wut. Nicht nur auf das System, sondern auch gegen sie. Manchmal möchte ich meine Mutter schütteln, nachträglich, und sie dazu auffordern, sich endlich aufzulehnen. Natürlich konnte sie nichts für all die Ungerechtigkeit, aber hätte sie nicht wenigstens kämpfen können? Warum, zum Teufel, kämpfte meine Mutter nicht gegen die Verhältnisse?

Die Geschichte meiner Mutter zu verstehen – und es gibt einen Teil dieser Geschichte, der gesellschaftlich relevant und erklärungsbedürftig ist – setzt voraus, meine Mutter als das Produkt ihrer Klasse, als Angehörige ihres Geschlechts, als Frau, die in der DDR geboren und sozialisiert wurde, zu verstehen. Ließe ich auch nur eine dieser Dimensionen weg, bliebe ihre Biografie, ihr ganz persönlicher Klassenkampf, unverständlich. Während in Deutschland, Großbritannien und den USA ein linker Richtungsstreit tobt, bleibt die konkrete Lebenssituation meiner Mutter von diesen Debatten unberührt. Und das hängt wesentlich damit zusammen, dass der Widerspruch zwischen klassenpolitischen und identitätstheoretischen Ansätzen konstruiert ist. Anhand der Biografie meiner Mutter lässt sich zeigen, dass es keine Klassenpolitik ohne identitätspolitische Verortung geben kann und dass ein Ansatz, der wahlweise nur auf Klasse oder Identität (etwa Frausein oder Weißsein) fokussiert, notwendig blinde Flecken erzeugt.

Die Dimensionen Klasse und Identität lassen sich nicht im Sinne einer gesonderten Betrachtung von Klassenlage, Geschlecht oder Herkunft trennen; sie übercodieren einander. Übercodierung meint, dass kein Element vom anderen unberührt bleibt, dass es Überlagerungen gibt.[4] Diese Grundannahme prägt den intersektionalen Feminismus ebenso wie die Soziologie Pierre Bourdieus. Eine Schwarze Arbeiterin etwa kann als Arbeiterin, als Frau, als Schwarze diskriminiert werden – aber auch als Schwarze Arbeiterin. Es kann sinnvoll sein, sich jeweils mit anderen Frauen, ob Schwarz oder weiß, oder anderen Arbeitern, ob weiß oder Schwarz, weiblich oder männlich, zu solidarisieren. Aber die Diskriminierungssituation als Schwarze Frau der Arbeiterklasse bleibt eine andere als die einer weißen Frau oder eines Schwarzen Mannes.

Meine Mutter ist keine Person of Colour, die irgendwo in einer Fabrik im Fernen Osten schuftet, sie ist nicht das Opfer globaler Ausbeutungsprozesse, sondern der spezifischen Klassenkonstellationen hierzulande. Sie ist weder lesbisch noch trans, sie experimentiert nicht mit ihrer sexuellen Identität, und ganz ehrlich: Sie versteht die Sprache des Queerfeminismus nicht, und das nicht nur, weil sie kein Wort Englisch spricht und ein erheblicher Teil des intersektionalen Vokabulars englisch ist. Meiner Mutter ist die Identitätspolitik absolut fremd. Doch meine Mutter ist der Identitätspolitik als Diskursobjekt ebenso fremd. Sie ist die andere, aber nicht anders genug, dass Marxismus oder Feminismus ihre systemische Position bestimmen könnten. Sie existiert im toten Winkel dieser Theorien.

Mit vierzehn fiel mir zufällig ein Buch über wegweisende Philosophinnen in die Hände, darin die zwei Simones, die mein Denken als Teenagerin und darüber hinaus stark beeinflussten. Neben Simone de Beauvoir ging es in dem Buch auch um Simone Weil. Mir imponierte als Mädchen, dass Weil, die Lehrerin war, aus Solidarität mit den Arbeiterinnen begann, in einer Fabrik zu arbeiten – wo sie sich mehrfach aufgrund schlechter Arbeitsbedingungen und ihrer extremen Kurzsichtigkeit schwer verletzte. Simone Weil erfuhr bei ihrem Sozialexperiment am eigenen Leib, dass man nach zehn Stunden harter körperlicher Arbeit nicht mehr die Kraft hat, politisch zu kämpfen. So bewundernswert Weils Kampf auch war: Die Tatsache, dass dieser Zusammenhang nicht *a priori*, sondern erst aus der unmittelbaren Erfahrung gewonnen wurde, spricht Bände: über die Entfremdung der Theorie des Marxismus von der Praxis der Proletarier, vor allem der Arbeiterinnen.

Betrachtet man die Biografie meiner Mutter genauer, wird plausibel, warum eine Frau wie sie sich nicht dem Klassenkampf, den großen geschichtsphilosophischen Deutungen des Antagonismus von Proletariat und Bourgeoisie verschrieben hat: Sie hatte zu viel zu tun. Man wird nicht zum Subjekt der Revolution, während man schmutzige Windeln in einem Kochtopf auskocht, in einem Plattenwerk Buch über die sozialistische Produktion führt oder Schweine in Hälften teilt. Meine Mutter träumte nicht vom Klassenkampf. Wäsche von fünf Personen zu schleudern war *struggle* genug.

Zu dieser Klassenwirklichkeit gehören eine Reihe von Koordinaten, die ich untersuchen möchte. Es sind die Koordinaten Bildung, Zeit und Zweck. Bildung ist ein Kosten- und Zeitfaktor, weswegen Bildung für Frauen der Arbeiterklasse oft ein unerreichbares Privileg war und global betrachtet noch immer ist. Eine längere Ausbildung bedeutet längere Abhängigkeit vom Elternhaus, das eine Person mehr zu ernähren hat. Wer sich bildet und lange zur Schule geht, hat weniger Zeit für anderes, Zweckmäßigeres – für Erwerbs- oder Care-Arbeit etwa.

*

Meine Mutter war eine gute, aber keine herausragende Schülerin. Das überrascht nicht: Das intelligente Mädchen hatte wenig Zeit, sich ihren Hausaufgaben zu widmen. Gleich nach der Schule musste sie ihre Pflichten im Haushalt erfüllen. Ein Zimmer für sich allein zu haben war ein uneinlösbarer Traum; es gab nicht einmal einen Küchentisch, an dem sie ungestört lernen konnte. Meine Mutter hätte gerne ihren Oberschulabschluss gemacht, aber das Geld der Familie reichte nicht. Meine Großmutter machte eine einfache Rechnung auf: Das Lehrgeld meiner Mutter war höher als das Kindergeld, das sie im Falle des Schulbesuches meiner Mutter erhalten hätte. Damit war die Sache entschieden. Meine Mutter musste die Schule nach der neunten Klasse, mit gerade einmal fünfzehn Jahren, verlassen.

Etwa zur selben Zeit avancierte in Westdeutschland die katholische Arbeitertochter vom Lande zu einer wichtigen Figur gesellschaftlicher Debatten.[5] Im Rahmen der Bildungsexpansion der 60er Jahre galten viele Bemühungen ihr, die durch ihre Klassen- und Milieuzugehörigkeit am stärksten benachteiligt wurde. Die frühere Arbeitsministerin und SPD-Vorsitzende Andrea Nahles beschreibt in ihrem Buch *Frau, gläubig, links*[6] ihren Bildungsaufstieg vor dem Hintergrund dieser Klassenfigur. Bei öffentlichen Auftritten konnten wir an ihr – habituell – diese Herkunft sehen und hören: ihre ulkigen Gesangseinlagen, Bätschi-Rufe oder die Ankündigung, dem politischen Gegner eins »auf die Fresse« geben zu wollen, waren weder damenhaft noch gutbürgerlich.

Mit der Sozialfigur der Arbeitertochter vom Lande kam das Geschlecht ins Spiel: Die am stärksten benachteiligte Figur war weiblich. Der Zusatz »vom Lande« ist nicht unbedeutend, denn er verweist auf die Notwendigkeit, zwischen Klasse und Milieu zu differenzieren, Herkunft also genauer zu betrachten. Auch Milieus besitzen eine Klassenstruktur, weswegen man von »Klassenmilieus«[7] (Michael Vester) sprechen kann. Es macht einen wahrnehmbaren Unterschied, ob man in einer Metropole oder in einem Dorf sozialisiert wird. In diesem einen Punkt machte es keinen Unterschied, in welchem politischen System junge Mädchen der Arbeiterklasse auf dem Lande aufwuchsen: Die Bildung der Töchter stand nicht im Vordergrund.

Egal ob in der BRD oder in der DDR, Familien mussten sich entscheiden, ob ihnen der Aufstieg ihrer Töchter Geld wert war. Es ging nicht nur um die Frage der Emanzipation – ob etwa Väter oder Mütter wünschten, dass ihre Töchter arbeiteten oder lieber Hausfrauen an der Seite eines Versorger-Ehemannes würden. Es ging um viel existenziellere Entscheidungen. Meine Großmutter lebte von einem winzigen Betrag an Sozialhilfe, die Einkommen der ältesten Kinder mussten zur Versorgung der Familie mit dem Nötigsten beitragen.

Weil mein Großvater immer wieder wegen Gaunereien ins Gefängnis wanderte, bis er sich schließlich eine andere Frau suchte, um mit ihr eine neue Familie zu gründen, fiel er nicht nur als Ernährer seiner Familie aus. Er ruinierte zudem den Ruf der Großfamilie. Wenn sie sich zwischen dem Bildungsaufstieg ihrer ältesten Tochter und ihrer womöglich besseren Zukunft oder einer Gegenwart, in der es ein warmes Mittagessen gab, entscheiden musste, entschied meine Großmutter sich für das Essen. Das unterschied sie von kleinbürgerlichen Müttern und Vätern, die viel eher bemüht waren, ihrem Kind bessere Zukunftsaussichten zu eröffnen.

Auch meine Großmutter war eine Frau ihrer Klasse. Sie selbst war mit sechzehn aus ihrem Elternhaus geflüchtet, weil ihr Stiefvater sie »begrapscht« hatte, wie es in meiner Familie hieß. Mit siebzehn bekam sie ihr erstes Kind, meinen ältesten Onkel, mit achtzehn gebar sie meine Mutter. Meine Großmutter war so arm, dass sie ohne Dach über dem Kopf, ohne Kinderkleidung, ohne alles dastand, weswegen das Jugendamt ihr ihren Erstgeborenen zunächst wegnahm. Ihre sieben Kinder würden einige Jahre später noch mal in einem Kinderheim untergebracht werden, als meine Großmutter schwer an Tuberkulose, der Armenkrankheit schlechthin, erkrankte.

Das letzte der sieben Kinder meiner Großmutter wurde im Jahr 1964 geboren. Das war ein Jahr vor der Einführung der Pille in der DDR. Meine Großmutter hätte vermutlich nie Kinder bekommen, wenn es die Pille früher gegeben hätte. Jedenfalls hat sie das einmal angedeutet. Sie war nicht nur eine Frau ihrer Klasse; sie war eine Frau ihrer Zeit.

Die Hausarbeit war für meine Großmutter ein Vollzeitjob. Hinzu kamen das Kochen und der Anbau von Lebensmitteln und Tabak, der auf dem Wäscheboden des kleinen Hauses getrocknet werden musste und den verfügbaren Platz für die Großfamilie weiter schmälerte. Obendrein pflegte meine Großmutter ihre bettlägerige Schwiegermutter, um die sich mein Großvater weder sorgen konnte noch wollte. Meine Mutter musste als älteste Tochter jene Aufgaben erledigen, die Frauen eben zufielen, sie stand am Ende der Care Chain. Sie wusch, putzte, betreute ihre jüngeren Geschwister. Es ist die Geschichte eines Aschenputtels.

Meine Großmutter stellte nie infrage, dass es keine andere Aufgabe für ihre Tochter gab, als zu arbeiten. Frauen arbeiteten, Frauen erledigten Frauenarbeit. Frauenarbeit war all das, was wir heute als Care-Arbeit bezeichnen: sich kümmern, um die körperlichen und seelischen Bedürfnisse der Kinder, der Eltern, des Mannes. Hausarbeit, Pflege und Fürsorge. Die Arbeit kam zuerst. Freizeit gab es nicht. Als meine Mutter doch einmal Zeit für sich allein beanspruchte, rächte sich das Schicksal prompt.

Im neunten Schuljahr schlich sich meine Mutter heimlich zum Schulchor. Sie liebte das Singen, liebt es bis heute. Wenn sie das Badezimmer putzt oder die Küchenspüle auf Hochglanz poliert, schallt ihr glockenheller Gesang durch die ganze Wohnung. *Mama, du musst doch nicht um deinen Jungen weinen.* Heintjes Hitsong verfolgte mich meine gesamte Kindheit hindurch. Ihre Mama weinte nicht, sie wütete, als sie auf dem Schulzeugnis sah, dass meine Mutter am Schulchor teilgenommen hatte. Wieder steckte meine Mutter Prügel ein, wie sie überhaupt für alles, was sie tat oder unterließ, Schläge kassierte. Dass ihr Rücken heute verkrümmt ist und ihr Nacken sich wie ein Fragezeichen wölbt, das hängt womöglich mit einem Leben zusammen, in dem sie mehr als einmal den Kopf einziehen musste, um nicht noch mehr Prügel einzustecken.

Mein Mann zeigt sich heute oft verwundert darüber, dass meine Mutter keine Hobbys hat. Warum malt, strickt, kocht oder backt sie nicht? Weil sie ihr Leben lang keine Zeit hatte, eigene Interessen und Hobbys zu entdecken, ihnen nachzugehen und ein großes Talent zu entdecken. Allerdings hatte sie eine Nähmaschine besessen, mit der sie sich vor der Wende – wie so viele andere DDR-Frauen – modische Röcke oder

Kleider schneiderte. Als Mädchen stieß ich auf Kisten mit Stoffresten und halb fertigen Kleidern. Die Wende hatte die Zeitinvestition in das nützliche Hobby unnötig werden lassen. Kleidung gab es nun billig zu kaufen. Hergestellt von arbeitenden Frauen im Fernen Osten.

Und warum sollte sie in ihrer Freizeit backen oder kochen, wenn es Essen günstig zu kaufen gibt? Die Freude am Handwerk, an all den Tätigkeiten, die Zeit kosten und körperliche Arbeit bedeuten, ist vielleicht nur bei jenen Menschen ausgeprägt, die Zeit zur Verfügung haben und ihr Leben lang nicht körperlich arbeiten müssen.

*

Meine Mutter ist nicht einfach eine Frau ihrer Klasse; sie ist eine Arbeiterin, die in einem Arbeiter-und-Bauern-Staat sozialisiert wurde. Diese Sozialisation war in mehrerlei Hinsicht folgenreich, weil in diesem Land die Arbeiterklasse sozial und politisch aufgewertet wurde; dasselbe galt für Frauenarbeit, die nun nicht mehr nur Fürsorgearbeit, sondern auch Erwerbsarbeit meinte. In der DDR wurde das Verhältnis von Frauen- und Männerarbeit neu ausgelotet, Bauzeichner, Ingenieur oder Sacharbeiter waren, trotz generischen Maskulinums, auch Frauen. Die Mutter meines Mannes, die mit ihrem Ehemann 1989 nach Hessen auswanderte, erzählt gerne, wie sie damals im Gespräch mit einem Versicherungsvertreter gefragt wurde, ob sie denn eine *richtige* Bauzeichnerin sei. Eine falsche Bauzeichnerin sei sie jedenfalls nicht, entgegnete ihr Ehemann.

Das Bild der Arbeiterin begegnet dem Betrachter im sozialistischen Realismus immer wieder, und deswegen möchte ich ihre Ikonografie etwas genauer vor Augen führen. Denn die Darstellungen offenbaren einen interessanten Aspekt des

Bildes, das man sich im Sozialismus von der arbeitenden Frau machte. An der Ostseite des Dresdner Rathauses befindet sich die Bronzeskulptur einer Trümmerfrau. Auf meinem Weg zum Gymnasium und später zur Universität passierte ich die ikonische, zentral platzierte Plastik täglich. An Gedenk- und Feiertagen sieht man zu ihren Füßen ein Meer aus roten Nelken liegen. Sie ist noch immer ein wirkmächtiges Symbol.

Walter Reinhold schuf die Bronze vermutlich nach dem Modell der Arbeiterin Erika Hohlfeld. Die Trümmerfrau schaut entschlossen in die Zukunft, in ihrer Hand trägt sie einen Hammer, ihre Stiefel sind übergroß und schwer, als hätte sie die Schuhe eines Mannes übergestülpt (*try walking in my shoes*), über ihrer Hose trägt sie ein Kleid, darüber eine schwere Schürze. Ihren Kopf ziert ein Tuch. Ihr Körper wirkt deutlich schmaler, als die darüberliegenden Schichten Kleidung es erahnen lassen. Aber sie ist weder zart noch zerbrechlich. Ihre Hand hält den Hammer, man kann es aus unserer gegenwärtigen, an einer Geschlechterdichotomie geschulten Perspektive nicht anders sagen, mit *männlicher* Entschlossenheit. Für die Augen der Passanten und Betrachter überlagern sich in der Bronze Schichten von Weiblichkeit (die Körperfigur) und Männlichkeit (Habitus und Kleidung).

Harte Arbeit gilt als männlich, aber es waren die Frauen, die das Land wieder aufbauten, so lautet der Trümmerfrauenmythos. Seit einigen Jahren wird dieser Trümmerfrauenmythos, der sich im kollektiven Gedächtnis beider deutscher Staaten verankerte, entzaubert. Man verschwieg lange Zeit etwa die Beteiligung von Kriegsgefangenen und Zwangsarbeitern bei der Beräumung von Trümmern. Es waren nie nur Frauen, die Trümmer beräumten, und vielerorts waren Männer in der Mehrheit. Der Trümmerfrauenmythos, so wird oft kritisiert, heroisiere den Wiederaufbau, gleichsam in Vorbereitung des späteren Wirtschaftswunders, vernebele aber den Zusammenhang von Schuld und Zerstörung.[8]

Wie so oft, wenn mit Mythen aufgeräumt wird, räumt man ein wenig zu gründlich auf. In einer soziologischen Analyse des Mythos heißt es etwa: »[I]n Deutschland lagen immerhin 400 Millionen Kubikmeter Trümmer und Schutt, sodass sich geradezu die Frage aufdrängt: Waren die Frauen mit ihren Eimerketten dazu imstande, diese Trümmermassen zu räumen?«[9] Es ist richtig, dass die Bilder von Frauen in Kleidern, die fröhlich Eimerketten bildeten, nichts mit der Realität zu tun hatten. Aber warum wirkt es so, als wolle man die Arbeit von Frauen – in der Sowjetischen Besatzungszone bildeten Frauen immerhin die Hälfte der eingesetzten Arbeiter bei der Schuttberäumung –[10] unsichtbar machen? Was spricht gegen eine nüchterne Bestandsaufnahme, etwa die, dass Frauen bei der Trümmerbeseitigung arbeiteten, so wie sie andernorts in Fabriken arbeiteten? Und dass man mithilfe des Trümmerfrauenmythos eine Arbeit, die alles andere als attraktiv war, sozusagen schmackhaft machte?[11] Genau hierin nämlich wurzelt der Trümmerfrauenmythos: Der Charakter der unangenehmen Arbeit sollte durch die Überhöhung der Arbeiterinnen als Heldinnen des Wiederaufbaus wettgemacht werden.

Pikant ist womöglich, dass in der Sowjetischen Besatzungszone oftmals arbeitslose Frauen die Trümmer räumten.[12] Die Bezeichnung »arbeitslos« ist interessant, man kann annehmen, dass das nicht die bürgerliche Hausfrau, die keiner Erwerbsarbeit nachgeht, meint, sondern Fabrikarbeiterinnen, die durch die Vernichtung von Fabriken im Krieg oder ihre Demontage durch die Sowjetunion ihre Arbeit verloren hatten.

Die Arbeit bei der Trümmerbeseitigung war für einige Frauen attraktiv, weil sie als Schwer- und Schwerstarbeiterinnen zusätzliche Essensrationen erhielten, die Ernährungssituation ihrer Familien also aktiv verbessern konnten, was vor allem Alleinerziehende motivierte, die Arbeit zu leisten.[13] In Dresden blieben die Trümmerfrauen aufgrund der massiven Zerstörung besonders lange Teil des Stadtbildes. Erika Hohlfeld erhielt 1978 die Auszeichnung als »verdienter Bauarbeiter der Deutschen Demokratischen Republik«.[14]

Im Zitat von den Eimerketten schwingt ein Vorurteil mit: Weil Frauen ja gar nicht wirklich imstande sind, hart körperlich zu arbeiten, muss der Mythos per se verdächtig sein. Die zarte Frau, die nicht heben und schwer arbeiten kann – jeder, der einer Angestellten in Industrieküchen einmal dabei zugesehen hat, wie sie Kochtöpfe hebt oder Lebensmittelkisten verlädt, wird daran zweifeln. Besonders die DDR forderte, das ist durchaus nicht idealisierend gemeint, das Bild der zarten Frau heraus. Meine Schwiegermutter musste sich vor ihrem Studium *in der Produktion bewähren* – sie verlegte damals mit anderen Studentinnen Eisenbahnschienen, bei Eiseskälte und im Schnee. Die Studentinnen arbeiteten so hart, dass ihr Vorarbeiter höhnte, sie seien die besseren Arbeiter. Und zu den Studentinnen, die in der Leipziger Moritzbastei Schuttberge beseitigten, wiederum im Rahmen der »Bewährung« in der Produktion, gehörte eine junge Studentin namens Angela Merkel.[15] Das Bild der gleichberechtigten Ostfrau entsprach nicht unserem heutigen von der erfolgreichen Managerin, die gläserne Decken durchstößt, sondern dem der Baggerfahrerin und Bauarbeiterin, die Schuttberge bewegt.

Direkt vor dem Eingang zu meinem ehemaligen Gymnasium befindet sich eine weitere Bronze, die das Bild der DDR vom Arbeiter propagierte: Der Titel der Plastik von Johannes Peschel lautet »Schüler und Lehrer beim Polytechnischen Unterricht«. Die Plastik zeigt eine junge Frau und einen älteren Mann. Sie hält ein Lineal, der Mann hebt die Arme, womöglich wird er ihr jeden Moment etwas erklären. Man sieht eine Lehrer-Schüler-Situation – und eine für die Zeit neuartige Geschlechtercodierung: Die junge Frau trägt Kopftuch (Arbeitsschutz geht alle an!), der Mann trägt eine Mütze, aber die Positur ist die gleiche: Der Mann steht mit leicht gespreizten Beinen sicher, die junge Frau ebenso. Obgleich der Altersunterschied eine gewisse Hierarchie andeutet, arbeitet der Rest der Darstellung an der Beseitigung der Hierarchien.

Wenn heute mit Blick auf das generische Maskulinum argumentiert wird, es mache das Weibliche unsichtbar, so erscheint die Bronze samt Titel als Gegenprogramm: Der Schüler kann ein Mädchen sein oder ein Junge, der Lehrer könnte ebenso gut eine Frau sein, sprachlich sind alle gleich, und alle sind gleich im Sozialismus. Nun ja, eine kühne Vision. In der DDR vollzog sich ein doppelter Wandel der Frau in der Arbeitsgesellschaft, der nicht unter den Tisch gekehrt werden sollte: Frauen konnten dort »alles« werden. Eine Frau konnte im Blaumann arbeiten, aber sie konnte auf dem Wege der Qualifikation ebenso als Facharbeiterin aufsteigen, wie es meine Mutter tat. Nur nannte man sie eben Facharbeiter. Man glaubte an eine Veränderung der Wirklichkeit, nicht an eine durch die Sprache. Was wohl daran lag, dass den konkreten Veränderungen der alltäglichen (Arbeits-)Wirklichkeit keine abstrakten, akademischen Debatten vorausgingen.

Wenn ich sage, dass Frauen nun »alles« werden konnten, stimmt das selbstverständlich nicht. Auch in der DDR gab es Klassenschranken, und eigens vom System errichtete ideologische Schranken. Im Gegensatz zu praktisch allen anderen Industriestaaten entschied sich die DDR gezielt gegen eine Bildungsexpansion.[16] Das Ziel war nicht, mehr Menschen eine höhere Ausbildung zukommen zu lassen, sondern, sie bedarfsgerecht auszubilden. Es bedurfte nur einer kleinen Elite, die entsprechend akademisch gebildet werden musste. Die Masse der Bevölkerung sollte in Facharbeiterberufen körperliche Arbeit an Fließbändern und Werkbänken verrichten, um Konsumbedürfnisse decken zu können. Dieses Modell erscheint uns rückständig und zutiefst problematisch. Es war aber eine Antwort auf ein Problem, das sich bis heute stellt: Körperliche Arbeiten müssen erledigt werden. Wenn immer mehr Menschen eines Jahrgangs Abitur machen und studieren, bleiben Stellen in Facharbeiterberufen in Handwerk, Industrie oder Pflege unbesetzt. Jobs, die harte körperliche Arbeit bedeuten, werden nicht verrichtet.

Heute wird dieses Problem in westlichen Industriegesellschaften häufig über ausländische Arbeitskräfte gelöst. LKW-Fahrer, Krankenschwestern und Erdbeerpflücker stammen aus Bulgarien, Rumänien oder der Ukraine. Die DDR löste das Dilemma, indem sie von vornherein den Bildungsaufstieg auserwählten Wenigen zukommen ließ. Zugleich koppelte sie den Aufstieg an die Systemtreue. Für meine Mutter, die außerhalb des Systems stand, weil ihre Familie als asozial galt, kam eine Karriere nicht infrage. Sie gehörte nicht zur Arbeiterklasse, der die DDR die Herrschaft versprochen hatte – sie musste sich erst aus dem »Lumpenproletariat« in die Arbeiterklasse emporarbeiten.

*

Das Beil muss das Gelenk an der richtigen Stelle treffen, dann lassen sich die Gelenkteile leicht lösen, das Bein fällt praktisch von der Hüfte ab. Meine Mutter ist fünfzehn, als sie ihre Ausbildung zur Fleischereifachverkäuferin beginnt. Es ist nicht gerade ihr Traumjob, wie man sich wahrscheinlich vorstellen kann. Aber Arbeit ist Arbeit, sie bringt ihr Geld ein. Sie ist in der Gesellschaft der Werktätigen angekommen. Weil sie ihr Lehrgeld bei ihrer Mutter abliefern muss, kann sie nichts für sich und ihre Zukunft zurücklegen. Für einen Führerschein oder für Kleidung, für Kinoabende oder sonstige Ausflüge etwa. Sie strampelt sich ab, aber immerhin bekommt sie nun seltener eins über den Schädel gezogen. Sie ist kein Kind mehr.

Die anderen Auszubildenden fallen reihenweise in Ohnmacht, als sie zum ersten Mal der Schlachtung eines Schweines beiwohnen und die Aorta des Tieres angestochen wird, woraufhin sich ein Blutschwall über den Fliesenboden ergießt und der erdig säuerliche Geruch von Blut den Raum erfüllt. Nicht so meine Mutter, die abgehärtet ist. Die Arbeit geht ihr gut von der Hand. Sie ist konkret, greifbar. Wenn sie das Messer richtig ansetzt, dann gleitet es geradewegs durch die Nackenwirbel. Wie man Fleisch richtig zerteilt, will gelernt sein, auch wenn meine Mutter ihre Zeit als Fleischerin in der DDR nur selten damit zubringen wird, Filetstückchen aus dem Fleisch zu lösen. Heute scherzt sie gerne, die meiste Zeit der Woche habe sie im Geschäft nur die Fliesen an der Wand im Angebot gehabt. Zugleich saß meine Mutter mit ihrer Arbeit an der Quelle, konnte hier und da ein nachgefragtes Stück Fleisch für Kunden zurücklegen und gegen andere wertvolle Dinge eintauschen. In gewisser Weise war meine Mutter wie gemacht für die Mangelwirtschaft der DDR, hatte sie doch schon als Kind nichts als Mangel erlebt. Der Mangel musste nur professionell verwaltet werden, darauf musste sich das ganze Land einstellen.

Meine Mutter hat immer geschuftet, und sie mochte ihr Leben in der DDR, weil es einfach und schlicht und behütet war, aber sie hatte mit Marxismus-Leninismus nichts am Hut. Jedenfalls mit der Theorie. Noch heute singt sie gerne die Pionierlieder aus ihren Jugendtagen. Sie singt sie naiv, unschuldig, ohne ideologischen Überbau. Womöglich ist das marxistische Gefasel eher etwas für Männer mit dicken Hornbrillen, die in Uniseminaren nachdenklich das Kinn auf ihre Hand stützen oder ihren Fusselbart kraulen. Auch der Unterricht in Marxismus-Leninismus in ihrer Schule hat nicht gefruchtet, neulich erstaunte sie mich mit einer klaffenden Lücke im Geschichtswissen, als sie annahm, die US-Amerikaner hätten auf der Seite des Vietkong gekämpft, obwohl der Vietnamkrieg *das* beherrschende Thema ihrer Schulzeit war. Ich sagte doch: Sie hat mit Politik nichts am Hut. Vielleicht lernt ein Kind auch nicht sonderlich konzentriert, wenn es regelmäßig mit Kleiderbügeln verprügelt wird; vielleicht ist einem das eigene Leid doch näher als das der Kinder am anderen Ende der Welt.

Wenn ich sage, dass meine Mutter für den Sozialismus und die SED nicht zu erreichen war, dann ist das nicht ganz korrekt: Liebend gerne wäre sie der FDJ beigetreten, hätte nur zu gerne das blaue Halstuch getragen und an nachmittäglichen Aktivitäten der Gruppe teilgenommen, auf Partys die Bardame gespielt oder für einen guten Zweck (irgendwas mit Nicaragua?) Altpapier gesammelt. Aber meine Großmutter untersagte ihr die Mitgliedschaft, ebenso wie das Singen. Schwer zu sagen, ob sie es deshalb tat, weil meine Mutter ihre Haushaltspflichten zu erfüllen hatte, oder ob meine Großmutter eine gewisse Distanz zur Partei hegte, weil ihre Familie innerhalb des Systems als Lumpenproletariat betrachtet wurde. Und dieses Lumpenproletariat hatte ja bereits Karl Marx als untauglich für Zwecke des Klassenkampfes charakterisiert (von wegen: alle sind gleich). Meine Mutter hatte sich nichts sehnlicher gewünscht, als dazuzugehören, aber nicht aus Konformismus, sondern weil sie permanent gesellschaftliche Ausgrenzung erlebte. Um sich gegen ein System auflehnen zu können, muss man erst einmal Teil davon sein.

Ausgrenzung erscheint heute unter dem Blickwinkel der Identitätspolitik als etwas, das auf Basis von Geschlecht, sexueller Orientierung oder sexueller Identität geschieht, oder als Folge von strukturellem Rassismus. Auch die Ausgrenzung auf Basis der Klassenzugehörigkeit hat inzwischen einen Namen: Klassismus. Aber die Ausgrenzung, die die Familie meiner Mutter in der DDR erfuhr, ist über den Begriff des Klassismus hinaus erklärungsbedürftig und liefert einen Beleg für die These, dass wir den marxistischen Standpunkt und identitätspolitische Überlegungen nicht in Abgrenzung voneinander denken, sondern ihre jeweiligen Perspektiven vereinen sollten. So ist es nicht logisch, dass ausgerechnet in der DDR, dem Arbeiter-und-Bauern-Staat, ein Mädchen aus einfachsten Verhältnissen Ausgrenzung erfährt. Immerhin hätte die sozialistische Gesellschaft an einer wie ihr ihre Integrationsfähigkeit, ja, ihre Fähigkeit zur Inklusion unter Beweis stellen können. Stattdessen erhielt meine Großmutter für ihre Großfamilie nicht mehr als Almosen. In der DDR, diesem Staat der Arbeiter, der die Arbeit mit geradezu preußischem Ethos zum Kernelement von Leben und Gesellschaft erhob,[17] waren meine Großmutter und mein Großvater, die gerade keiner geregelten Arbeit nachgingen, die Ausgestoßenen, die Anderen, diejenigen, die nicht integriert werden konnten oder sollten. Ich habe bereits den Begriff des Klassenmilieus erwähnt, und er ist hier ausschlaggebend. Das kinderreiche, »arbeitsscheue« Milieu, aus dem meine Mutter stammte, disqualifizierte sie zunächst, eine echte Bürgerin des Sozialismus zu werden, der Mitte der Gesellschaft anzugehören, wie wir heute sagen würden.

*

Anfang der 70er zieht meine Großmutter mit ihren Kindern nach Hoyerswerda, meine Mutter folgt ihr, obwohl sie bereits volljährig ist. Dem Umzug war eine handfeste körperliche Auseinandersetzung zwischen einer meiner Tanten, damals noch Teenagerin, und meinem Großvater vorausgegangen. Meine selbstbewusste Tante zeigte ihren Vater bei der Polizei an. Die wollte zunächst nichts unternehmen, doch meine Tante bestand darauf, dass er aus der Wohnung entfernt werden müsse. Als die Polizei endlich anrückte, verließ mein Großvater das Haus. Wäre er mit auf die Wache genommen worden, hätte man dort seine Vorstrafen bemerkt. Er ging also freiwillig. Meine Großmutter war endlich frei.

In der neuen sozialistischen Musterstadt, die binnen kürzester Zeit aus dem Heideboden gestampft worden war – sie hatte lange zuvor existiert, aber ihre Einwohnerzahl verzehnfachte sich nach dem Zweiten Weltkrieg, nur um Kombinate zu bauen, in denen Kohle und Gas verheizt werden konnten –, lockte das moderne Leben im Sozialismus. Zentralheizung, Aufzüge, Innentoiletten, der ganze Luxus eines Arbeiterlebens entfachte eine regelrechte Sogwirkung. »Nichts weniger als eine frohe Zukunft verhieß das neu erbaute Gaskombinat ›Schwarze Pumpe‹«, heißt es in Grit Lemkes dokumentarischem Roman *Kinder von Hoy*.[18] Für meine Mutter brachte Hoyerswerda die Arbeit in einer Verkaufsstelle, wo sie ihre Facharbeiterprüfung ablegte. Das bedeutete noch keine Karriere, aber es war der nächste Schritt auf dem Weg zu einem bescheidenen Aufstieg. Ihre kleineren Geschwister waren aus dem Gröbsten raus, meine Mutter orientierte sich langsam in Richtung einer eigenen Familie.

Meinen Vater lernte sie mit zwanzig kennen, in einer Dorfdisco in der Nähe von Bautzen. Sie heiratete ihn nur wenige Monate später. Es war, als wäre meine Mutter von einer Leibeigenschaft, die sich als Familie tarnte, in die nächste übergegangen. Während ich heute dreißigjährige Freundinnen erlebe, die das Gefühl haben, langsam erwachsen zu werden und allmählich bereit zu sein für Ehe und Familie, fielen für meine Mutter Erwachsenwerden und Kinderkriegen mit Anfang zwanzig zusammen. Zwischen dem Zeitpunkt ihrer Volljährigkeit, in der sie theoretisch eigene Entscheidungen treffen konnte, sich aber immer noch stark nach den Wünschen ihrer Mutter richtete, und dem Dasein als verheiratete Frau und Mutter lagen gerade einmal vier Jahre.

Mit zweiundzwanzig bekam sie ihr erstes Kind, meine Schwester. Da wohnte sie längst nicht mehr in Hoyerswerda, sondern in Bautzen, im Haus der Schwiegermutter. Kurz nach der Geburt meiner Schwester im Jahr 1976 wurde mein Vater zur Volksarmee eingezogen. Meine Mutter war nun praktisch Alleinerziehende, die mit ihrer Schwiegermutter und ihrer Schwägerin in einem von Feindlichkeit geprägten Haushalt lebte. Mein Vater war ein erwachsenes Kind, ein Muttersöhnchen. Seine Mutter wachte mit Adleraugen über ihre Schwiegertochter. Es muss eine Erleichterung für meine Mutter gewesen sein, als sie zu ihrem Arbeitsplatz zurückkehren konnte, auch wenn das bedeutete, dass sie um fünf Uhr morgens mit ihrem einjährigen Kleinkind beim Bus sein musste. Denn dass es flächendeckende Kinderbetreuung in der DDR gab, hieß nicht, dass die Kinderbetreuung in der Nähe des Wohnortes oder der Arbeitsstätte lag. Meine Mutter hatte eine kleine Weltreise hinter sich, wenn sie um sieben endlich an ihrem Arbeitsplatz ankam.

Sie nahm das hin. Vielleicht gab der Rhythmus des Arbeitslebens ihrem eigenen Leben die nötige Taktung, einen gewissen Halt. Selbst als mein Vater von der Armee nach Hause zurückkehrte, blieb er der ferne Vater. Er hatte schlicht keine Rolle in der Familie. Im Gegensatz zu meiner Mutter, die jede

Gelegenheit für beruflichen Fortschritt ergriff, ließ mein Vater sich treiben. Er arbeitete, weil er es musste. Sie arbeitete, um voranzukommen. Vielleicht war dieses Vorankommen in der Gesellschaft der DDR für eine Frau ihrer Klasse in vielerlei Hinsicht einfacher, weil nicht der Markt die Konkurrenz unter Arbeitnehmern anfeuerte, junge Mütter aus ihren Jobs gedrängt wurden oder sich zwischen Kind und Karriere entscheiden mussten. Zudem galt: Hatte man es erst einmal bis in die Riege der Werktätigen geschafft, war man Teil der Gesellschaft. Man konnte vielleicht nicht viel erwarten, aber man konnte nun auch nicht mehr abstürzen. Meine Mutter hatte einen Platz und einen Zweck in der Welt, die Arbeit. Ihre Klasse vermittelte ihr, dass Arbeit mehr als Wertschöpfung bedeutet: Sie gibt dem Leben Struktur, Ordnung, Sinn. Ihrem Geschlecht wiederum wurde die Vorstellung übergestülpt, dass nur eine tüchtige und fleißige Frau eine gute Frau ist, und so verbinden sich Klassen- und Geschlechterstereotyp zu einer tragischen Mischung, die Arbeit bis zur physischen und psychischen Erschöpfungsgrenze für viele Frauen der Arbeiterklasse zum Lebensinhalt erklärt. Oder vielleicht sogar zu dessen Rechtfertigung. Arbeit ist Sinn und Zweck. Das mag eine Erklärung für den Arbeitseifer meiner Mutter sein, die nun, mit beinahe neunundsechzig Jahren, noch immer als Putzkraft arbeitet, obwohl sie es nicht müsste. Das für die Gegenwart so wichtige Konzept der Selbstverwirklichung, das für gewöhnlich die Verwirklichung eigener Wünsche außerhalb der Sphäre schnöder Erwerbsarbeit meint, könnte meiner Mutter nicht ferner liegen. Und das hat mit einer weiteren Koordinate ihrer Klassenzugehörigkeit zu tun: Man erwartet von Frauen wie ihr eine Selbstlosigkeit, die bis zur Negation des eigenen Subjekts reicht. Meine Mutter hat diesen Klassen- und Geschlechtsethos vollständig verinnerlicht: Arbeit ist für sie bis heute sinngebend und lebensfüllend.

Die Vita activa als sinnerfüllende Lebenspraxis – natürlich verstehen Philosophen darunter nicht die Realität der harten Arbeit.

*

Man könnte meinen, dass feministische Debatten und ihre fortschreitende Ausdifferenzierung die Sichtbarkeit von Frauen der Arbeiterklasse erhöht hätten. Seltsamerweise scheint genau das Gegenteil der Fall zu sein: Häufig wird das Bild kolportiert, die Industrialisierung habe die Geschlechtertrennung – die Frau bleibt zu Hause, der Mann geht arbeiten – zementiert.[19] Diese Trennung auf Basis der kapitalistisch-patriarchalen Ideologie wirke bis heute nach, heißt es. Sie sei die Hauptursache für die Separierung der Welten von Erwerbs- und Fürsorgearbeit. Aber diese Analyse ist unscharf, in Teilen falsch. Denn die Frauen, deren Männer in die Fabrik gingen, waren Arbeiterfrauen, und sie blieben keineswegs massenhaft zu Hause »am Herd«. Die Historikerin Hedwig Richter konstatiert für das frühe 20. Jahrhundert, dass fünfzig Prozent der Frauen Lohnarbeit nachgingen – nicht nur in Fabriken, unter anderem auch als Dienstmädchen.[20] Die Zahl der Landarbeiterinnen (die ja oft im familiären Rahmen arbeiteten) kann nicht genau taxiert werden, dürfte aber erheblich gewesen sein.[21] Das heißt im Umkehrschluss, dass nur für einen kleinen Teil der Frauen galt, dass sie in das bürgerliche Heim »zurückgedrängt« wurden – was angesichts der Realität eines Arbeiterinnen- oder Landfrauenlebens womöglich so unbequem gar nicht war. Die Frauen waren sogar stark nachgefragte Arbeitskräfte in der Phase der Industrialisierung – schlicht deshalb, weil ihre Arbeit sehr viel billiger war als die der Männer.[22] Das sorgte zunächst für eine Lohnkonkurrenz zwischen männlichen und weiblichen Arbeitern, und eines der größten Probleme der Arbeiterbewegung war die Schaffung einer gemeinsamen Front von Männern und Frauen gegen diejenigen, die die Löhne drückten, die herrschende Bourgeoisie.

Auch der Historiker Michael Wildt widmet sich in seinem Buch *Zerborstene Zeit* der deutschen Geschichte zwischen den beiden Weltkriegen. Wildt hält fest, dass immerhin ein Viertel aller weiblichen Beschäftigten in Industrie und Handwerk arbeiteten.[23] Die meisten waren ungelernte Arbeiterinnen, da damals Möglichkeiten zur beruflichen Qualifikation fehlten.[24] Er zitiert unter anderem die Beschreibung des Alltags einer Spinnereiarbeiterin, deren Arbeitstag von morgens um fünf bis kurz vor Mitternacht dauert.[25] Man sieht hier einen ersten Verweis auf einen Aspekt, auf den ich immer wieder zurückkommen werde: die Gleichzeitigkeit von Produktions- und Reproduktionsarbeit, den Zusammenhang der Sphären, die weder klassischer Marxismus noch Feminismus gut erfassen können.

Zugleich zeigt Wildt auch das Anwachsen des Sektors der Angestelltenberufe für Frauen.[26] Der entscheidende Unterschied zwischen weiblichen Angestellten (Angehörige der Mittelschicht) und weiblichen Arbeitern war, dass für Erstere eine Heirat tatsächlich einen Rückzug von der Lohnarbeit bedeutete, für Letztere aber nicht.[27] Die Spaltung zwischen weiblichen Arbeitern und weiblichen Angestellten verläuft entlang der Geschlechterrollenbilder: Die Angestellte reüssiert als Typus des attraktiven, jungen *girls,* ihr Geschlecht und ihr Aussehen sind für ihre Aufgaben, etwa in der Rolle der Stenotypistin oder der Vorzimmerdame, von zentraler Bedeutung.[28] Das Geschlecht der Arbeiterinnen wird dagegen zum Verschwinden gebracht, jedenfalls kollidieren die Erwartungen an die Arbeiterin mit traditionellen Zuschreibungen an ihr Geschlecht, wie im Falle der Plastik der Trümmerfrau: Da ihre Arbeit Kraft, Resilienz und Zähigkeit voraussetzt, entsprechen sie nicht dem Sinnbild des Weiblichen.

Dieser historische Diskurs ist relevant, denn er zeigt, wie selbst in feministischen Debatten unbeabsichtigt Frauen unsichtbar gemacht werden, weil das Narrativ einer Geschlechtertrennung, die in der bürgerlichen Schicht existierte, auf die gesamte Gesellschaft übertragen wird. Die Klassenperspektive also fehlt. Auch in der DDR stieg der Bedarf an weiblichen Arbeitskräften dramatisch; vor dem Mauerbau hatte ein massenhafter Exodus in Richtung Westen stattgefunden, was nicht nur einen Braindrain bedeutete – es mangelte zudem an Muskelkraft. Anders als in der BRD mobilisierte man in der DDR Frauen für die Riege der Werktätigen. In feministischen Debatten wird nicht reflektiert, dass Frauenarbeit so selbstverständlich akzeptiert wurde (von Frauen und Männern), weil man in der DDR auf eine ältere Arbeitertradition zurückgreifen konnte und der Einfluss der Normen der bürgerlichen Kultur zurückgedrängt wurde. Zu verstehen, dass ein Teil des Problems der Geschlechtergerechtigkeit nicht abstrakt mit *dem Patriarchat,* sondern mit einem patriarchalen *bürgerlichen* Weltbild zu tun hat, würde feministische Debatten voranbringen. Es waren nie nur Männerkörper, die der Praxis der harten Arbeit unterworfen waren, und es ist ein wichtiger Schritt, diese Tatsache anzuerkennen, um frei und unbefangen über die eigene Klasse zu sprechen.

Wenn ich die feministische Perspektive kritisiere, heißt das nicht, dass ich sie verwerfe. Sie hilft durchaus, Fehlannahmen des Marxismus zu korrigieren. Silvia Federici etwa bemerkte in einem Interview, Marx habe einen vollständig asexuellen Arbeiter gedacht.[29] Asexuell meint, etwas missverständlich, dass Marx sich das Subjekt als geschlechtslos dachte. Für das Verständnis des übergeordneten Klassenantagonismus mag die Fiktion eines geschlechtslosen Arbeiters hilfreich sein, aber fest steht, dass Subjekte nicht geschlechtslos sind. Man muss Simone de Beauvoir folgen, die in Anlehnung an Maurice Merleau-Ponty von einem verkörperten Zugang zur Welt ausgeht, der das Bewusstsein prägt.[30] In diesem Sinne müsste Marx, mithilfe des Feminismus, vom Kopf auf die Füße gestellt werden: Wenn Marx in *Die deutsche Ideologie* explizit betont, wie entscheidend die materiellen Vorbedingungen für das Bewusstsein sind, dann schließt das nicht nur essen, trinken, wohnen und arbeiten ein, sondern auch gebären, stillen, versorgen – und das, was sie Physis und Psyche abverlangen. Marx hintergeht den eigenen Ansatz, obwohl er durchaus erkennt, dass die Sphären der Produktion und Reproduktion gegeneinander ausgespielt werden.

In der Figur der Arbeiterin wird konkret greifbar, wie prekär das Verhältnis der Sphären ist: Arbeiterinnen haben Anteil an der Produktion, wo sie besonders stark ausgebeutet werden und oft niedrigste Löhne akzeptieren müssen (man denke hier an pakistanische Näherinnen). Ihr Lohn sichert das familiäre Einkommen (entweder der Eltern, wenn die Frau jung ist, oder der eigenen Familie) und ist in diesem Sinne unentbehrlich, zugleich tritt die Lohnarbeit in Konkurrenz zur häuslichen Fürsorgearbeit, die ihnen ebenfalls abverlangt wird. Anders als Frauen der Mittelklasse – und darauf werde ich noch zu sprechen kommen – können sie diese Fürsorgearbeit nicht auslagern, es sei denn, sie finden eine andere Frau, etwa die eigene Tochter oder Mutter, die diese Aufgaben unentgeltlich übernimmt.

Das heißt jedoch, dass Frauen der Arbeiterklasse ihre Geschlechtsgenossinnen ebenso »ausbeuten« müssen, wie sie ihrerseits in der Produktion oder Reproduktionsarbeit im eigenen

Haushalt für die eigene Familie ausgebeutet werden. Das habe ich bereits oben am Beispiel meiner Großmutter und meiner Mutter gezeigt. Meine Großmutter brauchte den Arbeitslohn meiner Mutter ebenso sehr wie ihre kostenlose Fürsorgearbeit. Im Grunde avancierte meine Großmutter, unfreiwillig, zur doppelten Ausbeuterin meiner Mutter als Lohn- und Fürsorgearbeiterin. Weil der Lohn, den meine Mutter in der Konservenfabrik verdiente, äußerst gering war, wurde sie auch auf der Ebene der Lohnarbeit ausgebeutet.

Mir scheint, als könne weder der klassische Marxismus noch der Feminismus die Überlagerung der Sphären Produktion und Reproduktion im Subjekt der Arbeiterin durchdringen, weil beide die Sphären als getrennt und letztlich gegensätzlich betrachten. Der Feminismus beklagt die Teilung der Sphären von Produktion und Reproduktion entlang der Geschlechtergrenzen, bei der die Frau für Fortpflanzung und Care-Arbeit zuständig ist, der Mann dagegen für die Erwerbsarbeit. Auch der Marxismus geht von der vollständigen Sphärentrennung aus und erkennt an, dass die unbezahlte Reproduktionsarbeit die Sphäre der Produktion ermöglicht. In der Figur der Arbeiterin zeigt sich, wie sich die Sphären gegenseitig determinieren und überdeterminieren.

Ein Arbeiter muss geboren werden – was banal klingt, aber praktisch jede große Theorie von Subjekt und Gesellschaft behandelt die Subjekte so, als seien sie irgendwie aus dem Nichts auf dem gesellschaftlichen Tableau erschienen und immer schon autonom gewesen.[31] Mit der Geburt endet die Reproduktionsarbeit natürlich nicht. In diese Phase fällt schließlich alles, was Leben ermöglicht und erhält, von der Ernährung über die (hoffentlich) liebevolle Zuwendung bis hin zur Sexualität, in der wir zuletzt sogar glauben unsere unverwechselbare und unveräußerliche Individualität leben zu können.

Simone de Beauvoir weist in *Das andere Geschlecht* zu Recht darauf hin, dass die Trennung in Reproduktions- und Erwerbsarbeit nie vollständig war, da früher im Haushalt Dinge des täglichen Bedarfs produziert wurden – etwa Tongefäße, Stoffe, Kleidung usw.[32] Beauvoir verdeutlicht zudem, dass die Produktions- und Reproduktionsfähigkeit im Subjekt der Frau gewissermaßen in Widerstreit geraten: Aus Sicht der Gemeinschaft kann es phasenweise sinnvoller sein, wenn sich die Frau eher der Reproduktion oder der Produktion widmet.[33] Sie hält fest, dass gesellschaftliche Umstände diesen Widerspruch weitestgehend aufheben können – sie denkt dabei an staatliche Kinderbetreuung.[34]

Dieser Sphärenwiderstreit beherrschte das Leben der werktätigen Frauen in der DDR: Der Staat formulierte die Erwartung, dass Frauen arbeiten sollten. Er formulierte ebenso den Anspruch an Frauen, dass sie Kinder bekommen sollten, und setzte konkrete Anreize, beispielsweise in Form der Ehekredite, deren Rückzahlungssumme sich mit jedem weiteren Kind verringerte.[35] Er schuf Strukturen, die die Vereinbarkeit von Erwerbsarbeit und Mutterschaft verbesserten, in Form von Krippen, Kindergärten und Horten. Obwohl die DDR aktiv an der Erhöhung der Geburtenrate arbeitete, gab es für Frauen umfangreiche Möglichkeiten der Empfängnisverhütung und Geburtenkontrolle, etwa in Form eines liberalen Abtreibungsrechts. Letzteres spiegelt die freiere Einstellung der Arbeiterklasse zu Fortpflanzung und Sexualität.

*

Die DDR war kein feministisches Wunderland, trotzdem galt hier: Frauen waren in höherem Maße ökonomisch unabhängig als in der BRD. Sie waren bereits als junge Frauen erwerbstätig und entwickelten ein anderes Selbstverständnis als viele Frauen in der Bundesrepublik. Die ökonomischen Verhältnisse wirkten unmittelbar auf Paarbeziehungen zurück. In ihrem Buch mit dem provokanten Titel *Warum Frauen im Sozialismus besseren Sex haben* geht Kristen R. Ghodsee darauf ein, wie die Erwerbstätigkeit und die damit verbundene ökonomische Selbstermächtigung der Frauen im Sozialismus Beziehungen veränderte.[36]

Bei Ghodsee – sie ist Amerikanerin – ist Sozialismus allerdings häufig das, was was wir hierzulande als Sozialdemokratie verstehen. Sie legt dar, wie die ökonomischen Verhältnisse bestimmte Machtstrukturen in Beziehungen reproduzieren. In kapitalistischen Systemen wählen Frauen oftmals Männer, die erfolgreich sind und über ökonomisches Kapital verfügen. Ghodsee diagnostiziert, dass die Beziehungsqualität höher wäre, wenn Frauen stattdessen nach emotionalen, sozialen und sexuellen Kriterien wählten.[37] Das war ihrer Meinung nach im Sozialismus möglich. Da die Statusunterschiede im Sozialismus geringer waren und es bis auf die kleine Gruppe der Nomenklatura keine mächtigen und (vergleichsweise) reichen Männer gab, waren Sex und Beziehung keine Vehikel des gesellschaftlichen Aufstiegs.

Es gibt einen Mythos, den man als komplementär zu Ghodsees Studie verstehen kann, nämlich jenen, wonach ostdeutsche oder osteuropäische Frauen »besser im Bett« seien.[38] Diese Vorstellung wird bisweilen heute noch von einigen westdeutschen Männern kolportiert. Fragt man, warum das ihrer Einschätzung nach so sei, erklären sie das mit einer größeren Natürlichkeit bzw. weniger Verklemmtheit und obendrein mit einem größeren Selbstbewusstsein der Ostfrauen. Vielleicht ist der bessere Sex, den Ghodsee den Arbeiterfrauen im Sozialismus zuschreibt, gar nicht nur das Ergebnis ökonomischer

Selbstständigkeit, von Arbeit also, sondern eher das Produkt eines Klassenhabitus, der in Abgrenzung zur bürgerlichen Kultur Sexualität als freie Spaßzone definiert? In diese befreite Zone konnten weder Staat noch Partei oder Fabrikbesitzer hineinregieren.

Vielleicht waren Arbeiter und Arbeiterinnen sexuell befreiter, womöglich sind sie es immer noch. Ihr Leben und das der Familien spielte sich immer schon auf engerem Raum ab, was bedeutete, dass Sexualität und Fortpflanzung nicht so heimlich und abgeschieden stattfanden wie in einer großbürgerlichen Wohnung. So konnte Sexualität nicht mystifiziert und tabuisiert werden, war in diesem Sinne weniger komplex- und schambehaftet.

Der Psychoanalytiker Klaus Theweleit zeigt in *Männerphantasien*, dass es bereits zur Zeit des Ersten Weltkriegs eine Vorstellung von sexueller Freizügigkeit der Arbeiterinnen gab – was zugleich Ekel und Faszination der bürgerlichen Soldaten befeuerte.[39] Einerseits seien die Arbeiterinnen aufgrund ihres Einsatzes an der Seite der Männer selbstbewusster aufgetreten; andererseits habe Sex für die Arbeiter eine existenziellere Dimension beinhaltet.[40] Die Lage vieler Arbeiterfamilien sei so elend gewesen, dass man sich regelrecht nach dem Gefühl des Lebendigseins beim *petit mort* gesehnt und sich verzweifelt an den anderen Körper geklammert habe.[41] Sex als existenzielle Erfahrung, die genau das Gegenteil von Arbeit ist! Nicht Verbrauch von Körpern, sondern ein bisschen Leben. Theweleit betrachtet aber auch das Geschlechterverhältnis oder den sogenannten Geschlechterkampf. Das Geschlechterverhältnis ist untrennbar mit der Sexualität verbunden.

Theweleit führt das faszinierte Grauen der bürgerlichen Männer angesichts der Arbeiterfrauensexualität auf deren verklemmte Sexualmoral zurück; viele Männer, die nach den prüden, auf kirchlichen Lehrmeinungen bauenden Vorstellungen der bürgerlichen Gesellschaft erzogen wurden, konnten Frauen nur nach dem Heilige-Hure-Schema deuten. Sexuelle Beziehungen zu Frauen fanden für diese Männer entweder mit Prostituierten statt, die sie bezahlten und deswegen nicht respektieren mussten, oder mit der sauberen Ehefrau, die sexuell unerfahren war und aufgrund des Reinheitsmythos gar nicht als begehrenswert erlebt werden konnte.[42] Dass die Arbeiterfrauen ihre Sexualität unverklemmter lebten, stellte sie auf eine Stufe mit den Huren.

Das bürgerliche Sexproblem resultierte auch daraus, dass selbst vermeintliche Liebesheiraten einem ökonomischen Kalkül folgten. Womöglich gilt das ein Stück weit immer noch, selbst wenn heutzutage kaum noch Frauen jungfräulich mit einem wesentlich älteren Mann eine Ehe eingehen. Hoher Status und hohes Einkommen des Mannes sind jedoch noch immer wichtig bei der Partnerwahl – nicht die beste Voraussetzung für eine gleichberechtigte Paarbeziehung. Für viele Frauen aus der unteren Mittelklasse erscheint die Ehe mit einem erfolgreichen Mann als bestes Mittel zum weiteren Klassenaufstieg. Oder wie es die Soziologin Jutta Allmendinger gerne so scharfsinnig wie zynisch zuspitzt: »Da ist der Heiratsmarkt zielführender als der Arbeitsmarkt.«[43]

Für DDR-Frauen entkoppelte sich diese Verbindung von Ehe und Klassenzugehörigkeit: erstens, weil sie durch die Arbeit selbst einen bescheidenen Aufstieg vollziehen konnten, zweitens, weil die DDR-Gesellschaft eben nach unten nivelliert war[44] und es insgesamt keine großen Aufstiegschancen gab, auch nicht für Männer. Frauen wie meine Mutter fanden in der Arbeit den Schlüssel zu einem besseren Leben. Zugleich zeigt das Beispiel der DDR-Frauen, dass Rollenmuster unabhängig von der Erwerbstätigkeit der Frau weiterbestehen können.

Erwerbstätigkeit von Frauen und die Verteilung von Fürsorgearbeit ist heute ein zentrales feministisches wie familienpolitisches Thema. Aber viel zu oft entsteht der Eindruck, dass die Erfahrungen mit der Doppelbelastung durch Erwerbs- und Care-Arbeit von Frauen der DDR und in Ostdeutschland nach der Wende in feministischen Debatten nicht reflektiert werden – vielleicht gar nicht präsent sind. In einem Facebook-Kommentar zum Thema Doppelbelastung von Frauen las ich vor einigen Jahren tatsächlich einmal den Kommentar, »wir« seien eben die erste Generation von Frauen, die beides schultern müssten: Lohn- und Care-Arbeit. Erst musste ich lachen, dann wurde ich ziemlich wütend. Es zeugt von einer ungeheuren Geschichtsvergessenheit – wie eingangs gezeigt, war Frauenarbeit nie nur an den Haushalt gebunden. Zugleich spiegelt der Kommentar eine Realitätswahrnehmung, die viel mit Herkunft zu tun hat. Wenn die eigene Mutter nicht erwerbstätig war, dann formt das die erlebte Realität: Erwerbs- und Fürsorgearbeit wirken unvereinbar, ein Alltag mit Kind und Arbeit unvorstellbar, und es gilt, der Gesellschaft Möglichkeiten zur Vereinbarkeit abzuringen.

Ich erlebe bei vielen westdeutschen Feministinnen ein Fremdeln gegenüber der Figur der Ostfrau, ihrer Emanzipation und Gleichberechtigung.[45] Generell betonen viele westdeutsche Autorinnen, dass die Gleichberechtigung nicht vollständig gewesen sei, weil die Care-Arbeit den Frauen zufiel und so die Position der Frau als Hausfrau unangetastet blieb.[46] Weiterhin hätten sich die Frauen – ein seltsames Argument – nicht selbst emanzipiert; vielmehr hätten sie sich staatlichen Erwartungen gebeugt: Die DDR habe nun einmal Arbeiter gebraucht. Es gab tatsächlich einen Erwartungsdruck, was die Arbeit betraf, aber dieser betraf Frauen wie Männer, die Gesellschaft insgesamt, weil Arbeit der zentrale kohäsive Faktor der DDR-Gesellschaft war.[47] Arbeit wurde als Recht *und* Pflicht codiert.

Gegen das erste Argument ließe sich einwenden, dass wir noch immer die ungleiche Verteilung von Care-Arbeit beklagen, dass wir den Begriff der Care-Arbeit – das scheint mir relevant – überhaupt erst seit einigen Jahren verwenden, was auf einen Bewusstseinswandel schließen lässt. Natürlich debattierte man Care-Arbeit auch, bevor man sie so nannte. Trotzdem neigen heutige Debatten dazu, Ansprüche der Gegenwart auf die Vergangenheit zu übertragen.

Bei aller Kritik an Männern wie meinem Vater – der zu Hause nur kochte oder ab und zu etwas reparierte – sollte nicht übersehen werden, wie radikal der Wandel in den Geschlechterrollenbildern binnen einer Generation ausfiel. Mein Schwiegervater, nur zehn Jahre jünger als mein Vater, schob selbstverständlich den Kinderwagen seines Sohnes, meines Mannes also, er wickelte und versorgte sein Kind. Das wäre für seinen Vater noch undenkbar gewesen, wie die Großmutter meines Mannes bemerkte. Mein Mann nahm zwölf Monate Elternzeit, als unser gemeinsamer Sohn geboren wurde, und begreift seine Rolle nicht als »Unterstützer« und »Hilfe im Haushalt«. Wir genießen den Luxus, dass wir beide nur dreißig Stunden die Woche arbeiten und uns gleichberechtigt um Kinder und Haushalt kümmern können. Bis heute frage ich mich, wie meine Mutter weitestgehend auf sich gestellt drei Kinder großziehen und dabei Vollzeit arbeiten konnte.

Dass gesellschaftliche Hindernisse nicht über Nacht verschwanden – dazu gehört die ungleiche Verteilung der Care-Arbeit –, stimmt, aber gerade für Frauen der einfachen Arbeiterschicht taten sich in der DDR Möglichkeiten auf. Allein, dass die Arbeit der Frau und ihre Bewährung in der Produktion heroisiert werden konnte, verweist auf einen Bewusstseinswandel in der Wahrnehmung der Geschlechter.

Vielleicht stellt es auch eine gewisse Kränkung dar, dass ein entscheidender Schritt zur Gleichberechtigung, der allerdings oft erst durch die Tochtergeneration jener DDR-Frauen vollzogen wurde, ganz ohne breite feministische Debatten gelang. Gewiss gab es in der DDR Debatten um Emanzipation, aber es gab kein Äquivalent zum BRD-Feminismus der zweiten Welle in den 60er und 70er Jahren. Die Gleichberechtigung wurde in der Arbeit und ohne einen intellektuellen oder theoretischen Überbau vorangetrieben. Vielleicht zeigt das den Weg für noch immer ungelöste Probleme in Geschlechterfragen auf. Womöglich lassen sie sich schlicht nicht in der Theorie lösen, sondern verlangen nach einer anderen Geschlechterpraxis.

*

Spricht man über Geschlecht, muss man notwendig auch über Geschlechterrollenbilder sprechen. In der Figur der Arbeiterin bzw. der Frau in der Arbeiterklasse offenbart sich ein deutlicher Bruch mit Geschlechterrollenbildern und den üblichen Erwartungen an Frauen. Wie bereits erwähnt, wirken Arbeiterinnen meist wenig zart, und die harte Arbeit scheint jeder Anmutung von Femininität im Weg zu stehen. Es lassen sich unterschiedliche weibliche Reaktionen auf diese Kluft beobachten: zum einen die Wahl einer androgynen Erscheinung, die Styling und Insignien des Femininen eher ablehnt – was sich bei vielen DDR-Frauen zeigte. Darauf komme ich gleich zurück. Zum anderen geschieht auch das Gegenteil in Form einer Hyperfemininität und Hypersexualisierung.

Ein Beispiel für diese hyperfeminine Variante der Arbeiterinnen sind die Frauen nordenglischer Arbeiterstädte, etwa die Scouserinnen (Bewohnerinnen Liverpools). Scouserinnen sind berühmt-berüchtigt für ihren Stil, der an Drag Queens erinnert – so überzeichnet ist ihr Make-up, so übertrieben ihr

Look. Die ohnehin oft groß gewachsenen Frauen mit üppigem Busen ziehen in engen Bodycon-Kleidchen durch die Straßen der Stadt. Am Tag tragen sie beim Shopping oft bunte Lockenwickler im Haar, damit sie abends perfekt aussehen. Hinter dem Look steckt auch der Wunsch, beim Ausgehen einen möglichst solventen Mann aufzutun. Das Investment in die Schönheit ist ein Investment auf dem Heiratsmarkt. Womöglich steckt noch mehr dahinter. Aufwendige Maniküre, auffälliges Make-up und vielfarbige Frisuren stehen im Kontrast zu einem Arbeitsalltag, der oft trist und monoton ist. Auch hierzulande tragen Frauen der Arbeiterklasse gerne imposante Haarteile, mehrfarbige Frisuren, lange Gelnägel und auffälligen Schmuck. Diese Looks werden von Mittelschichtsangehörigen gerne verlacht, weil sie wenig subtil sind und im bürgerlichen Geschmacksempfinden als stillos gelten. Sie verraten ihre Trägerinnen – falls es der Job nicht tut – als Frauen ihrer Klasse.

Wie bereits angedeutet, gibt es ebenso das Gegenprogramm, einen völligen Verzicht auf Styling und alles Schmückende, den man bei vielen Arbeiterinnen in der DDR beobachten konnte. Weil die DDR-Frau als Werktätige definiert war und ein bürgerlicher Habitus abgelehnt wurde, veränderten sich die Inszenierungsformen von Weiblichkeit. Ich war sehr beeindruckt, als ich das Hochzeitsfoto der Mutter eines meiner Exfreunde sah, die in einem schlichten weißen Jumpsuit geheiratet hatte. Vielleicht war es ein Zeichen der Zeit (der 80er), vielleicht gab es ähnlich legere Hochzeiten in Westdeutschland. Aber die nonchalante Art, wie ein Einteiler kombiniert mit kurzem, ungestyltem Haar und ungeschminktem Gesicht jeden Ausdruck von Weiblichkeit und des Akts der Eheschließung herunterspielte, imponierte mir. In der DDR gehörten Schminke, Styling, Körperrasur und dergleichen nicht zum Bild von Weiblichkeit; Natürlichkeit oder besser: Unkompliziertheit waren die

Mode der Zeit. Kein Wunder, eine Frau, die arbeitet und Kinder versorgt, hat eben keine Zeit für modische Mätzchen.

Das führte bei Frauen wie meiner Mutter zu einer regelrechten Blindheit für Fragen von Kleidung und Styling. Wenn meine Mutter zu Terminen in meiner Schule oder zu anderen wichtigen Veranstaltungen ging, legte sie Wert darauf, sich *ordentlich* zu kleiden. Allerdings waren ihre Outfits hoffnungslos altmodisch, sie kleidete sich als eine Art Kinderbuchversion einer feinen Dame, quetschte sich in steife Faltenblusen und Röcke, die nicht nur aus der Mode waren, sondern sie viel älter aussehen ließen, als sie tatsächlich war. Kein Wunder, dass einer meiner Mitschüler einmal fragte, ob sie meine Oma sei. »Sie ist meine Mama!«, rief ich empört aus. Meine Mutter schien bis ins Mark getroffen. Sie lächelte hilflos, wie so oft, wenn sie bloßgestellt wurde.

Ein Fehlgriff in modischen Fragen wurzelt in einer sozialen Unsicherheit, die unmittelbar die Klassenfrage berührt. Mit aktuellen Moden vertraut zu sein ist eine Form des kulturellen Wissens, die nicht jeder besitzt. Wissen um Mode ist eine Kulturtechnik, die auch eine Zeitfrage darstellt. Und man muss sie sich leisten können. Ein Sinn für Ästhetik oder guter Geschmack sind nicht angeboren, sondern erlernt und konditioniert, wobei Pierre Bourdieu betont, dass gerade dieser Aspekt der Konditionierung im Klassensystem unsichtbar gemacht wird.[48] Man kann Mode und ihre Codes analog zur Kunst, zum Theater oder zum Film betrachten, bei denen wir gerne zwischen ästhetisch hochwertig (*erstklassig*) und minderwertig unterscheiden und das Vulgäre, Kitschige und Unästhetische der Welt der Arbeiter- und Unterschicht zuordnen. Georg Simmel hebt den Aspekt von Distinktion hervor, also die Abgrenzung durch Mode; zugleich entstünden Moden im Volk durch die Nachahmung der höheren Schichten.[49] Die gab es freilich in der DDR nicht. Vielleicht wirkten bei meiner Mutter die materiellen Realitäten der DDR nach, schließlich war modische Kleidung in der DDR nur denjenigen zugänglich, die sie nach Schnittmustern selbst fertigen oder über Verwandte Westwaren einkaufen konnten.

Ich muss schmunzeln, wenn ich Bilder Angela Merkels aus ihrer Zeit als Frauenministerin sehe, aus der Rückschau wirkt es für mich so, als hätten Merkel und meine Mutter ihre Kleidung im selben Laden erstanden. Beide trugen denselben unkomplizierten Kurzhaarschnitt ohne Styling. Was zu der Frage führt, ob die Gleichberechtigung der Frau in der ostdeutschen Klassengesellschaft durch die Arbeit nicht eine Nivellierung der Geschlechterbilder erzeugte – und ein Frausein, das dort, wo es sehr feminin sein will, wie eine Verkleidung wirkt.

Ich erinnere mich gut an meine Irritation über ein Beutelchen, das meine Mutter eines Tages von ihrer Kollegin geschenkt bekam. Darin befand sich ein Haufen Kunstnägel samt Kleber. Meine Mutter, die nicht einmal ihre Nägel lackierte und immer wieder darüber klagte, dass sie beim Arbeiten abbrachen, spielte also mit dem Gedanken, diese furchtbaren Plastiknägel auf ihre Nägel zu kleben. Allerdings fand sie nie die Zeit, es tatsächlich zu tun. Gut möglich, dass ich eine aufgetakelte, mit Plastik ausstaffierte Weiblichkeit an meiner Mutter als eine Art Crossdressing erlebt hätte. Als eine Verkleidung, eine Aneignung eines Geschlechtercodes, der nicht zu ihr passte, weil ich sie – so seltsam es klingen mag – nicht als sonderlich weiblich wahrgenommen habe (als mütterlich sehr wohl).

Etwas Ähnliches zeigt der Roman *Shuggie Bain* von Douglas Stuart, in dem die Mütter – Arbeiter-Ehefrauen – bei einem gemeinsamen Spieleabend mit viel Alkohol Insignien der Weiblichkeit wie bei einem Drag oder Cosplay anlegen. Sie probieren mitgebrachte Stütz-BHs an. Man sieht es förmlich vor sich:

Die üppigen, aber vielleicht nicht mehr ganz straffen Brüste in Form gequetscht, sexy präsentiert, so wie sich das eben für eine *echte Frau* gehört. Zugleich kollidieren in der Szene Weiblichkeit und der grobschlächtige Arbeiterinnenhabitus. Die Frauen sprechen einen breiten Arbeiterklassedialekt, sie fluchen und saufen, sie entblößen ihre Unterwäsche, und keine von ihnen hat gute Manieren. Ihr Frausein wirkt aufgesetzt, eigentlich könnten sie Kerle sein, ihre Flüche stehen denen ihrer Männer in nichts nach. Kann eine Arbeiterin denn nicht feminin sein?

Édouard Louis formuliert in seinem Essay *Die Freiheit einer Frau* den Gedanken, dass die Befreiung seiner Mutter aus der prekären Existenz als Ehefrau eines Arbeiters just auf dem Wege der Frauwerdung geschehen sei. Der Essay beginnt mit der Betrachtung eines Fotos der Mutter, auf dem sie versucht, sich feminin und sexy in Szene zu setzen. Louis deutet es als hoffnungsvollen Blick in die Zukunft, der jäh eingeholt wird von der desparaten Realität ihres Daseins an der Seite eines brutalen Mannes. Sich von ihrem Mann zu befreien heißt für die Mutter, sich als Frau zu entdecken. Zugleich nutzt Louis ihren Prozess der »Frauwerdung« als Spiegel des Umgangs mit seiner eigenen Homosexualität. Er zeigt, wie die Klassenlage Geschlechterrollenerwartungen auf destruktive Art formt und vorgibt (Sei ein Mann! Sei eine gute Frau!).

Man kann seinen Text so lesen, als ersticke das Leben in der Arbeiterklasse das Feminine – wahlweise als Ausdruck des Frauseins oder eines effeminierten Mannseins. Als gebe es also in der Welt der harten Arbeit(er) schlicht keinen Platz für das, was wir üblicherweise als feminin oder typisch weiblich lesen: das Dekorative, das, was einfach nur schön ist. Als sei die Arbeiterklasse bloß ein Ort für Männer, und zwar männliche Männer, und als könnten weibliche Frauen und sanfte Männer darin nie heimisch sein. Aber ist das nicht ein konstruiertes Bild?

Ein Geschlechterrollen- und Klassenbild, das sich gegen geläufige bürgerliche Leitbilder stellt?

Als Frau einer sich so definierenden und so definierten Klasse konnte meine Mutter sich weder Zartheit noch Verzagtheit leisten. In meiner Erinnerung habe ich sie stets als doppelte Frau vor Augen: Als eine Frau, die zäh und resilient, tapfer und hart im Nehmen ist. Und als eine Frau, deren Sensibilitäten und Schwächen von anderen übersehen oder ausgenutzt wurden. Mit großer Selbstverständlichkeit beanspruchten andere ihre Zeit, ihre Arbeitskraft, ihre Energie für sich. Agency, eine eigene Absicht, eigene Ziele, Wünsche und Träume wurden ihr abgesprochen.

2. FALLSCHIRMMUTTERJAHRE

Ich verharrte einige Minuten lang wie in Schockstarre im Badezimmer, während ich den Teststreifen umklammerte. Hätte man mich in diesem Moment beobachten können, hätte ich vermutlich wie Han Solo ausgesehen, als er von Boba Fett in Karbonit schockgefrostet wurde. Der Test war positiv, daran gab es nichts zu rütteln. Die Anleitung des Schwangerschaftstests sagte, es dauere drei bis fünf Minuten, bis das Ergebnis sichtbar würde. Aber der zweite rosa Streifen war sofort erschienen, nachdem ich den Teststreifen in den Plastikbecher mit Urin getunkt hatte.

In diesem Moment zog mein Leben vor meinem geistigen Auge vorbei; ich war tot und nicht-tot, mit gerade einmal neunzehn Jahren. Genau genommen war ich ja nun zweifach lebendig, es gab immerhin zwei Herzschläge in meinem Körper. Was ich in diesem Moment noch nicht wusste: Ich war bereits in der achten Woche schwanger. Als ich meine Frauenärztin aufsuchte, beruhigte sie mich zunächst. So ein Test sei nicht sonderlich zuverlässig, aber sie könne einen Ultraschall machen. Zur Beruhigung. Auch ihr gefror das Lächeln auf den Lippen, als sie die zappelnde Bohne in meinem Uterus erblickte. Da ist ein Herzschlag, stellte sie leise fest. Ich zog mich an.

Die Ärztin drückte mir einen Zettel in die Hand. Er enthielt eine Adresse, an die ich mich wenden konnte. »Für den Fall, dass Sie eine Beratung brauchen«, sagte sie etwas kryptisch. Ich wusste damals noch nicht, dass es ein Werbeverbot für den Schwangerschaftsabbruch gab und dass Gynäkologen sich strafbar machten, wenn sie über Details eines Eingriffs informierten. Weil ich das nicht wusste, erschien mir die Sache selbst – meine Schwangerschaft, ein mögliches Nachdenken über einen Abbruch – ungeheuer schambehaftet.

Ich fuhr völlig verwirrt nach Hause. Meiner Mutter immerhin musste ich nicht mehr gestehen, was passiert war. Sie hatte mir bereits angesehen, dass ich schwanger war. Dazu muss man sagen, dass sie bei ihrer Mutter und ihren Schwestern nun schon Dutzende Schwangerschaften miterlebt hatte. Sie war es gewesen, die mir den Schwangerschaftstest kaufte, als ich ihr herumdrucksend gestand, dass ich meine Periode nicht bekommen hatte. Das war damals gar nicht so ungewöhnlich, genau genommen bekam ich meine Periode manchmal über zwei oder drei Monate hinweg nicht. Diesmal war es anders: Ich hatte ständig Krämpfe und zugleich war mir übel. Ich hatte abgenommen, sah blass aus, und meine Augen – so jedenfalls war sich meine Mutter sicher – verrieten eine Schwangerschaft. Ich war also schwanger, und meine Mutter wusste es. Vermutlich hätte ein solches Ereignis – die Tochter mit neunzehn schwanger, ohne Schulabschluss, ohne Ausbildungs- oder Studienplatz – in praktisch jeder anderen Familie eine mittelgroße bis schwere Krise ausgelöst. Meine Mutter blieb ruhig. Sie kommentierte erst einmal gar nichts, bis ich mir selbst Klarheit darüber verschafft hatte, was ich wollte.

Eine Woche später fuhr ich erneut zu meiner Ärztin. Der Weg führte mich von einem Ende von Dresden an das andere, vorbei an der Trümmerfrau am Rathaus; jetzt fühlte ich mich selbst wie eine Trümmerfrau. Ich stand vor den Trümmern meiner Existenz, hatte das Gefühl, mich entscheiden zu müssen: zwischen meinem Leben und dem Leben meines Kindes, das mir seit dem Moment, als ich den positiven Schwangerschaftstest in der Hand gehalten hatte, schlimmste Übelkeit verursachte. *Hyperemesis gravidarum* nennt sich diese Form der Schwangerschaftsübelkeit; ich litt bis zum sechsten Schwangerschaftsmonat darunter.

Während ich im Wartezimmer der Frauenärztin saß, noch immer nicht sicher, ob ich das Kind behalten wollte, blätterte ich die ausliegenden Zeitschriften durch. Von den Seiten strahlten mir glückselige Schwangere entgegen, die eine Hand zart auf ihren Babybauch legten, oder Paare, die erwartungsvoll auf einen Ultraschallmonitor blickten. Ich wusste zu diesem Zeitpunkt bereits, dass der Vater meines Kindes nie erwartungsvoll in die Zukunft seines Kindes blicken würde. Wenn ich das Kind behielt, dann würde ich eine alleinerziehende Mutter sein.

Frau Hobrack, wir füllen jetzt Ihren Mutterpass aus. Ich schluckte. Bevor ich etwas einwenden konnte, bevor ich sagen konnte, dass ich mir noch immer nicht sicher war, dass ich beraten werden wollte, dass ich einfach noch etwas Zeit brauchte, stand ich bereits auf der Waage, wo die werdende Mutter, ich, vermessen und begutachtet wurde. Noch eine Urinprobe und eine weitere Ultraschalluntersuchung, und ich hielt das Dokument in der Hand.

Das Wort »Mutterpass« – bezeichnenderweise heißt er nicht Schwangerenpass – machte mir etwas bewusst: Das Mutter-Werden ist ein Prozess, und der Prozess hatte bereits begonnen. Auch wenn es nicht geplant war, ich würde es schon schaffen. Ich wusste damals, dass ich eine Entscheidung treffen konnte. Ich musste nicht einfach ein Schicksal annehmen.

Als ich mit dem Mutterpass nach Hause kam und meiner Mutter mitteilte, das Kind zu bekommen, gab es einen Moment des stillen Übereinkommens. Wir schaffen das. Dann überraschte meine Mutter mich. Sie sagte mir, dass sie froh sei über meine Entscheidung. Alles andere hätte ich bereut, erklärte sie mir. Meine Mutter, immer die Optimistin – wenn man so aufwächst wie sie, kann man sich keine pessimistische Weltsicht erlauben –, würde das Kind schon schaukeln. Mit mir zusammen. Ihre Mutter hatte unter prekären Bedingungen Kinder bekommen, auch sie hatte keine Unterstützung gehabt, aber das würde jetzt anders sein.

Zum ersten Mal erschien mir meine Mutter damals als ein besonderer Typus von Mutter: als Fallschirmmutter. Eine Mutter, die für ihr Kind im Katastrophenfall da ist, die es auffängt und die erst im Moment der Krise als Mutter so richtig in Erscheinung tritt. Ich nenne das Verhalten meiner Mutter gerne eine kontrollierte Verantwortungslosigkeit. Oder, um es positiv zu formulieren: das Vertrauen darauf, dass das Kind klarkommt, dass es sich zu helfen weiß. Dass es die Küche schon nicht abfackeln wird, wenn es sich am Gasherd ein Spiegelei brät. Und dass es die Wäsche vernünftig wäscht, wenn es die Waschmaschine anstellt. Jemand, der einem das Rüstzeug für den Krisenfall mitgibt, einem aufmunternd auf die Schulter klopft und einen dann zum beherzten Sprung auffordert.

Die Fallschirmmuttter ist für mich eine Gegenfigur zur allseits verlachten Helikoptermutter. Die Helikoptermutter kreist rastlos um ihr Kind, dem Klischee nach verschreibt sie sich voll und ganz dem Wohlergehen der Kinder, denen sie alles abnimmt, die sie bevormundet und im schlimmsten Fall zu unselbstständigen, tyrannischen Adoleszenten verzieht. Die Fallschirmmutter wiederum ist ein Muttertypus, der nie auf die Idee käme, ständig um die eigenen Kinder herum zu sein – und hierfür auch gar keine Zeit hat. Arbeit, Haushalt und sonstige Pflichten beanspruchen sie zu sehr. Sie steht für ein Laissez-faire im Umgang mit dem Kind, das allerdings nichts mit bürgerlichem Laissez-faire im Sinne einer antiautoritären Erziehung zu tun hat. Vielmehr ist das Laissez-faire Bedingung der Möglichkeit von Mutterschaft einer hart arbeitenden Frau.

Habituell unterscheidet sie sich von der Helikoptermutter dadurch, dass das symbolische Wohlergehen der Kinder, das der Helikoptermutter so wichtig ist, für sie nur eine untergeordnete Rolle spielt. Mit symbolischem Wohlergehen meine ich all das, was eben symbolisches Kapital für das Kind generiert. Dinge, die nicht das leibliche Wohl oder die unmittelbare physische Gesundheit betreffen, sondern Abstrakteres: der Besuch einer Musikschule oder eines Fußballclubs. Das sind Dinge, die Zeit und Geld kosten, und beides ist in Arbeiterfamilien nur selten vorhanden. Darum ist die Fallschirmmutter eine sehr proletarische Mutterfigur, für die die Ressourcen Zeit und Geld knapp sind. Unmittelbare körperliche Bedürfnisse gehen vor.

Sie ist zudem eine sehr ostdeutsche Mutterfigur. Weil eigentlich alle Mütter in meinem Arbeiterklassemilieu berufstätig waren und sind, betreffen Mutterpflichten für sie eher rudimentäre Fürsorgepflichten: Natürlich benötigt ein Kind Nahrung, frische Kleidung, Regeln und Struktur. Aber auf dem Spielplatz muss es schon allein zurechtkommen.

Man kann inzwischen Bibliotheken mit der jährlichen Produktion von Sachbüchern füllen, die über das Mutterbild unserer Gesellschaft klagen, die Ungerechtigkeiten und Probleme hervorheben. Die Ungleichverteilung von Care-Arbeit, der Karriereknick, der Rückfall in alte Rollenmuster – die Liste der beklagenswerten Umstände ist lang. Selten aber wird die Figur der Mutter durch eine Klassenbrille betrachtet. Denn die zahlreichen, klugen Analysen zur Figur der Mutter fokussieren auf Mittelschichtsdiskurse. Jüngst etwa Mareice Kaisers *Das Unwohlsein der modernen Mutter*[50] oder Caroline Rosales *Single Mom*[51]. Bei Rosales geht es um Mutterschaft im Performer-Milieu der akademisch gebildeten, gehobenen Mittelschicht. Die Frage der Vereinbarkeit von Kind und Karriere ist ebenso wichtig wie die Straffheit des Busens. Auch die von Kaiser adressierten Konflikte wurzeln in Mittelschichtsdiskursen, denn sie sind es ja, die jene völlig überzogenen Erwartungen und ständig abgehetzte Mütter erzeugen.

Das hat zwei komplementäre Folgen: Mutterschaft außerhalb des Rahmens eines geregelten Mittelschichtslebens erscheint oft als prekär. Unzählige Vorabendsendungen im Privatfernsehen, Talkshows und Dokus kreisen um »asoziale« Mütter: häufig bildungsferne, junge, alleinerziehende Mütter, die Sozialleistungen beziehen. Beim Betrachter kann sich für keine Sekunde ein Zweifel daran ergeben, dass diese Mutter scheitern muss und dass auch ihre Kinder im Leben scheitern werden. Sie ist eine Mutterfigur, die sich im Rennen um gutes Muttersein selbst disqualifiziert hat.

Die Mittelschichtszugehörigkeit, verbunden mit dem entsprechenden Habitus, erscheint dagegen als notwendige, aber nicht ausreichende Vorbedingung für gute Mutterschaft: Die Mittelschichtsmutter muss schon kiloweise Babyratgeber konsumieren, sich in Mutterforen zu aktuellen »Empfehlungen« zu Stilldauer, Kolikenbehandlung und kognitiver Entwicklung des Kleinkindes umtun, um sich als gute, das heißt kompetente, informierte, reflektierte Mutter zu beweisen, nur um am Ende doch an den überbordenden Erwartungen der anderen zu scheitern. So kommt es, dass sowohl »proletarische« als auch »bürgerliche« Mutterschaft als prekär erlebt wird, aus jeweils anderen Gründen, von jeweils anderen Akteuren. Deswegen will ich die Muttertypen noch etwas genauer betrachten.

*

Die Helikoptermutter, Sinn- und Schreckbild der Mutter aus der Mittelschicht, ist eine erstaunlich ambivalente Figur, weil in ihr all das, was für gewöhnlich als gute bürgerliche Mutterschaft codiert ist, abgelehnt und abgewertet wird. Sie erntet Verachtung dafür, dass sie nicht als Rabenmutter verstanden werden will, dass sie ihre Kinder in den Mittelpunkt ihres Lebens rückt. Was nun auch wieder nicht richtig ist. Wir alle wissen, dass es Mütter niemandem recht machen können. Aber die Verachtung, die Helikoptermütter ernten – und die sich weniger als offener Angriff, sondern vielmehr in Form des Naserümpfens offenbart –, ist doch erstaunlich.

Vielleicht speist sich die Verachtung für die Helikoptermutter daraus, dass sie ihren Klassenstandpunkt sichtbar macht und damit bestimmte Lebenslügen der Mittelschichtsgesellschaft bloßlegt. Sie sorgt sich, dass ihr Kind im Laufe seines Lebens auf der Strecke bleiben könnte. Dass es hinter anderen Kindern seiner Klasse zurückfallen, schlimmstenfalls sogar eine Gesellschaftsklasse absteigen könnte. Sie verwöhnt ihre Kinder, weil sie ihnen Steine aus dem Weg räumen möchte, damit sie besser vorankommen. Leistungsbereite Kinder sind das Ergebnis leistungsbereiter Mütter, oder nicht? Wenn unsere Gesellschaft Fleiß und Mühen belohnt, dann spricht alles dafür, dass eine Mutter Fleiß und Mühen in das Fortkommen ihrer Kinder investiert. Und genau das ist ihr Engagement: Investment in den Klassenerhalt.

Obwohl man den Begriff noch nicht verwendete, als ich Kind war: Ich wusste und schätzte, dass meine Mutter keine Helikoptermutter war. Die klassische Ostmutter – und damit meine ich eher die Frauen der Generation meiner Mutter – helikopterte nicht. Zunächst einmal benötigt man viel Zeit, um ständig um sein Kind zu kreisen, es vom Sandkasten-Termin zur Musikschule und weiter zum Karatetraining zu fahren. Neben einer Vollzeitbeschäftigung drei Kinder von Termin A zu B, C und D zu fahren ist kaum machbar. Bis heute ist der Anteil der Vollzeit beschäftigten Mütter in Ostdeutschland höher als im Westen, nämlich doppelt so hoch.[52] Allerdings sank die Zahl der Vollzeit erwerbstätigen Frauen nach 1989 im Osten erheblich. Insofern findet man eventuell mehr Potenzial für helikopternde Mütter, zumal sich inzwischen gesamtdeutsche Prägungen bemerkbar machen.

Die anderen Mütter, die ich in meiner Kindheit kannte, waren eher einfache Arbeiterinnen mit einem harten, fordernden Arbeitsalltag. Nur Krisen des Kindes führten zu einer gesteigerten Aufmerksamkeit der Mütter. Typischerweise waren solche Krisen Leistungsprobleme in der Schule, die die Mütter in meinem Umfeld dazu zwangen, das bisschen Freizeit, das sie hatten, für Hausaufgabenbetreuung und Lernzeit mit ihren Kindern zu opfern. Zum Glück fiel mir das Lernen leicht, sodass meine Mutter keine Zeit in meine Bildung investieren musste. Zugleich erwartete sie großen Fleiß und gute Schulleistungen von mir. Dass meine Mutter keine Helikoptermutter war, hieß nicht, dass sie keine Erwartungen an ihre Kinder formulierte.

Meine Mutter war ihr Leben lang mit der Vorstellung konfrontiert, dass ihr niedriger Bildungsabschluss gleichbedeutend mit geringer Intelligenz sei. Immerhin bestätigten nun die guten Noten ihrer Kinder (die allesamt Abitur machen würden), dass sie so dumm nicht sein konnte – *von irgendwoher muss es ja kommen*, wie meine Mutter gerne sagte. Und von meinem Vater, der nach der achten Klasse die Schule verlassen hatte, kam die Intelligenz wohl nicht, war sie überzeugt. Wir konnten also ersatzweise all das unter Beweis stellen, was meine Mutter nicht beweisen konnte. Dass ihre Kinder zudem mit einer gewissen Leichtigkeit Abitur machten, während die Kinder ihrer Kollegen und Geschwister zu kämpfen hatten, war ein Trostpflaster für das Minderwertigkeitsgefühl, das ihr das Aufwachsen in ihrer Familie und ihrem Klassenmilieu vermittelt hatte. Sie hatte der Klassengesellschaft eine lange Nase gedreht.

*

In den 2010er Jahren geisterte ein besonderer Muttertypus durch die deutschen Feuilletons: die Latte-macchiato-Mutter. Welt-Autorin Antje Hildebrandt etwa besuchte sie im »Klischee-Kiez«, in dem Versuch, das Vorurteil zu widerlegen.[53] Die SZ schrieb gar unter dem Titel *Schlank, hübsch, verhasst* über den Muttertypus.[54] Die Latte-macchiato-Mutter ist durch und durch eine Klischeefigur und schien zunächst den Prenzlauer Berg und dann das ganze Land zu erobern. Die genüssliche Abwertung, mit der Feuilleton-Autoren diesen Muttertypus straften, speiste sich aus dem Gefühl der Lifestyle-Mutterschaft, das diese Frauen verbreiteten. Sie lebten für den allgemeinen Geschmack ein etwas zu sorgloses Leben, in dem sie sich nicht zwischen Care-Arbeit und Erwerbsarbeit aufrieben. Sie genossen erst einmal die Phase der Care-Arbeit, zogen sich für eine Weile aus dem Bereich der Erwerbsarbeit zurück, und ein nicht unerheblicher Teil der Kritiker schien sich daran abzuarbeiten, dass sie dabei gut aussahen und zufrieden wirkten. Gott bewahre, dass Mütter zufrieden sind mit ihrer Rolle! Besonders eigentümlich wirkte, dass das Milieu, das die Latte-macchiato-Mutter hervorgebracht hatte – ein eher gut situiertes Mitte-Milieu in den coolen, teuren Großstadtkiezen des Landes –, diesen Muttertypus belächelte. Das schaumige Heißgetränk symbolisierte für nicht wenige Kritiker einen hedonistischen Lifestyle. Diese Mütter, so klang es in Debatten immer wieder an, waren gar keine engagierten Mütter, genossen stattdessen den Kaffeeplausch mit anderen Müttern, womöglich sogar noch gut gestylt in einem hübschen Café. Der individualistische, hedonistische Lifestyle, der so weit verbreitet ist in urbanen Mittelschichtsmilieus der Gegenwart, wurde zu einem Problem der Mutter stilisiert.

Die Debatte um die Latte-macchiato-Mutter war eine sehr westdeutsche, bürgerliche Debatte über Mutterschaft. Insbesondere für Feministinnen stellte die Latte-macchiato-Mutter eine Zumutung dar. Erst im Jahr 2008 wurde der Ausbau der Kinderbetreuungsinfrastruktur und der Rechtsanspruch auf Krippenplätze unter der damaligen Familienministerin Ursula von der Leyen durchgesetzt. Die Vereinbarkeit von Familie und Beruf war das heiß diskutierte Thema dieser Jahre, aber nun schien es so, als entzögen sich die Latte-macchiato-Mütter genussvoll dem Kampf darum – zugunsten größerer Entspanntheit. Verrieten sie das feministische Anliegen der Gleichberechtigung? Ausgerechnet jetzt, wo man Fortschritte erzielte?

Die späten 90er und frühen 2000er Jahre waren von Kinder-oder-Karriere-Debatten geprägt, Polittalkshows kreisten mit großer Ernsthaftigkeit um die Frage, ob eine Frau Kinder und Berufstätigkeit vereinbaren *sollte*. Bevor die praktische Möglichkeit der Vereinbarkeit debattiert werden konnte, musste erst einmal die Legitimität der Berufstätigkeit der Mutter geklärt werden. Ein häufig verwendeter Begriff war die »Wahlfreiheit«, wobei Wahlfreiheit häufig als die Freiheit zur Wahl eines Hausfrauendaseins interpretiert wurde; um den Krippenausbau für Konservative erträglich zu gestalten, erhielten sie als Abfindung das Betreuungsgeld: Eine Mutter, die ihren von Gott oder der Natur oder der CSU angedachten Platz bei Kind und Küche wählte, sollte für ihre Mühen entschädigt werden. Allerdings erinnerte die Betreuungsgeldhöhe von 150 Euro monatlich die Mütter daran, dass ihre Arbeitsleistung am Ende eben doch nur dem Gegenwert eines Taschengeldes entspricht.

Ich begann etwa mit dreizehn, Polittalkshows zu schauen (ich war in dieser Hinsicht sehr frühreif). In ungezählten Talkrunden der Öffentlich-Rechtlichen zum Thema »arbeitende Mütter« oder Kitaausbau wurde der Begriff der Rabenmutter einerseits zurückgewiesen, andererseits begegnete ich ihm hier überhaupt erst. Auch dass das Wort »Schlüsselkind« ein negatives Framing besaß, verstand ich erst beim Betrachten der Sendungen. Ich war immer ziemlich stolz auf den Schlüssel gewesen, der an einem Schlüsselband um meinen Hals baumelte und mit dem ich am Ende der Kindergartenzeit zum ersten Mal allein nach Hause gehen durfte. Ich war endlich eine von den Großen, jedenfalls groß genug, um einen eigenen Schlüssel zu bekommen. Allerdings erwies sich meine Mutter hier als Fallschirmmutter: Sie verpflichtete meine Schwester dazu, mir am ersten Tag *heimlich* zu folgen, um sicherzustellen, dass ich die Verkehrsregeln beachtete. Als sie sicher war, dass ich den Nachhauseweg verantwortungsbewusst antrat, durfte ich allein gehen.

Das Modell der Mutterschaft, das in den Talkshows debattiert wurde, kannte ich nicht: Anscheinend gab es Mütter, die ihre Kinder von der Schule abholten, sie mit Mittagessen versorgten und ihnen im Anschluss mit den Hausaufgaben halfen. Dafür gab und gibt es bei uns – gemeint ist Ostdeutschland – Schulen, Essensanbieter, die Schulkantinen beliefern, und Horte. Ich selbst hatte mich hartnäckig geweigert, einen Hort zu besuchen, und durfte gegen das Versprechen, dass ich meine Hausaufgaben ohne Hilfe sorgfältig erledigen würde, direkt nach der Schule nach Hause gehen. Als Dreizehn- oder Vierzehnjährige war ich mir zwar bewusst, dass es einmal zwei parallel existierende deutsche Staaten gegeben hatte, aber die tiefen Gräben in den Lebensverhältnissen, die die Teilung in BRD und DDR erzeugt hatte, waren mir verborgen geblieben.

Ich kannte nur die eine Realität. Diese Realität war zugleich meine Normalität, die ich nie infrage stellte. Natürlich würde ich arbeiten *und* Kinder haben, das war doch klar. Ich würde so werden wie meine Mutter.

*

Vor dem Hintergrund der westdeutsch geprägten Debatten um Mutterschaft stellte ich mir irgendwann die Frage, ob meine Fallschirmmutter tatsächlich ein Sonderfall gewesen war. Helikopterten denn alle Mütter um ihre Kinder? Dann stieß ich auf Grit Lemkes *Kinder von Hoy* und stellte fest, dass auch andere DDR-Kinder der Arbeiterklasse sehr ähnlich sozialisiert worden waren: »Normalerweise werden Kinder, sobald sie laufen können, der Obhut älterer Geschwister oder Nachbarskinder übergeben. Die Aufsichtsfunktion der Erziehungsberechtigten beschränkt sich auf ein markiges *Runta da!,* wenn man aufs Trafohäuschen klettert, oder ein freundschaftliches *Ich wer' dir Beene machen!* Nie kämen sie auf die Idee, sich zu uns in den Sandkasten zu hocken. [...] Ein schlechtes Gewissen, weil sie nicht da sind, kennen unsere Mütter nicht.«[55]

»Entscheidend ist, was hinten rauskommt«, lautet ein bekanntes Helmut-Kohl-Zitat. So verhielt es sich für meine Mutter. Sie kannte kein schlechtes Gewissen, weil sie uns nicht vorlas, keine Hausaufgaben mit uns machte oder unseren Fernsehkonsum nicht kontrollierte. Als wir nach der Wende endlich einen eigenen Fernseher bekamen, achtete meine Mutter streng darauf, dass meine großen Geschwister nicht allein fernsahen. Aber keineswegs deshalb, weil sie sich sorgte, der Fernsehkonsum könnte schädlich für ihre Gehirne sein, oder weil sie dachte, ihre Kinder würden Zeit, die sie lieber beim Spielen draußen verbringen sollten, vor dem Gerät vergeuden. Tatsächlich sorgte sie sich um den Zustand des Gerätes, das heiß laufen und vom vielen Gebrauch abgenutzt werden könnte. Damals legte sie prüfend die Hand auf das Gerät, wenn sie von der Arbeit heimkam, und wehe, meine Geschwister hatten es nicht rechtzeitig vor ihrer Rückkehr ausgeschaltet.

Das Verhältnis meiner Mutter zum Fernsehen veränderte sich rasch. Ein Fernseher kann ein kostengünstiger Babysitter sein. Bald schon sah ich ständig fern, und niemand kümmerte sich darum, wie viel oder was ich mir ansah. Ich liebte amerikanische Sitcoms und japanische Comicserien. Besonders *Roseanne,* die die chaotischen Familienverhältnisse einer Arbeiterfamilie, die in die Schicht der *working poor* absteigt, beleuchtet. Ich identifizierte mich mit Darlene, der dauerdepressiven Teenagerin, die ihre ältere, beliebtere Schwester hasste. Natürlich gab es da einige Parallelen zu unserer Realität. Beispielsweise die Art, wie sich die Familie ernährte: mit ziemlich viel Fertignahrung, süßen Cornflakes und überzuckerten Softdrinks. Daneben die herzliche Offenheit und innige Zuneigung, trotz des Hangs zu lautstarken Auseinandersetzungen. Roseanne hatte nicht nur namentlich Ähnlichkeit mit meiner Mutter. Auch meine Mutter hatte eine rundliche Figur und schlechte Dauerwellen. Leider besaß sie nicht das freche Mundwerk der amerikanischen Comedy-Queen, die sich mit Zynismus gegen die Zumutungen durch Kapitalismus, Klasse und Vorgesetzte imprägniert.

Nicht nur vor dem Fernseher war ich, sehr zu meiner Freude, mir selbst überlassen. Ich kann mich nicht daran erinnern, dass meine Mutter mit mir Spielplätze besuchte. Eines der Highlights meiner Kindheit war ein Theaterbesuch, bei dem meine Mutter und ich uns gemeinsam eine Aufführung von *Pippi Langstrumpf* anschauten. Von diesem Once-in-a-lifetime-Event abgesehen beschränkten sich unsere Mutter-Tochter-Aktivitäten auf ein Minimum. Womit ich nicht meine, dass meine Mutter mich vernachlässigte. Ich suchte beim Spielen immer ihre Nähe, spielte am liebsten im großen Wohnzimmer, bei ihr, aber wir spielten eigentlich nie zusammen, weil es für sie stets eine lange Liste von Dingen zu erledigen gab. Und weil sie dauerhaft erschöpft war. Ihre Kraftlosigkeit wurde schließlich chronisch.

Immer häufiger blieben Dinge im Haushalt liegen, und mein Vater fühlte sich für den Haushalt nicht verantwortlich. Weil es für meine Mutter keine Entlastung gab, sie aber verzweifelt versuchte, den schönen Schein zu wahren, fokussierte sie sich auf Äußeres, so, wie sie es bereits in ihrer Kindheit gelernt hatte. Immerhin hatte sie so viel Klassenbewusstsein erworben, dass sie verstand, dass man sich vor dem herablassenden Blick der anderen schützen musste, etwa dadurch, dass man gut auf seine äußere Erscheinung achtete. Weswegen ja bereits meine Großmutter penibel auf die Sauberkeit der Kleidung ihrer sieben Kinder geachtet hatte. Der Ruf der Großfamilie war ohnehin schlecht, man musste nicht zusätzlich Gerede provozieren. Dabei spielte es keine Rolle, was sich hinter geschlossenen Türen abspielte.

Das begriff ich, weil meine Kleidung stets sauber war, während unser Zuhause zusehends chaotischer wurde. Ich erinnere mich an ein Ritual vor Familienfeiern: Wir begannen wie manisch, die zahlreichen Gegenstände, die sich überall in der Wohnung auftürmten, in das große Elternschlafzimmer zu räumen. Irgendwann war der Raum bis zum Bersten voll, die Tür ließ sich nur noch mit Ziehen und Zerren schließen. Dann wurde der Raum abgeschlossen, die Feier konnte beginnen. Wenn alles vorbei war, wurde der Raum wieder geöffnet – und all die Gegenstände, die keinen Platz hatten, verteilten sich wie magisch wieder auf die anderen Räume. Ich verinnerlichte damals eine Erkenntnis über Mutterschaft: Es gab eine Außeninstanz, eine Beobachterposition, der es Rechenschaft abzulegen galt. Weil die Blicke der anderen strafend und drohend sein konnten, musste man sie abhalten oder sich bewähren, indem man – jedenfalls für all die äußeren Beobachter – das Richtige tat.

*

Als Mutter wollte ich alles richtig machen. Ich wollte eine gute Mutter sein, es allen beweisen. Ich war reflektiert und gebildet genug, um zu wissen, in welche Kategorie der Mutterschaft man mich einsortieren würde: Als neunzehnjährige, alleinerziehende Mutter ohne Schulabschluss und Partner stand ich nicht auf der Gewinnerseite. Im Grunde war ich prädestiniert für eine Rolle in einer Vorabend-TV-Serie. Dass es doch ganz anders kam, hat einen wesentlichen Grund: die unbedingte Aufopferungsbereitschaft meiner Mutter für ihre Kinder und Enkelkinder.

Mein Sohn wurde 2005 geboren. Er war ein winziges Baby, nicht einmal 2600 Gramm schwer, als ich ihn aus dem Krankenhaus mit nach Hause nahm. Zwischen dem Moment der Entscheidung für meinen Sohn und seiner Geburt lagen nervenaufreibende Monate, in denen ich zur Schule ging und den Vater meines Sohnes vor die Tür setzte. Beinahe zwei Jahre lang hatte er mit in meinem Zimmer gewohnt, ohne Kosten zu übernehmen oder zu arbeiten. Er hatte die ganze Zeit über meiner Mutter auf der Tasche gelegen. Um das Fass voll zu machen, hatte er eine Affäre mit einer anderen angefangen. Eines Nachts warf ich die wenigen Dinge, die er besaß, aus dem Fenster und zog einen Schlussstrich. Die schwere Schwangerschaftsübelkeit, die mich sechs Monate lang geplagt hatte, verschwand noch in derselben Nacht.

Ich war wie befreit. Und so seltsam es klingen mag: Ich blickte zuversichtlich in die Zukunft. Ich las jedes Buch über Schwangerschaft, Säuglingspflege und Erziehung, das mir in die Hände geriet. Wie immer, wenn ich mich einem Problem zu stellen hatte, las ich und machte aus einem praktischen Problem ein intellektuelles. Tatsächlich hatte ich bald das Gefühl, in Fragen des Kinderkriegens und Erziehens ziemlich gut informiert zu sein (natürlich lacht man als erfahrener Elternteil über die Vorstellung, man könne Elternschaft allein durch das Lesen von Ratgebern bewältigen).

Ich hatte jedenfalls keine Angst davor, Mutter zu werden. Viel schwieriger erschien mir eine andere Hürde: Ich musste eine Wohnung für meinen Sohn und mich finden. Kein Kinderspiel, wenn man neunzehn ist und eine werdende Single-Mutter. Zum Glück fand ich eine kleine Anderthalb-Raum-Wohnung. Doch bevor ich sie beziehen konnte, musste ich den schwierigsten Gang antreten: den Gang zum Jobcenter, um Hartz IV zu beantragen. Denn noch studierte ich nicht, meine Mutter konnte mich finanziell nicht unterstützen, Unterhalt würde ich nicht bekommen. Der Gang zum Jobcenter wurde zu einem Lehrbeispiel für bürokratischen Wahnsinn. Ich hatte mich vor der Antragstellung über die Rechtslage informiert und wusste, dass ich nur das Arbeitslosengeld II beantragen konnte. Trotzdem erklärte mir die zuständige Mitarbeiterin, dass ich zunächst einen Antrag auf Arbeitslosengeld I stellen musste. Aber wieso, wenn er doch abgelehnt würde? Weil sie die Ablehnung benötigte, um meinen ALG-II-Antrag bearbeiten zu können.

In Begleitung meiner Mutter begab ich mich von der dritten Etage des Jobcenters zur zweiten, ich suchte verzweifelt nach dem Raum mit der Sachbearbeiterin, die nach einer zwanzigsekündigen Prüfung meines Antrages offiziell zertifizierte, dass mein ALG-I-Antrag abgelehnt war. Mit dem Zettel durfte ich in die dritte Etage zurückkehren. Wenn es damals für mich irgendeinen Zweifel daran gegeben hätte, dass ich so schnell wie möglich studieren und arbeiten musste, wäre er in diesem Moment beseitigt worden.

Nicht selten wird das Bild kolportiert, dass so manche junge Frau, die vom Leben nicht allzu viel zu erwarten hat, Kinder bekommt, statt sich fleißig ihrer Ausbildung zu widmen. Die Alleinerziehende, die dem Staat oder der Gesellschaft auf der Tasche liegt, ist in der westlichen Welt eine eingeführte Sozialfigur. In den USA oder in Großbritannien drückt die Bezeichnung »Welfare Queen«, die Sozialhilfekönigin, die ihre Kinder von Sozialhilfe großzieht, zudem ein rassistisches Stereotyp aus. Gemeint sind nämlich Schwarze Frauen. Die erste Hartz-IV-Zahlung, die ich erhielt, betrug lächerliche 41,71 Euro. Ab dem Zeitpunkt, als mein Sohn auf der Welt war, erhöhte sich die Zahlung auf 119,09 Euro. Aber auch vom vollen Hartz-IV-Regelsatz lebt niemand ein gesundes, gutes Leben. Der Regelsatz ist keine Einladung dafür, ein Leben lang Stütze zu beziehen. Tatsächlich soll der geringe Regelsatz auch garantieren, dass sich niemand zu lange in der »sozialen Hängematte« ausruht.

Die Klassenfrage der Mutterschaft offenbart sich in zahlreichen Stellschrauben und gesetzlichen Regelungen, die Kinder und ihre Eltern betreffen. Als mein Sohn geboren wurde, war die Zahlung des Unterhaltsvorschusses, der geleistet wird, wenn der andere Elternteil sich seinen Unterhaltsverpflichtungen entzieht, auf maximal sechs Jahre begrenzt und wurde überhaupt nur für Kinder unter dreizehn Jahren gewährt. Dieser Umstand trug dazu bei, dass viele Alleinerziehende in Hartz-IV-Bezug landeten: Sie konnten durch ihr Arbeitseinkommen nicht den Unterhalt der gesamten Familie sichern.

Auch das von der damaligen Familienministerien Ursula

von der Leyen eingeführte Elterngeld, vielfach als feministische oder gleichstellungspolitische Errungenschaft gefeiert, erzeugte eine offensichtliche Klassenschieflage, weil sie ärmere Mütter massiv schlechterstellte. In der älteren Erziehungsgeldregelung, von der mein Sohn und ich profitierten, erhielten alle erziehenden Elternteile – zumeist die Mütter – 300 Euro monatlich für maximal 24 Monate. Durch die neue Elterngeldregelung erhielten geringverdienende Frauen, Arbeitslose, Auszubildende und Studierende nur noch 12 Monate lang 300 Euro. Die Summe halbierte sich also.

Für Hartz-IV-Empfängerinnen gilt zudem, dass das Elterngeld als Einkommen angerechnet wird, wodurch sich der Hartz-IV-Satz entsprechend verringert. Diese offensichtliche Diskriminierung von Frauen, die ohnehin materiell arm sind, erzeugte aber keinen Aufschrei, sie war sogar gewollt. So sollte verhindert werden, dass Frauen Kinder bekämen, um Elterngeld »abzukassieren«. Womit wir wieder beim Thema der Welfare Queen angekommen wären. In Debatten hierzulande wird oft verhandelt, dass vor allem migrantische Milieus mit »traditionellen« Lebensweisen viele Kinder, »ständig neue kleine Kopftuchmädchen« bekommen, wie es Thilo Sarrazin in aller rassistischen Offenheit fantasierte, gar vom Kinderreichtum (und dem gezahlten Kinder- und Elterngeld) leben. Wer arm oder Migrantin ist, kann von vornherein keine gute Mutter sein?

Mir persönlich leuchtete nie ein, warum eine Frau, die sich um ihre Kinder kümmert, aber arbeitslos ist, eine schlechtere Mutter sein soll als eine Hausfrau, die ebenso wenig der Erwerbsarbeit nachgeht, aber landläufig als engagierte Mutter gilt. Nun, ich kenne die Antwort: Die einen liegen dem Staat auf der Tasche, die anderen ihrem Ehemann. Es handelt sich um einen Klassenunterschied, der Überbleibsel eines patriarchalen Weltbildes beinhaltet: In dem einen Fall sind die Verhältnisse geregelt, der Mann kümmert sich. Natürlich gibt es auch alleinerziehende Mütter der Mittelschicht. Seit einigen Jahren wird der Status der gut ausgebildeten Single Mom der Mittelschicht aufgewertet, während die Armut Alleinerziehender (die, wie gezeigt, auch das geltende Recht festschreibt) zunehmend skandalisiert wird. Aber diese Skandalisierung betrifft vor allem jene Frauen, die von ihren Ex-Partnern im Stich gelassen werden, also »unverschuldet« in der Armut landen. Nicht sie trafen die falsche Wahl; vielmehr wurden sie zum Opfer einer Situation. Wer, wie ich, von vornherein »dumm und naiv« in Mutterschaft und Armut stolpert (»Man muss heutzutage ja so jung keine Kinder bekommen!«), hat auch kein Mitleid zu erwarten.

Tatsächlich erntet man als sehr junge Mutter Spott, Häme, auch offene Wut. Ich erinnere mich lebhaft an eine Situation mit einem Arbeitskollegen, dem ich beim Mittagessen erklärte, dass ich meinen Sohn mit neunzehn bekommen hatte. »Das ist ja asozial!«, platzte er heraus, während ihm der Ketchup aus dem Mundwinkel tropfte. Die anderen Kollegen befiel eine doppelte Klassenscham: Man sagt niemandem offen, dass er asozial sei; und der Kollege selbst galt den anderen hinter vorgehaltener Hand als »asozial«. Aber das Ressentiment teilten alle. Auch mein Chef fragte mich mehr als einmal, wie ich so dumm hatte sein können.

Lädt Mutterschaft für sich genommen zu allerhand Besserwisserei und Bevormundung ein, so ist frühe Mutterschaft geradezu ein Freifahrtschein für die anderen, alle erdenklichen Formen der Beleidigung zu äußern. Sogar auf offener Straße schlug mir Wut entgegen, wenn ich mit meinem Neugeborenen unterwegs war. Einmal brüllte mir ein entrüsteter Mittfünfziger »Kinder kriegen Kinder« hinterher, als ich samt Kinderwagen aus der Straßenbahn stieg.

Die unverhohlen geäußerte Wut speist sich offenkundig aus einer Verschränkung von Klassismus und Adultismus, also der Herabwürdigung von Menschen aufgrund ihrer Jugend und damit vermeintlich verbundener Naivität. Neben den bereits erwähnten Argumenten, wonach eine arbeitslose Alleinerziehende dem Staat auf der Tasche liege und die Kinder überhaupt nur geboren würden, um nicht arbeiten zu müssen, wird man als junge Mutter grundsätzlich als ungebildet und naiv eingestuft. Verantwortungsvolle Elternschaft ist im Sinne der bürgerlichen Gesellschaft eine aufgeschobene Elternschaft. Nicht zu früh soll sie stattfinden, und idealerweise in einem festen Rahmen. Geburt und Ehe waren lange Zeit in Westdeutschland fest verbunden – so wurden bis 2008 für die Statistik zu Erstgebärenden überhaupt nur verheiratete Erstgebärende erfasst, so als gäbe es keine Single-Mütter.[56]

Seit den 60er Jahren stieg in Westdeutschland kontinuierlich das Alter der Erstgebärenden an. Das hatte vor allem zwei Gründe: Die Ausbildungszeiten wurden länger, und zu geregelter bürgerlicher Mutterschaft gehörte, eine abgeschlossene Ausbildung zu haben. Frauen heirateten immer später oder gar nicht; überhaupt war ein Kind zur Frage der Emanzipation geworden.

In Arbeiterfamilien stellten Kinder – paradoxerweise – so lange »Reichtum« dar, wie ihre Arbeitskraft monetarisiert werden konnte. Später weniger Kinder zu bekommen, also bewusst Familienplanung zu betreiben, wurde zu einem Distinktionsmerkmal für bürgerliche Kreise. Das wirkt nach, wenn in unserem Denken eine frühe Mutterschaft, noch dazu als unverheiratete Frau, praktisch automatisch mit »asozialem« Verhalten und niederer Schichtzugehörigkeit assoziiert wird. Wer wann wie viele Kinder hatte, war ein Zeichen von Klassenherkunft geworden.

Bis heute erzeugt es Irritation, wenn ich erzähle, dass ich einen sechzehnjährigen Sohn habe. Für einen Moment entgleisen meinem Gegenüber die Gesichtszüge, dann folgt ein Schlucken, das für gewöhnlich mit den Worten »Ah, wie toll« überspielt wird. Manchmal erkundigt sich das Gegenüber dann noch einmal nach meinem Alter. Die Überraschung, oder besser: der Schock ist auch deshalb so groß, weil es nicht in das Bild von einer Akademikerin und Autorin passt. Einer jungen Mutter traut man eine professionelle Ausbildung und einen angesehenen Beruf eher nicht zu. Umgekehrt traut man es auch einer Akademikerin nicht zu, dass sie jung Mutter wird – das tun doch nur diejenigen, die über keine anderen Lebensoptionen wie etwa eine gute Ausbildung und einen lukrativen Job verfügen.

Die kommentierende Gesellschaft scheint von dem Umstand »getriggert«, dass eine junge Frau Sex hat (wenn wir ehrlich sind, kümmert es uns kaum, wenn Teenager-Jungs früh Sex haben). Das zeigte doch nur, dass die Person nicht aus »gutem Hause« stammt, in dem die Eltern ausreichend über die Sexualkontakte des Kindes (oder besser: der Tochter) und die Verhütung wachen. Kaum etwas wird von Müttern und Vätern der Mittelschicht so sehr mit Argusaugen überwacht wie die Jungfräulichkeit und Empfängnisfähigkeit der Tochter, weswegen oft schon Vierzehnjährige die Pille nehmen – auch wenn sie keinen Sex haben. Ich war immer irritiert davon, wie stark sich Mittelschichtsmütter in meinem Umfeld in das Sexualleben der Töchter einmischen, wenn es um Fragen der Verhütung geht. Ein Fall wie meiner taugt wohl als mahnendes Beispiel. Auch in diesem Sinne ist Mutterschaft politisch: Junge Mutterschaft, besonders da, wo sie nicht mit Ehe oder fester Beziehung einhergeht, durchkreuzt jede patriarchal-bürgerliche Norm.

Diese Norm betrifft auch die Sexualität der Mutterfigur. Neulich schaute ich mit meinem Teenagersohn zum ersten Mal seit vielen Jahren den Film *Sonnenallee*. Bereits eine der ersten Szenen verblüffte mich. Michi streift durch die Sonnenallee, als ihm eine Armada von Frauen mit Kinderwagen entgegenkommt. Es sind blutjunge Frauen, eigentlich kaum älter als Michi. Bemerkenswert ist, wie Michi auf die Frauen reagiert: Er ist nicht verwundert darüber, wie jung die Frauen sind, die ihm begegnen. Vielmehr fühlt er sich unter Druck gesetzt. Er ist Jungfrau und Single. In der Kinderwagenszene winkt eine mögliche nahe Zukunft, wenn es ihm denn endlich gelingt, eine Freundin zu finden.

Diese Filmszene führt vor, was sonst eigentlich streng getrennt wird: Mutterschaft und Sex-Appeal. Die frühe Mutterschaft ist in diesem Fall kein Signifikat einer »Unterschichtenexistenz«. Die Mütter werden nicht als »asozial« charakterisiert, sondern als regelrecht begehrenswert dargestellt. In dieser besonderen Verbindung von Mutterschaft und Begehren offenbart sich eine doppelte Differenz zu Mutterschaftsdebatten von heute: Nicht nur ist die Mutter eine potenziell begehrenswerte Figur; die Mutterschaft selbst ist begehrenswert, und sie steht offensichtlich nicht im Widerspruch zur Selbstverwirklichung des Subjekts. Tatsächlich könnte man meinen, dass die DDR-Frau sich erst als *Mutter und Arbeitende* selbst verwirklichte, jedenfalls im Sinne des Kollektivs und der Partei, während Mutterschaft in westlichen, liberalen Demokratien das glatte Gegenteil von Selbstverwirklichung bedeutet.

*

Vor einigen Jahren sorgte eine Studie der Soziologin Orna Donath unter dem Titel *Regretting Motherhood* für Aufsehen: Mütter erzählten darin, warum sie die Mutterschaft bereuten. Diese Gründe betrafen zumeist nicht die Kinder, sondern die Rollenerwartungen an die Mutterfigur: dass Mütter die eigenen Wünsche und Bedürfnisse zurückstellen, dass sie ein unerschöpfliches Reservoir an Liebe und Nachsicht für alle anderen aufbringen sollen, ohne im Gegenzug irgendetwas dafür erwarten zu können.

Ganz sicher gab es in der DDR viele Frauen, die ihre Mutterschaft bereuten, aber womöglich stellte Mutterschaft ein weniger furchteinflößendes Szenario dar. Damit meine ich, dass sich Frauen im sozialistischen Staat durch die Mutterschaft als Subjekt nicht bedroht sahen. Dafür könnte es vor allem zwei Gründe gegeben haben: einerseits die bereits beschriebene Vieldeutigkeit der ostdeutschen Mutterfigur, die als arbeitsame, eigenständige und durchaus attraktive Figur gedeutet werden konnte. Andererseits war Mutterschaft ungefährlicher für das weibliche Subjekt, weil die DDR-Gesellschaft weniger individualistisch geprägt war und bestimmte Subjektdiskurse gar keinen Platz im Bewusstsein der Massen hatten.

In dem Maße, wie postmoderne Gegenwartsdiskurse immer stärker um Fragen der individuellen Selbstverwirklichung kreisen, wird das Muttersein zunehmend prekärer. Das Subjekt soll sich selbst verwirklichen, die Mutter aber selbstlos sein. Die Gesellschaft der Gegenwart produziert immer mehr Krisen des Subjekts, das dauerhaft überarbeitet und gestresst, konsumbetont oder hedonistisch ist, aber eine Mutter soll von alldem unberührt bleiben.

Eine der häufigsten Klagen zeitgenössischer Mütter lautet, dass die Anforderungen und Erwartungen an das Muttersein besonders hoch sind – alles Mögliche soll gemacht werden, und zwar immer auf die bestmögliche Art und Weise. Zugleich reicht es nicht mehr, »nur« Mutter zu sein und in der Mutterschaft aufgehen zu wollen. Jedes kindliche Problem wird zudem von Außenstehenden als Produkt eines irgendwie gearteten mütterlichen Versagens betrachtet. Hohe Anforderungen, geringes Lob – Muttersein ist nicht gerade ein Traumjob.

Obwohl meine Mutter ein sehr arbeitsames Leben führte (und immer noch führt), musste sie sich immerhin nicht an überzogenen Standards von Mütterlichkeit messen lassen. Oder andersherum: Ein nie diskutiertes, vielleicht nur unbewusst wirksames Mittel zur Steigerung der Erwerbsbeteiligung von Müttern in der DDR war, dass man ihnen mit der Kinderbetreuung ein Stück weit die Verantwortung für die Entwicklung ihrer Kinder nahm. Aus westdeutscher Perspektive wird dieser Aspekt nur im negativen Sinne wahrgenommen: Die DDR habe die Kindererziehung verstaatlicht, um Kinder von klein auf zu indoktrinieren.

Auch wenn es richtig ist, dass die Erziehung zum sozialistischen Menschen schon in der Kinderkrippe begann, hieß das, dass Probleme des Kindes nicht ohne Weiteres als mütterliches Versagen adressiert werden konnten. Das ermöglichte Mutterschaft, die weitaus geringere psychische und emotionale Last bedeutete. Der Alltag als arbeitende Mutter war fordernd, aber die Forderungen an die Verantwortungssphäre der Mutter waren geringer.

Das DDR-Betreuungsmodell ermöglichte Mutterschaft, ohne 24 Stunden am Tag, 7 Tage die Woche im engeren Sinne für das Kind verantwortlich sein zu müssen. Man konnte Kinder haben, ohne dass jemand erwartete, dass man in der Mutterrolle aufging. Die Kehrseite bestand allerdings darin, dass eine Frau, die nur Mutter sein wollte, gesellschaftlich abgewertet wurde und dass der Druck, frühzeitig an den Arbeitsplatz zurückzukehren, sehr hoch war. Eine Latte-macchiato-Mutter wäre in der DDR undenkbar gewesen.

Das DDR-Mutterbild wirkte in mir nach; für keinen Moment zweifelte ich in meiner Jugend daran, dass ich eine arbeitende Mutter sein würde. Als Teenagerin konnte ich daher gar nicht nachvollziehen, worum gesellschaftliche Debatten über Vereinbarkeit oder Karrierefrauen kreisten. Irgendwie schienen Frauen sich entscheiden zu müssen, ob sie Kinder haben oder eine berufliche Karriere verfolgen wollten. Bis zu meinen Zwanzigern hatte sich die westdeutsch geprägte Debatte nicht wesentlich verändert. Ich erinnere mich an ein Gespräch mit einer Münchner Medizinstudentin im Anschluss an einen Vortrag, bei dem sie sich verächtlich über arbeitende Mütter äußerte: Sie könnten weder gute Mütter sein noch gute Arbeit leisten. Sie seien weder Fisch noch Fleisch. Sie erzählte, dass ihre Mutter ihre Karriere für ihre Kinder geopfert habe. Nicht nur in diesem Moment hatte ich den Eindruck, dass hinter dieser feministischen Debatte tatsächlich ein Generationenkonflikt steckte. Dass so manche junge Frau aus Westdeutschland den Konflikt ihrer Mutter mit sich selbst austrug. Vielleicht mussten sie sich gar nicht mehr für eine der beiden Möglichkeiten entscheiden, hatten aber das Modell der eigenen Mütter als Normalität vor Augen. Und es galt nun, es anzunehmen oder geradewegs abzulehnen. Vielleicht haderten sie gar nicht so sehr mit sich selbst oder der gesellschaftlichen Gegenwart, sondern mit der Geschichte ihrer Mutter. Die Frage »Kind oder Karriere?« präsentierte sich ihnen als Dilemma, weil es für ihre Mutter ein Dilemma gewesen war. Und das hatte nicht nur Auswirkungen auf das allgemeine Bild von Mutterschaft als etwas potenziell Negativem, sondern auf das Verhältnis zur Mutter. Waren sie, die Kinder, Grund für das Unglück der Mütter?

Ich traf aber auch auf das gegenteilige Verhältnis. Während

ich in Aachen wohnte, lernte ich eine mir später zur Freundin gewordene Frau kennen, die aus Westberlin stammte. Ihre Mutter hatte nach ihrem Studium sechs Kinder bekommen und nie gearbeitet – Arbeit meint hier natürlich nur Erwerbsarbeit. Und sie schien dieses Leben sehr zu genießen. Meine Freundin, die ebenfalls studiert hatte, wollte es ihr so schnell wie möglich nachtun. Sie wünschte sich sehnlichst Kinder und konnte sich Erwerbsarbeit in ihrem Leben nicht vorstellen. Sie sagte, dass sie rasch heiraten und Kinder bekommen wolle und dass das Kinderkriegen noch vor der Heirat auf ihrer Prioritätenliste stand. Bei der Beurteilung der Wünsche meiner Freundin machte sich meine Herkunft deutlich bemerkbar: Die Vorstellung, dass eine so talentierte und kluge Frau ihre Gaben »verschwenden« würde, indem sie Haus und Kinder hütete, machte mich regelrecht fassungslos. Es dauerte noch eine Weile, bis ich begriff, dass sie ebenso selbstverständlich die Normalität ihrer Herkunftsverhältnisse akzeptiert hatte wie ich die meinen.

*

Meine größte persönliche Krise war die Zeit, als ich als alleinerziehende Mutter Studium, Nebenjobs und Beziehungen zu managen versuchte. Der Tag schien stets zu wenige Stunden für all die anfallenden Aufgaben zu haben. Und oft genug war es meine Mutter, die einsprang, wenn mein Sohn betreut werden musste, weil ich abends ein Uniseminar besuchte. Es war meine Mutter, die meinen Sohn in die Krippe brachte, wenn ich frühmorgens eine Vorlesung hörte, oder ihn ins Bett brachte. Dass ich meiner Mutter so viele Aufgaben aufbürdete, bedeutete eine echte Zwickmühle: Ich wusste ja, wie hart sie arbeitete. Nun kamen noch mehr Aufgaben zu den ohnehin zahlreichen hinzu. Ich wusste, dass sie nie nein sagen würde und dass sie stets über den Punkt der absoluten Erschöpfung hinausgehen würde. Zugleich hatte ich keine Möglichkeit, jemanden für die Unterstützung bei der anfallenden Care-Arbeit zu bezahlen. Ich war auf die Care-Koalition mit meiner Mutter angewiesen.

In diesem Falle spielte die Frage meines Alters keine große Rolle: Jede Alleinerziehende, letztlich alle Eltern benötigen ein Netzwerk von Helfern. Häufig sind es die eigenen Eltern, die einspringen, wenn Kinder betreut werden müssen. Genauer gesagt nicht die Eltern als Paar, sondern die eigene Mutter, die als Großmutter Care-Arbeit übernimmt. Wenn man über die politische Seite der Mutterschaft sprechen will, dann muss man unbedingt diese Dimension der Care-Arbeit adressieren: Es sind nämlich zumeist die Großmütter, die am Ende von sogenannten Care Chains stehen und die überall dort einspringen, wo eine Lücke zwischen staatlicher Kinderbetreuung und aktiver Partizipation der Väter klafft.

Care Chains werden seit längerer Zeit von Feministinnen beschrieben.[57] Der Begriff »Care Chain« lässt sich, etwas unelegant, als »Fürsorgekette« übersetzen. Gemeint ist schlichtweg, dass Arbeiten wie Putzen, Kinderbetreuung oder Pflege an Arbeitskräfte outgesourct werden. Care Chains erscheinen in feministischen Debatten durchaus als Klassenproblem. Eben weil es Frauen der Arbeiterklasse und sehr häufig Migrantinnen sind, die diese Arbeiten übernehmen. Die ukrainische Pflegekraft oder die polnische Putzfrau sind nicht nur eine gesellschaftliche Realität; sie avancierten in Gerechtigkeitsdebatten auch zu Tropen. Sie werden immer dann zitiert, wenn es um ausbeuterische Arbeit in Privathaushalten geht.

Care Chains sind ein unmittelbarer Effekt der Organisation von Arbeit innerhalb der arbeitsteiligen kapitalistischen Gesellschaft. Im Care-Chain-Dilemma zeigt sich zudem, wie überdeterminiert die Figur der Arbeiterin in unserem Sprachgebrauch ist. Wir sprechen immer von der Putz- oder Kinder*frau*. Erstens, weil sie die Trennung in die Sphären der häuslichen Arbeit und der Lohnarbeit reflektieren. Weil alle häuslichen Aufgaben von Putzen übers Kochen bis zur Kindererziehung durch den weiblich konnotierten Ausdruck, zu dem es kein geläufiges maskulines Äquivalent in unserem Wortschatz gibt, als selbstverständlich weibliche Tätigkeit verkleidet erscheinen (selbst dann, wenn die Frau der Erwerbsarbeit nachgeht), gelten sie als Frauenarbeit schlechthin. Es ist daher nur logisch, dass diese Arbeiten, sofern sie nicht von der Frau des Hauses ausgeführt werden, von Frauen der Arbeiterklasse übernommen werden.

Zweitens etablierte sich mit der fortschreitenden Arbeitsteilung ein Muster, wertvolle von weniger wertvoller Arbeit zu unterscheiden, wobei gilt: Je mechanischer, repetitiver und anstrengender die Arbeit, desto weniger wertvoll schätzen wir sie ein, und desto schlechter kann man sie entlohnen. Haushaltsnahe Tätigkeiten sind per definitionem repetitiv, mühevoll und langweilig. Selbst Frauenarbeit, die ein höheres Qualifikationsniveau erfordert – ein äquivalentes –, wird immer noch schlechter bezahlt als klassische »Männerarbeit«.

Obgleich Fürsorgearbeit unbedingt notwendig ist, und zwar nicht nur auf privater Ebene, sondern im Sinne der Reproduktion von Arbeitskräften, soll die Arbeit möglichst billig geleistet werden. Wenn die Mütter/Ehefrauen die Arbeit nicht mehr kostenlos übernehmen, dann muss sie outgesourct werden, aber möglichst zu einem günstigen Preis. Natürlich ist kritischen Feministinnen nicht entgangen, dass dieses Outsourcing meist auf schlecht bezahlter Frauenarbeit beruht, wobei diese schlecht bezahlten Frauen nicht in der Lage sind, ihre eigene Care-Arbeit outzusourcen. Oder wie die Autorin Teresa

Bücker in einer Kolumne zu Care Chains fragt: »Wer putzt die Wohnung der Putzkraft?«[58] Die Antwort lautet vermutlich: ihre Mutter.

So wie Care-Arbeit eine private und eine strukturelle Komponente besitzt, können auch die Lösungsansätze auf privater wie struktureller Ebene erfolgen. Bücker nennt als eine Möglichkeit, häusliche Care-Arbeit staatlich zu entlohnen. Tatsächlich wäre das bloß eine Scheinlösung, die etwa in Form des Betreuungsgeldes bereits verwirklicht wurde. Allerdings kritisierte man zu Recht, dass das die traditionelle Rollenverteilung eher befördert.

Eine zweite Möglichkeit, die Bücker anspricht, ist die bessere Entlohnung von Putzfrauen und häuslichen Pflegekräften. Deren Entlohnung solle dem Wert der Zeit, den man sich durch ihre Arbeit erkauft, entsprechen. Aber haben wir es hier nicht mit dem eigentlichen Kern des Problems zu tun? Dass der Klassengraben zwischen Frauen der gehobenen Mittelschicht und der einfachen Arbeiterschicht darin besteht, dass die einen sich Lebenszeit erkaufen können und die anderen nicht? Dieser Zeitaspekt weist sowohl eine Geschlechter- als auch eine Klassendeterminierung auf. Wie Henriette Hufgard in ihrem Text *Über das wundersame Verschwinden der Zeit* zeigt, ist die Zeit von Frauen gesellschaftliche Verfügungsmasse, was man insbesondere während der Lockdowns in der Corona-Pandemie sehen konnte.[59] Aber es dürfte klar sein, dass die Lebenszeit einer Frau insgesamt umso mehr zur Verfügungsmasse wird, wenn diese der Arbeiterklasse entstammt. Zynisch gesagt: Die Lebenszeit der Mittelschichtsfrau stellt in den herrschenden Verhältnissen einen Wert an sich dar; die Lebenszeit der Arbeiterin hat bloß dann Wert, wenn sie in dieser Zeit produktiv ist.

Weil sie in der Zeit, in der sie produktiv ist, so wenig Geld verdient, gibt es keine Möglichkeit, haushaltsnahe Dienstleistungen einzukaufen und damit outzusourcen. Was zeigt, dass es kein Außerhalb der Arbeit für eine Arbeiterin gibt. Meine Mutter hätte sich zu keinem Zeitpunkt die Arbeitskraft einer anderen Frau erkaufen können; ihr mangelte es auch an einem solidarischen Netzwerk. Meine Schwester und ich können uns, wenn unsere Kinder außerhalb der Öffnungszeiten von Kitas betreut werden müssen, stets auf unsere Mutter verlassen. Meine Mutter konnte nie auf die Hilfe ihrer Mutter zählen. Vielleicht ist auch das eine Klassenrealität: ein einsamer Kampf für sich in der Arbeiterklasse. Meine Schwiegermutter ist als Mittelschichtsfrau sehr viel versierter darin, sich von Anforderungen anderer an ihre Zeit abzugrenzen: Sie hilft gerne aus, wenn wir sie um Hilfe bitten, aber ihre eigenen Hobbys und Aktivitäten haben Priorität.

*

Ich habe bereits im ersten Kapitel darauf verwiesen, dass in der Arbeiterklasse ein besonderes Verhältnis zur Frauenarbeit besteht. Frauenarbeit meint vermeintlich leichte und voraussetzungslose Arbeiten, impliziert tatsächlich oft monotone und deswegen besonders anstrengende Arbeiten. Besonders interessant scheint mir die Bewertung der Care-Arbeit schlechthin, der Kindererziehung. Während die Rolle der Mutter seit der Aufklärung glorifiziert wurde als die Sozialfigur, die letztlich erst die Menschwerdung des Kindes garantiert,[60] wurden Ammen oder ihre Nachfolgerinnen, die Erzieherinnen, Babysitter, Nannys und Au-pairs, mit wenig gesellschaftlichem Prestige bedacht. Wobei man differenzieren muss: Ammen etwa waren in der Geschichte durchaus gut bezahltes Dienstpersonal.[61] Babysitter genießen eher wenig Prestige, weil sie als unqualifiziertes

Personal gelten, während Erzieher, ob weiblich oder männlich, zuletzt durchaus gesellschaftliche Aufwertung erfahren. Jedenfalls hebt man ihre Bedeutung für die frühkindliche Bildung und ihr Ausbildungsniveau hervor, auch wenn sich das nicht in hohen Gehältern oder strukturellen Verbesserungen etwa bei Betreuungsschlüsseln zeigt. Anerkennung, ja bitte, nur kosten soll sie nichts.

So wie die Erziehungsleistung der Mütter je nach Klassenzugehörigkeit unterschiedlichen Anforderungen genügen muss, aber unterschiedlich stark anerkannt wird, bewerten wir auch die haushaltsnahe Arbeit der Frauen je nach Klassenlage anders. Wie oben bereits angedeutet, wirkt das Hausfrauendasein für eine gut ausgebildete junge Frau wie eine Verschwendung von Talent. Und warum sollte man sich mit dem Mann um die Verteilung der Hausarbeit streiten, wenn all die Liebesmüh durch den Einkauf billiger Arbeit ersetzt werden kann? »Die erste Beziehungskrise verhindert die Spülmaschine, die zweite die Putzkraft«, so Teresa Bücker.[62] Bestechend ehrlich, wie hier ein seelenloser Automat mit einer Arbeiterin gleichgesetzt wird. Der Satz enthält gleich noch ein verblüffendes Eingeständnis: Care Chains sind notwendig, weil die Partner einer Paarbeziehung unfähig oder nicht willens sind, eine faire Arbeitsverteilung untereinander auszuhandeln. Der Geschlechterkampf der Mittelklasse wird buchstäblich auf dem Rücken von Arbeiterinnen ausgetragen. Zu diesem Geschlechterkampf gehört nicht nur die Frage der allgemeinen Rollenverteilung, sondern auch die Anerkennung der Care-Arbeit als werthaltige Arbeit, die entlohnt werden sollte (weil Anerkennung im kapitalistischen Werte- und Wirtschaftssystem eben nur durch Entlohnung sichergestellt ist). In feministischen Debatten ist immer wieder von »unbezahlter Care-Arbeit« zu lesen, womit gemeint ist, dass der Care-Arbeit im Gegensatz zur Erwerbsarbeit weder Wert noch Mehrwert zugeordnet wird, der sich in Form eines ausbezahlten Lohnes äußern würde.

Die Behauptung, Care-Arbeit sei unbezahlt, ist nicht korrekt. Nehmen wir einmal das klassische Modell der Rollenverteilung: Er arbeitet, sie bleibt zu Hause. In diesem traditionellen Modell erwirtschaftet der Mann durch Erwerbsarbeit einen Lohn, von dem er nicht nur den eigenen Lebensunterhalt, sondern auch den seiner Kinder und der Partnerin finanziert. Das heißt, dass alles, was die Frau verbraucht – Nahrung, Kleidung, Mietanteil, Krankenversicherung usw. –, ihren Lohn für die Care-Arbeit darstellt. Im klassischen Ernährermodell ist der Lohn für die Care-Arbeit als die Summe dieser Ausgaben also recht genau zu taxieren. Nehmen wir das andere Extrem, wie im Falle meines Partners und meiner Person: Wir beide arbeiten dreißig Stunden und übernehmen zu gleichen Teilen die Care-Arbeit; es kann dabei sein, dass der eine phasenweise mehr leistet als der andere, wir achten aber auf eine Balance und verständigen uns über die Aufgabenteilung. Ist unsere jeweilige Care-Arbeit unbezahlt? De facto ja, strenggenommen aber könnten wir uns gegenseitig so etwas wie einen Lohn auszahlen, dieser würde sich aber aufheben, da wir den gleichen Lohn erhielten. Tatsächlich ist also die Care-Arbeit in diesem Modell nicht unbezahlt.

Kommen wir nun zum dritten, zum eigentlichen Problemfall: Beide arbeiten, aber einer der Partner entzieht sich der Care-Arbeit. Für diesen Fall gibt es eigentlich eine einfache Lösung: Die Person, die die Care-Arbeit erledigt, erhält vom Partner ein Gehalt (wir leben ja immerhin im Kapitalismus). Denkbar wäre diese Lösung, aber viele würden einwenden, dass das eigentliche Problem die Ressource Zeit ist: Der Partner, der zusätzlich zur Erwerbsarbeit Care-Arbeit leistet, hat dann gar keine Zeit mehr *für sich*. Hier also sehen wir die Klassenkluft:

Die einen können sich Zeit, buchstäblich Lebenszeit, kaufen; die anderen nicht. Machte Virginia Woolf noch das berühmte Zimmer für sich allein zum emanzipatorischen Ort, so ist es heute die Ressource Zeit.[63] Ein bisschen Zeit für sich selbst, zur Selbstverwirklichung.

Davon konnte meine Mutter nur träumen. Weder konnte sie haushaltsnahe Dienstleistungen einkaufen, noch hatte sie allzu viel von meinem Vater zu erwarten. Bis auf das Kochen und das Säubern der Küche beteiligte er sich nicht an Aufgaben im Haushalt, obwohl meine Mutter länger arbeitete und mehr verdiente als er. Schon gar nicht zuständig fühlte er sich für die Kindererziehung, wenn man von seinen Wutanfällen und Strafaktionen absieht, die wohl kaum als »Erziehungsmaßnahmen« durchgehen dürften. Es dauerte viele Jahre, bis meine Mutter begriff, dass es besser wäre, sich der Last, die ihr Mann darstellte, zu entledigen.

Damit kommen wir zur Rolle der Männer im Leben einer Arbeiterin. Obwohl dieses Buch den Blick auf die Figur der Arbeiterin lenken will, ist es unerlässlich, ihr Pendant, den Arbeiter, zu beleuchten. Im folgenden Kapitel soll es also um die Figur des Arbeiters, seine Gender-Performance und Sichtbarkeit gehen. Der männliche Arbeiter dominiert unser Bild von der Arbeiterklasse; aber so sichtbar seine Männlichkeit innerhalb und außerhalb seiner Klasse auch sein mag: In der Familie ist der Arbeitermann häufig eine unsichtbare, abwesende Figur.

3. ARBEITERPHANTASIEN

Vieles an meinem Vater war für mich als Kind unerklärlich. Er konnte heiter und hochgestimmt sein, dann wieder aus einer Laune heraus aggressiv und regelrecht bösartig. Mein Vater herrschte in meiner Familie weniger durch Gewalt als durch ihre Androhung. Eigentlich genügte es, dass er seine Augen aufriss und mit seinem Latschen oder einem anderen Gegenstand drohte, um alle zum Verstummen zu bringen.

Mein Vater schien einen Hass auf sein Leben, seine Familienmitglieder, die ganze Welt in sich zu tragen. Schuld an seinem Lebensunglück war die DDR, so seine Sicht, und die Tatsache, dass er keine Betriebsgenehmigung für die Gärtnerei seines Vaters erhalten hatte (tatsächlich hatte er sich wohl schlicht nicht darum bemüht). Er war ein Mann voll von Ressentiments gegen Schwache, gegen Gebildete, gegen jeden. »Ausländer« und Fremde waren ihm die Wurzel allen Übels. Dabei war er durchaus nicht gefühllos. Ich glaube, dass er meine Mutter wirklich liebte, ihr jedenfalls verbunden war; bei uns Kindern bin ich mir nicht so sicher. Meine ältere Schwester hasste er. Sie hatte den für ihn unverzeihlichen Fehler begangen, als Mädchen geboren zu werden, weswegen ihn seine Freunde verlachten: Er habe nicht einmal einen »Stammhalter« produzieren können. Dass er in patriarchalen Denkmustern festgezurrt war, hatte erheblichen Anteil an den Misserfolgen seines Lebens und der Unfähigkeit, eine gute Beziehung zu seinen Kindern aufzubauen.

Mein Vater bevorzugte meinen Bruder; ironischerweise war mein sensibler, zurückgezogener Bruder kein Vorzeigemann:

Als Teenager entsprach er dem Sinnbild eines Computer-Nerds mit aschenbecherdicken Brillengläsern und Übergewicht. Mein Bruder studierte zunächst Informatik, dann Geisteswissenschaften. Auch das deckte sich nicht mit dem Bild meines Vaters von einem »echten Mann«. Für mich führte die deutliche Bevorzugung meines Bruders und die Abwertung meiner Schwester qua Geschlecht zu einer Identitätskrise. Ich trug phasenweise Jungenkleidung, dann wieder sehr feminine, mädchenhafte Flatterkleidchen. Unbewusst wertete ich alles Weibliche ab, meine Mutter wirkte schwach, war von uns Kindern, das verstanden wir schon früh, aufgrund ihrer Liebesbedürftigkeit und emotionalen Abhängigkeit leicht zu manipulieren. Eigenschaften wie Intelligenz und Stärke galten mir als typisch männlich, weswegen ich lieber ein Mann sein wollte: Ich hielt Mädchen für dümmer, ungebildeter, und waren nicht alle großen wissenschaftlichen Leistungen von Männern ausgegangen? Meine Schwester war allerdings ein deutliches Gegenbild zu meiner Mutter: groß gewachsen, Volleyballspielerin, künstlerisch begabt. Sie verkörperte einen anderen Typus Frau. Mit ihrer Sportlichkeit und ihrer großen, schlanken Figur war sie überhaupt anders als wir alle.

Mein Vater wurde meiner Schwester gegenüber verbal und körperlich gewalttätig. Ihr zeigte er am häufigsten sein hassverzerrtes Gesicht. Einmal entleerte er einen Mülleimer auf ihrem Bett, weil sie nicht aufgeräumt hatte. Die Gewalt gegen meine Schwester war mir in meiner Kindheit nie so recht bewusst, obwohl offensichtlich. Ich kann es nur damit erklären, dass es sich um eine Form der kognitiven Dissonanz eines Kindes handelte: Mir gegenüber konnte mein Vater sogar freundlich und aufgeschlossen sein – für seine Verhältnisse. Manchmal brachte er mir von seinem täglichen Kneipenbesuch eine Süßigkeit mit. Ich tat Dinge, die Gemeinsamkeit zwischen mir und ihm herstellen sollten. Ich las die Bücher, die er las. Die wenigen Bücher, die es bei uns gab, waren seine Bücher. (Abgesehen von Schundromanen, die wir alle drei Monate vom Bertelsmann-Club zugeschickt bekommen hatten, dessen Mitgliedschaft ein Vertreter meiner Mutter aufgeschwatzt hatte, obwohl sie nie las.) Zumeist las mein Vater Sachbücher über die Geschichte des Zweiten Weltkriegs, endlose, trockene Auflistungen von militärischem Gerät und Strategien. Mein Bruder schenkte meinem Vater später die hochgelobte Hitler-Biografie von Joachim Fest. Mein Vater freute sich sehr, nicht weil er die sachkundige Darstellung oder den Stil des Werkes schätzte, sondern weil er sie für eine Hommage an den von ihm verehrten Hitler hielt. Spätestens mit zwölf begriff ich, was die Hitler-Verehrung meines Vaters über den Personenkult hinaus bedeutete. Nur einmal sprach ich mit ihm unmittelbar über die Shoah, ich war fünfzehn oder sechzehn. Ich fragte ihn, wie er angesichts des millionenfachen Mordes Hitler verehren könne. Das mit den Juden, sagte er, das sei natürlich zu weit gegangen. Es hätte doch genügt, sie zu deportieren. Es war das Gespräch, das uns endgültig entzweite.

Es fiel in eine Zeit, als mein Vater längst nicht mehr bei uns wohnte. Meine Mutter hatte sich von ihm getrennt, als ich dreizehn war. Danach verschwand er sang- und klanglos aus unserem Leben. Er zahlte, wie man sich denken kann, keinen Unterhalt, das konnte er mit seinem geringen Einkommen wohl auch nicht. Was mich damals nicht sonderlich beschäftigte, mich als Erwachsene aber umtreibt, ist die Spurlosigkeit, mit der er aus unserem Leben verschwand. Nach zwei Jahren ohne jedweden Kontakt besuchte ich ihn einmal in Bautzen – meine Mutter und ich lebten inzwischen in Dresden. Wie beschrieben, endete der Besuch mit der völligen Entzweiung. Erst als mein Sohn geboren wurde, verbesserte sich unser Verhältnis, weil mein

Vater, nachdem er in der Vaterrolle vollständig versagt hatte, immerhin versuchte, ein guter Großvater zu sein.

Als er Jahre später auf der Intensivstation lag und uns der behandelnde Arzt vorsichtig, aber letztlich offen vermittelte, dass es zu Ende gehen würde, war neben meiner Tante, meiner Mutter, meinem Bruder und mir auch meine Schwester anwesend. Während wir mit den Tränen kämpften, aber unfähig waren, näher an das Intensivbett heranzutreten, zog meine Schwester einen Stuhl heran, setzte sich an das Krankenbett meines Vaters, der im Koma lag, und streichelte ihm sanft die Hand. Ich weiß nicht, wo meine Schwester die menschliche Größe hernahm, ihm, der sie so oft gepeinigt hatte, im Moment seines Sterbens beizustehen.

*

Ein unleugbares Element der Männlichkeitskonstruktion in der Arbeiterklasse ist die Härte und Unerbittlichkeit des Mannes, die sich als Unerbittlichkeit sich selbst oder seinem Umfeld gegenüber offenbaren kann.

Eine der wichtigsten Koordinaten im Leben meines Vaters war seine Unfähigkeit, Gefühle zu adressieren und sie zu verarbeiten. Bereits früh in seinem Leben flüchtete er sich in den Alkohol. Auch wenn ich die Gefühle meines Vaters nicht ergründen kann, weil wir nie über sie sprachen oder sprechen konnten, wirkte er auf mich sein Leben lang frustriert, isoliert und verunsichert. Diese Verunsicherung drückte sich in einer Form der bleiernen Härte gegen alle anderen aus. Als ich im Moment des Abschieds vor seinem Tod seine Hand ergriff, erschrak ich darüber, wie weich sich seine Haut anfühlte. Sie hatte nichts gemein mit dem harten Panzer, den er ein Leben lang mit sich herumgeschleppt hatte.

Im Grunde beging mein Vater Selbstmord auf Raten. Er hatte sein Alkoholproblem so lange geleugnet, wie es eben möglich war. Wenn ich ihn als Kind auf der Arbeit besuchte – was ich immer dann tat, wenn ich meinen Schlüssel vergessen hatte und zu Hause vor verschlossener Tür stand –, traf ich meinen Vater zumeist im rückwärtigen Teil des Ladens an, in dem er Baubeschläge verkaufte. Dort stand er mit einer Dose Bier in der Hand, die er rasch beiseiteschob, wenn jemand eintrat. Zu dieser Zeit fuhr er LKW-Touren, stets mit einem Grundalkoholpegel, mit ein paar Dosen Bier als Wegzehrung. Als es meinem Vater nicht mehr gelang, sein Problem vor sich selbst zu verbergen, und eine Lebertransplantation die einzige Chance auf Weiterleben bedeutete, wurde er tatsächlich eine Zeitlang »trocken«. Er trank nur noch alkoholfreies Bier, und die Goldkrone-Flaschen, die er während der Ehe mit meiner Mutter mehr schlecht als recht in Küche oder Abstellkammer versteckt hatte, verschwanden ganz. Er stand jahrelang auf der Transplantationsliste, aber die Aussicht auf ein passendes Organ war gering. Gichtanfälle schwemmten seinen Bauch, seine Hände und Füße auf, und er alterte binnen weniger Monate um zwei Jahrzehnte. Als ich meinen Vater nach vielen Jahren wiedersah, vielleicht in dem Versuch, wieder ein Tochter-Vater-Verhältnis aufzubauen, erschrak ich bei seinem Anblick. Seine rabenschwarzen Haare waren grau geworden, die dunkle, olivfarbene Haut fahl und gelblich grau, die braunen Augen wie ausgewaschen. Er sah aus wie ein wandelnder Toter.

Die Alkoholsucht von Männern der Arbeiterklasse ist zum Klischee avanciert. Sie begegnet uns in der Literatur, in Filmen, in Dokus, in den Vater-Erzählungen bei Christian Baron und Édouard Louis, auch in Serien wie *Shameless*. Sie ist eine traurige, eine bittere Realität. Allein unter meinen Onkeln, allesamt Arbeiter, gibt es mehrere Alkoholiker. Ich kenne auch Alkoholiker, die der klassischen Mittelschicht angehören. Doch diese Mittelschichtsangehörigen eint, dass sie ihre Sucht mithilfe einer Therapie überwinden konnten. Nicht so mein Vater, der nicht im Traum daran gedacht hätte, sich therapeutische Hilfe zu suchen.

Die offiziellen Daten zum Alkoholkonsum in den unterschiedlichen sozialen Schichten sind bloß auf den ersten Blick überraschend: In höheren sozialen Schichten wird mehr Alkohol konsumiert, und zwar sowohl was die Häufigkeit als auch die tägliche Menge anbelangt.[64] Jedoch ist die Wahrscheinlichkeit, an Alkoholsucht zu sterben, für Menschen mit geringem sozialen Status weitaus höher, wie eine europaweite Vergleichsstudie belegt.[65] Die Ergebnisse der Studie legen den Schluss nahe, dass die geringere Lebenserwartung in den unteren sozialen Schichten hauptsächlich auf diese alkoholbedingten Todesfälle zurückzuführen sei.[66] Eine andere Studie aus Norwegen, in der es speziell um Herzkreislauferkrankungen geht, zeigt, dass die gleiche Menge Alkohol bei Menschen der unteren Schichten schlimmere Folgen hat:[67] Der allgemeine Lebensstil hat einen nachweisbaren Einfluss auf mögliche Vorerkrankungen. Selbst bei todbringendem Alkoholismus gibt es eine Klassenkluft.

Wenn der Alkoholpegel meines Vaters stimmte, wirkte er gesellig und erzählte Witze (stets dieselben). Aber wenn er wochentags von der Arbeit nach Hause kam, setzte er sich ohne jede Begrüßung in die Küche. Es war, als lebte mein Vater im Exil in seiner eigenen Wohnung. Wenn ich die schmale, schlauchartige Küche betrat, saß er mit einem Butterbrot und einem Bier auf einem unbequemen Klappholzstuhl und las, über die Küchenzeile gebeugt, seine Zeitung. Schon als Kind entwickelte ich eine Art Lackmustest für seine Stimmungen. Meist näherte ich mich ihm mit einer Frage, vielleicht einem

Witz. Je nach Art der Reaktion meines Vaters konnte ich etwas mehr wagen. Ihn etwa bitten, dass er mir eine Tafel Schokolade kaufte. Ein Zischen durch die vom nächtlichen Zähneknirschen zu einer geraden Klinge abgeschliffenen Vorderzähne oder seine eher spöttische Bemerkung »Ich mach gleich mal mit« verhießen Gutes.

Mein Vater war eine Art dunkle, zeternde, bisweilen gewalttätige Instanz, aber er war nach außen hin machtlos. Womöglich war seine Gewalt eine Reaktion auf die Destabilisierung seines ohnehin fragilen Selbstbildes. Meine Mutter war keineswegs von ihm abhängig, jedenfalls nicht materiell, und ihr Ausharren in der Ehe mit ihm erklärt sich wohl aus den Beziehungs- und Liebesmustern ihrer Kindheit. Entscheidungen traf meine Mutter meist ohne seine Beteiligung. Einmal holten wir gegen sein ausdrückliches Veto einen Hund aus dem Tierheim und präsentierten ihn ihm so, wie er sich der Familie präsentierte: Wir ließen das Tier wortlos in die Küche tapsen. Mein Vater schimpfte und schimpfte, verlangte die sofortige Rückgabe des Tieres. Eine Stunde später teilte er sein Blutwurstbrot mit dem Hund. Mein Vater war mit Schäferhunden aufgewachsen. Sein Vater hatte Hunde abgöttisch geliebt. Zwischen einem Mann und seinem Hund gab es eine stillschweigende Übereinkunft; zwischen meinem Vater und uns gab es nur Schweigen.

*

Alle Väter in meinem Umfeld, etwa die Männer der Schwestern meiner Mutter, waren abwesende Väter und schwache Männer. Mit »schwach« meine ich nicht die übliche heteronormative Zuschreibung an Männlichkeit. Ich spreche allgemein von schwachen Subjekten. Für die Männer meiner Tanten galt, dass sie einfache Männer waren; man erwartete keine tiefgründigen

Gespräche von ihnen. Sie waren Randfiguren bei Familienfeiertagen, Randfiguren in ihren eigenen Familien, weil sie weder viel zum Haushaltseinkommen beitrugen noch Care-Arbeit erledigten. Meine Tanten haben – und ich meine das durchaus mit Respekt – Haare auf den Zähnen. Sie sind taffe, bisweilen brutal offene und direkte Frauen, die sich von niemandem den Mund verbieten lassen. Wenn ich meinen Bruder oder meine Cousins betrachte, dann wiederholt sich der Eindruck: Sie sind stille, zurückgezogene, schüchterne Jungs (allerdings erheblich klüger und gebildeter als ihre Väter), während viele meiner Cousinen sehr dominante, starke Persönlichkeiten ausgebildet haben.

Wir alle kapierten irgendwann, dass es unsere Mütter waren, die am Ende das Sagen hatten, egal wie lautstark unsere Väter poltern mochten. Wenn unsere Eltern geschieden wurden, verschwanden unsere Väter aus unseren Leben, und im Grunde bemerkten wir keinen Unterschied. Ebenso stach ins Auge, dass sich die Lebensweise meiner jüngsten Tante, die Single-Mutter war, nicht von der Lebensweise ihrer älteren, verheirateten Schwestern unterschied. Sie alle hatten ein eigenes Einkommen, sie alle trugen die Hauptlast der Kindererziehung. Im Falle meiner jüngsten Tante sprang allerdings meine Großmutter in Belangen der Kindererziehung ein. Meine Tante konnte Fürsorgearbeit an sie delegieren.

Die Vorstellung, dass irgendjemand diese Situation als »Patriarchat« charakterisieren könnte, weil die Care-Arbeit nicht zu gleichen Teilen von den Männern übernommen wurde, schiene mir irrsinnig. Diese Männer genossen nirgendwo Macht oder Autorität: weder auf der Arbeit noch in ihrer Familie. Sie waren tragische Figuren. Oftmals Witzfiguren. Diejenigen unter ihnen, die alkoholsüchtig waren und wie mein Vater als wütende, brutale Männer auftraten, offenbarten nur ihre wahre

Machtlosigkeit, die in der Verwechslung von Gewalt und Stärke bestand. Sie hatten patriarchale Denkmuster verinnerlicht, aber weil diese Muster obsolet waren und die Welt sich weitergedreht hatte, waren diese Denkmuster nicht nur überholt, sondern führten unausweichlich zum Scheitern dieser Männer. In ihrem Leben, ihren Familien und an ihren eigenen Ansprüchen.

Ich habe große Probleme damit, wenn feministische Analysen selbstverständlich vom Patriarchat reden, ganz so, als existiere es noch. Dabei kann doch kein Zweifel daran bestehen, dass sich die Geschlechterordnung, auch die allgemeine Rechtsordnung von heute erheblich von jener vor hundert oder zweihundert Jahren unterscheidet. Im Patriarchat repräsentiert der Vater das Gesetz, er herrscht über Frau und Familie, und beide fügen sich in eine klare Hierarchie. Er ist nicht Vertreter des Gesetzes, er *ist* das Gesetz. Aber dieser Status ist an Voraussetzungen gekoppelt: Er muss die materielle und soziale Verantwortung für die Familienmitglieder tragen. Seine Rechte sind an Pflichten gekoppelt, und seine rechtliche Vormachtstellung ergibt sich aus Heirat und Vaterschaft. Die Figur des ewigen Junggesellen, der sich jeder Verantwortung entzieht, ist im Patriarchat eine Außenseiter- und Problemfigur. Literaturwissenschaftler widmen der Frage, warum Kafka vor seiner Verlobten Felice Bauer und der Ehe im Allgemeinen regelrecht flüchtete, ganze Abhandlungen. Der ewige Junggeselle Leonardo di Caprio, dessen wechselnde Geliebten gleichbleibend jung sind, während er mit der Zeit altert, erscheint uns dagegen als toller Hecht. Er gilt nicht als ewiges Kind, weil er weder heiratet noch Kinder zeugt.

Philosophisch betrachtet war das Patriarchat spätestens seit dem 19. Jahrhundert ein wankendes Gebäude. Karl Marx schrieb bereits 1848 im *Kommunistischen Manifest*, der Kapitalismus habe alle althergebrachten Ordnungen, auch das Patriarchat, vernichtet.[68] Es klingt, als bedauere er diesen Umstand. Ein Kommentar von Jenny Marx hierzu ist nicht überliefert. Man kann sogar von einer Legitimitätskrise des Patriarchats im 19. Jahrhundert sprechen.[69] Heute werten feministische Autorinnen die unzähligen Texte dieser Zeit zur »Natur« des Frauseins und zur Rechtfertigung der patriarchalen Herrschaft als Beleg für die Beharrlichkeit patriarchaler Ansichten. Tatsächlich ist wohl das Gegenteil der Fall: Die Überlegenheit des Mannes auf körperlicher, psychischer und rechtlicher Ebene wurde vehement beschworen, weil erhebliche Zweifel daran existierten.

Der Soziologe Christoph Kucklick zeigt diesen Umstand in seinem Buch *Das unmoralische Geschlecht*. Die im 19. Jahrhundert verschärft geführten Debatten über die Natur des Mann- und des Frauseins, bei denen der Mann der Sphäre der Kultur, die Frau der Sphäre der Natur zugeordnet wird, seien keineswegs Indiz für eine Abwertung des Weiblichen, sondern, im Gegenteil, Indiz für problematische Männlichkeit. Negative Erscheinungen der Moderne und Mannsein wurden so stark in eins gesetzt, dass sich regelrecht eine Form der negativen Andrologie herausgebildet habe.[70]

Dass man die restaurative Wiederherstellung alter Werte in der Bundesrepublik der Nachkriegszeit oder die heutigen Verhältnisse mit *dem Patriarchat* gleichsetzt, in dem Vater und Ehemann buchstäblich über den Körper einer Frau verfügen können, verdankt sich wohl einer sprachlichen wie theoretischen Unschärfe. Gemeint ist eigentlich die Hegemonie des Männlichen, wobei man differenzieren sollte: Nicht *der Mann* ist Hegemon, sondern *das Männliche*. Weswegen auch Frauen – bisweilen besser als die Männer – das Prinzip der männlichen Herrschaft durchdringen können. Margaret Thatcher oder Angela Merkel sind Beispiele hierfür.

Das Männliche ist wie das Weibliche nicht an ein biologisches Geschlecht gekoppelt, sondern eine soziale Norm, eine Zugangsweise zur Welt. Die In-eins-Setzung von männlicher Hegemonie und Hegemonie des Mannes führt, worauf ich noch zu sprechen kommen werde, zu schweren Irrtümern. Etwa der Behauptung, selbst unterdrückte Männer seien am Ende eben immer noch mächtiger als Frauen, unabhängig von ihrer Klassenzugehörigkeit und ihrem sozialen Status.

Der Grund für die Ungerechtigkeiten gegen Frauen – wie die Ungleichverteilung von Care-Arbeit – ist keineswegs Ausdruck eines Beharrungsvermögens des Patriarchats, sondern Folge des Umstandes, dass niemand mehr von Männern erwartet, dass sie tatsächlich Verantwortung übernehmen, weil eine erhebliche Anzahl von ihnen auch in ihren Dreißigern als große Kinder durchs Leben geht. Die Frauengeneration meiner Mutter kapierte das und entledigte sich deswegen der Männer, wenn sie sich eher als Last denn als Hilfe erwiesen. Ich musste erst Mutter werden, um zu verstehen, dass ich in einer kleinen, bescheidenen Version des Matriarchats aufgewachsen war. Diese emanzipierte, womöglich indifferente Haltung der Frauen meines Umfelds gegenüber ihren Männern hing allerdings nicht nur mit der Klassenlage zusammen, sondern ebenso mit den gesellschaftlichen Bedingungen der DDR und Ostdeutschlands nach der Wende.

*

Für die in der DDR geborenen Männer der Generation meines Vaters bestand das Dilemma, dass sie mit patriarchalen Werten und Vorstellungen sozialisiert worden waren, die häufig noch die Sozialisation ihrer eigenen Väter spiegelte. In der Nachkriegszeit und umso mehr unter den Bedingungen der DDR-

Gesellschaft waren diese Werte obsolet geworden. Zwar erwarteten weder Staat noch Gesellschaft, dass sie sich zu gleichen Teilen an der Care-Arbeit beteiligten; sie übernahmen aber bereits selbstverständlicher Aufgaben im Haushalt, selbst ein Mann wie mein Vater.

In praktisch allen ostdeutschen Familien, die ich kenne, fällt das Kochen in den Zuständigkeitsbereich der Männer. Das liegt wohl daran, dass Kochen, unter allen Tätigkeiten im Haushalt, die kreativste ist. Man kann zeitvergessen »sein Ding« machen. Wie mein Vater, der samstags gleich nach dem Frühstück begann, das Mittagessen vorzubereiten, wobei nie so recht klar war, ob die Essensvorbereitungen tatsächlich so zeitintensiv waren oder ob er es einfach genoss, für nichts anderes Verantwortung tragen zu müssen. Dass ausgerechnet der Herd – Symbol für die Häuslichkeit der Frau, für die Hausfrau schlechthin – zum Spielplatz und zugleich einzigen Platz des Mannes avancierte, entbehrt nicht einer gewissen Ironie.

Diese Platz- oder Ortlosigkeit des ostdeutschen Mannes wurde nach der Wende nur umso deutlicher. Die Männer waren bereits zu DDR-Zeiten nicht Haupt- oder Alleinverdiener der Familien gewesen. Aber nun verloren viele von ihnen ihren Job. Sie trugen also nichts mehr zur Familie bei. Nach 1989 waren zwar Frauen in Ostdeutschland überproportional von Jobverlusten betroffen;[71] sie erwiesen sich jedoch als flexibler, schulten um und konnten in der entstehenden Dienstleistungsbranche neue Arbeit finden. Den Frauen gelang es insgesamt besser, sich an die veränderten Verhältnisse nach der Wende anzupassen. Meine Mutter wechselte bereits vor der Wende immer wieder ihre Anstellungsverhältnisse, etwa, weil die Entfernung zwischen ihrer Arbeitsstätte und der Kinderkrippe zu groß war oder weil die Arbeitszeiten die Vereinbarkeit von Mutterschaft und Arbeit erschwerten. Frauen werden allgemein qua

Geschlecht häufiger mit Kränkungen konfrontiert und sind in diesem Sinne resilienter im Umgang mit denselben – weil sie es sein müssen.

Die amerikanische Journalistin Hanna Rosin beschreibt in ihrem Buch *Das Ende der Männer* die Zeit nach der Wirtschafts- und Finanzkrise von 2008, als massenhaft vornehmlich einfache Arbeiter in den USA ihre Jobs verloren. Die Krise verschärfte einen ohnehin seit Jahrzehnten spürbaren Prozess des Verschwindens klassischer, körperlicher Männerarbeit, die einst wenig Gebildeten einen Zugang zur Mittelschichtsexistenz sicherte.[72] Betroffen waren Männer und Frauen, aber Frauen fanden leichter ins Berufsleben zurück – insbesondere in der Dienstleistungsbranche, wo sie teilweise sogar besser bezahlt wurden. Plötzlich wurden die Frauen zum »Breadwinner« (das meiner Meinung nach schönste englische Wort überhaupt). Aber was bleibt von einem Arbeitermann, wenn man ihm die Arbeit nimmt?

Es gibt ein beherrschendes Thema in Analysen über Männer der Arbeiterklasse, und dieses Thema ist die sogenannte Krise der Männlichkeit, resultierend aus dem Bedeutungsverlust von körperlicher Arbeit.[73] Die Krise der Männer der Arbeiterklasse oder eben der Arbeiterklasse selbst wird so zur Psychokrise umgedeutet; das Problem der Männer sind nicht etwa die Klassenlage und reale Wohlstandsverluste aufgrund des Verschwindens von Arbeitsplätzen, sondern ihr Selbstbild und die Unfähigkeit, es neuen Gegebenheiten anzupassen. Die Krise der Arbeit und der (männlichen) Arbeiter wird so untrennbar verknüpft.

Interessanterweise scheint die Krise der Arbeit (im vorherrschenden Diskurs) *nur* weiße Männer zu betreffen, und es wird nie so ganz deutlich, ob nun die Arbeiter über den Verlust ihrer Arbeitsplätze in die Krise geraten oder ob es sich nur um eine weitere krisenhafte Erscheinung von weißer Männlichkeit handelt. Wenn ich vom vorherrschenden Diskurs spreche, dann in dem Sinne, dass sich linke, feministische und rechte Diskurse auf seltsame Art überschneiden: Rechte Populisten adressieren ohnehin nur die weiße Arbeiterschaft; Feministinnen neigen dazu, die Figur des Arbeiters als weiß zu lesen – und alle Klagen der Arbeiterschaft über reale Wohlstandsverluste als Klage weißer Männlichkeit zu interpretieren. Das zeigte sich sehr deutlich in Debatten im Kontext der sogenannten Flüchtlingskrise von 2015.

Für viele einfache Arbeiter stellten die Geflüchteten eine Bedrohung dar. Nicht jedoch aufgrund ihrer Hautfarbe oder Herkunft aus einem anderen Kulturkreis, sondern als Konkurrenten um Arbeit und bezahlbaren Wohnraum. Man macht es sich zu einfach, diese Ängste als rassistisch motiviert zurückzuweisen. Man sollte diese Ängste allerdings auch nicht ohne Weiteres *anerkennen*. Vielmehr gilt es, sie zu *verstehen*; also zu verstehen, dass es unterprivilegierte Schichten gibt, deren Dasein prekär ist, und dass das kapitalistische System schon immer aus der Konkurrenz von Arbeitskräften Profit schlug. Die Antwort darauf darf kein Populismus sein; denn der ganze Zweck des Populismus besteht darin, die berechtigte Wut der Benachteiligten auf Sündenböcke umzuleiten, statt die bestehenden ökonomischen und sozialen Strukturen zu verändern. Die Antwort kann ebenso wenig darin bestehen, die Angst als Ausdruck gefährdeter männlicher Privilegien zu deuten. Denn diese Privilegien besitzen die Männer der Arbeiterklasse, egal welcher Hautfarbe, gar nicht.

Auch heute instrumentalisieren populistische rechte Parteien Rassismus genau zu diesem Zweck: Sie wollen die Herrschaftsverhältnisse unangetastet lassen, ökonomische und soziale Hierarchien festschreiben, weswegen sie die Überlegenheit der Weißen betonen. Dann darf sich selbst ein verarmter weißer Arbeiter, der weder Krankenversicherung noch Dach über dem Kopf hat, überlegen fühlen. Die Autorin Emma Dabiri bringt diesen Missstand auf den Punkt: »Die Tatsache, dass weiße Menschen Armut und Schmerzen erleiden, sollte nicht als Waffe eingesetzt werden, um die spezifischen Rassismuserfahrungen von schwarzen Menschen zu untergraben. Aber, dass weiße Menschen sich nicht mit Rassismus auseinandersetzen müssen, bedeutet nicht, dass ihr Leben nicht ziemlich beschissen sein kann oder dass sie nicht auch tatsächlich Anlass haben können, die Ursprünge ihrer Ausbeutung an denselben Orten wie andere zu finden.«[74]

Doch jeder Verweis auf eine strukturelle Benachteiligung weißer Männer der Arbeiterklasse scheitert an dem Privilegienargument. Ein weißer Mann ist immer noch privilegiert, heißt es, weil er ein Mann ist, auch wenn er sich von diesem Privileg nichts kaufen kann. Weil sich die neue, liberale Linke nicht für den männlichen Arbeiter interessiert, ihn sogar offen verachtet,[75] überrascht es nicht, dass er sich populistischen rechten Parteien zuwendet, die ihm immerhin Anerkennung als Mann versprechen. Dass seine Ressentiments das Ergebnis von Politik sein könnten und nicht etwa in seinen Geschlechtskörper oder seinem Arbeiterkörper eingraviert ist, wird ignoriert. Der vermeintliche Gegensatz zwischen Privilegierten und Unterprivilegierten, zwischen weißen und braunen Männern (und Frauen), wie er in identitätspolitischen bzw. intersektionalen Diskursen betont wird, verschleiert die Gemeinsamkeit der Interessen, wenn es um den grundsätzlichen Klassenantagonismus geht. »Was wir hier brauchen, ist weniger ein Verständnis von der Intersektionalität von Identitäten als vielmehr ein Verständnis von der Intersektionalität von Problemen«[76], so Emma Dabiri. Und in dieser Hinsicht haben Schwarze Arbeiterinnen und weiße Arbeiter womöglich mehr gemein als gedacht.

Dabiri plädiert deshalb in ihrem Buch *Was weiße Menschen jetzt tun können* dafür, nicht in Identitäten oder den Kategorien von »privilegiert« oder »nicht privilegiert« zu denken.[77] Allzu oft ende Aktivismus da, wo die einen als unterprivilegiert anerkannt werden und die anderen lauthals bekunden, dass sie ihre Privilegien »gecheckt« hätten – ohne dass es darüber wirklich zu sozialen Veränderungen komme.[78] Dabiris Herkunft sensibilisiert sie einerseits für die Erfahrungen von Rassismus; aber sie betont andererseits, dass dieser Rassismus ein Kampfmittel darstellt, der die Koalition von Schwarzen und weißen Arbeitern unterbinden soll.[79] Weiße Arbeiter kurzerhand als potenziell rassistische, privilegierte Subjekte zu klassifizieren konzipiert eine Feindschaft, die ohnehin bereits von rechts inszeniert wird. Umgekehrt tappen zu viele Arbeitermänner in die Falle, die vermeintliche Bevorzugung der Frauen, der Migranten, kurz: *der anderen* als Ursache ihres Übels zu identifizieren. Sie gehen rechten Populisten auf den Leim, die ihnen in Form von Rassismus, Sexismus und Antifeminismus einen Trostpreis anbieten: Noch der Machtloseste darf sich den Frauen, den Schwarzen, den anderen gegenüber mächtig und überlegen fühlen.

*

Was geschieht mit Subjekten, die als stark und unverwundbar mystifiziert, in sozialer oder politischer Hinsicht aber schwach und stimmlos sind? Anders als in der bürgerlichen Kultur, in der dem Mann immerhin seit der Zeit der Empfindsamkeit Seelentiefe, psychische Verwundbarkeit und eine sensible, für Freundschaft und Liebe empfängliche Seite zugeschrieben wird, gibt es dieses Bild für den Arbeiter nicht, wie ein Paradebeispiel aus der Literaturgeschichte zeigt. Georg Büchners von seinem

Arzt zum Erbsenfressen verdonnerter Woyzeck bleibt der tumbe Mann, dem vor lauter Raserei nichts als Mord einfällt. Ja, er leidet, aber er leidet *wie ein Tier.* Auch in der zeitgenössischen Literatur, bei Édouard Louis oder Douglas Stuart, findet sich die Darstellung des Arbeitermanns als tumbes Wesen, das seine wenig komplexen, eigentlich tierischen Bedürfnisse befriedigt: essen, trinken, vögeln. Wenn das bis heute der Fall ist und diese Darstellungen doch keine Karikatur sind, sondern »naturalistische« Porträts, muss man erschreckt fragen: Hat sich strukturell an den Lebensumständen dieser Männer nichts zum Besseren gewandelt?

Die Alkoholsucht, Aggression und Unbelehrbarkeit meines Vaters (wenn seine Frau oder seine Ärztin ihn zum Entzug aufforderten, verlachte er das als Weibergeschwätz) würde man heute wohl als Ausdruck *toxischer Männlichkeit* deuten. Der Begriff ist inzwischen omnipräsent, wird aber selten klar definiert. Im Prinzip geht es um gesellschafts- und selbstschädigende Verhaltensweisen von Männern, konkret »emotionale Distanz, Aggression, Dominanz und sexuell übergriffiges Verhalten«[80]. Problematisch ist der Begriff, weil er unsichtbar macht, dass toxische Männlichkeit sehr wohl einen Klassen- und Herkunftsaspekt aufweist, also nicht allein eine Frage der Männlichkeit ist. Für bürgerliche Männer standen in historischer Perspektive stets vielfältigere Männlichkeitsvorstellungen und geschlechtstypische Verhaltensmuster zur Verfügung: Der Intellektuelle, der Dandy, der empfindsame Mann des bürgerlichen Zeitalters, der Fitness-Freak, der Nerd sind nur einige Beispiele. In der Arbeiterklasse dagegen sind ohne Alternative die Eigenschaften Kraft, Härte und Unverletzlichkeit maßgebend. Zugleich führt die Ausblendung der Klassenfrage nicht selten dazu, Männern mit Migrationshintergrund toxische Männlichkeit auf Basis ihrer Kultur oder Religion zuzuschreiben. Die Sache ist weitaus komplexer, auch hier verschränken sich patriarchale kulturelle Muster mit einer Klassenlogik; nicht zufällig schreiben wir toxische Männlichkeit beispielsweise arabischen Jugendlichen aus Problembezirken zu, nicht aber arabischstämmigen Intellektuellen und Wissenschaftlern.

Es mag sein, dass Männer der Mittelschicht nach toxischen Mustern von Männlichkeit agieren; je verfeinerter das Milieu, desto verfeinerter sind jedoch die Muster von Dominanz und Gewalt. Fraglos ist jede Form der Gewalt zu verachten, aber körperliche Gewalt betrifft letztendlich die Frage von Leben und Tod. Es ist daher falsch, auszublenden, dass körperliche Gewalt in der Unter- und Arbeiterschicht im Familienleben weitaus präsenter ist, das zeigen nicht nur sehr subjektive, in Büchern verarbeitete Familiengeschichten wie bei Christian Baron oder Darren McGarvey. Auch der amerikanische Literaturtheoretiker Walter Benn Michaels weist darauf hin, dass Frauen, die von Armut betroffen sind, statistisch gesehen weitaus häufiger unter häuslicher Gewalt leiden, was umso mehr für Women of Colour gilt, dass sich aber Frauenhäuser statistisch gesehen häufiger in wohlhabenderen Vierteln befinden.[81] Das heißt nichts anderes, als dass die Frauen, die stärker von Gewalt betroffen sind, auch noch viel weniger Hilfsangebote erhalten.

Eine Studie des Bundesministeriums für Familie, Senioren, Frauen und Jugend untermauert diesen Befund und spricht – in soziologischem Jargon – von »soziokulturellen Faktoren«, die das Risiko für Gewalt steigern.[82] Dazu gehören niedrige Bildung und Armut. Bildungsferne Menschen sind nicht qua Natur roh und gewalttätig; auch wenn das gebildetere Schichten gerne glauben. Die Wahrscheinlichkeit, dass sie Gewalt ausüben oder erleben, ist aber höher. Diese Korrelation ist den Studienautoren offensichtlich unangenehm. Denn die Verfasser der Studie weisen einen einfachen Zusammenhang zwischen Schichtzugehörigkeit und Gewalt ausdrücklich zurück. »Gewalt gegen Frauen ist demnach kein Problem sozialer Brennpunkte, sondern findet in allen gesellschaftlichen Schichten statt«[83], heißt es in der Zusammenfassung der Studie auf der Website des Ministeriums. Dann aber konstatieren die Studienautoren: »So lässt sich bei Frauen in den jüngeren und mittleren Altersgruppen bis Mitte 40 feststellen, dass diese am häufigsten und am schwersten von körperlicher, sexueller und psychischer Gewalt durch Partner betroffen waren, wenn sie weder einen Schul- noch einen qualifizierten Ausbildungsabschluss hatten.«[84] Dass Gewalt in allen Schichten vorkommt, heißt nicht, dass sie überall gleich häufig vorkommt.

Zu Männern wird vermerkt: »Männer, die weder über einen Schul- noch über einen qualifizierten Ausbildungsabschluss verfügten, sind deutlich am häufigsten – zu über einem Drittel (34 Prozent) – körperlich oder sexuell gewalttätig gegen die aktuelle Partnerin geworden, im Vergleich zu Männern mit niedrigen, mittleren oder hohen Ausbildungsgraden (12–13 Prozent).«[85] Diese Männer waren fast dreimal häufiger gewalttätig. Allerdings wäre es ein Missverständnis zu glauben, dass diese Männer von Natur aus, als Angehörige einer Schicht, besonders verkommen wären. Ihre Lebensverhältnisse sind besonders prekär, sie erleben sozialen Stress, Armut, existenzielle Bedrohung und werden statusbezogen abgewertet. Zugleich verfügen sie über geringe Ressourcen, ihre psychischen Probleme und Aggressionspotenziale zu bearbeiten – etwa durch Therapien.

Warum aber weisen die Studienautoren einen Zusammenhang, den sie darstellen, zugleich zurück? Der erste Grund mag in einer falschen Rücksichtnahme bestehen: Womöglich wollen sie vermeiden, klassistische Vorurteile zu schüren. Es könnte auch eine zynischere Erklärung für das Verschweigen geben:

Wenn der Zusammenhang von Gewalt und (Bildungs-)Armut so offensichtlich ist, eine Regierung aber nichts gegen Bildungsungerechtigkeit und Armut unternimmt, dann akzeptiert sie letztlich die damit verbundene Gewalt.

Die ständige Wiederholung der Behauptung, Gewalt habe ihren Ursprung nicht in Klassen- und Schichtzugehörigkeit, macht das Leid von Kindern und Frauen aus der Unterschicht unsichtbar, statt es klar zu benennen. Das bedeutet wiederum, dass Kinder, die ohnehin bildungsfern und in Armut aufwachsen, weitaus häufiger im Elternhaus mit Gewalt konfrontiert sind. Muss man sich wundern, wenn sie auf scheinbar *unerklärliche Weise* in der Schule scheitern, sich in Computerspielfantasiewelten zurückziehen, zu Drogen greifen, früher sexuell aktiv werden? Den Zusammenhang von Gewalt und Herkunft darzustellen ist kein Klassismus, sondern ein Argument für mehr soziale Gerechtigkeit, die gleiche Entwicklungschancen ermöglicht.

Übrigens berührt dies ein weiteres, noch heikleres Thema, nämlich Gewalt, die von Migranten ausgeht. Deren Gewalt wird wahlweise tabuisiert (von links) oder naturalisiert (von rechts), sie ist aber ein Desiderat aus komplexen Benachteiligungsverhältnissen und muss als solche behandelt werden. Dabei spielen der Zugang zu Bildung sowie soziale Teilhabe eine entscheidende Rolle. Diese Aspekte müssen thematisiert werden, ohne rassistische Ressentiments zu schüren. Während *race*, Hautfarbe und »kulturelle Herkunft« unveränderlich sind, sind es Klasse oder Schichtzugehörigkeit nicht. Den Zusammenhang von Klasse und Gewalt anzusprechen wäre nur dann klassistisch, wenn Klassen eine gleichsam natürliche Ordnung der Gesellschaft darstellten und nicht etwa kulturell oder gesellschaftlich produziert würden. Tatsächlich ist das aber ein fest verankerter Glaube: dass nämlich Individuen aufgrund ihrer natürlichen Anlagen – Intelligenz, Fleiß, Potenzial – quasimagisch in Schichten verteilt werden.

Mein Leben und meine Partnerschaft frei von Gewalt zu leben ist für mich der deutlichste Beweis, dass ich mich von meiner Herkunft gelöst habe. Die Männer in meinem Leben mögen sich manchmal rückwirkend nicht als Traummänner herausgestellt haben. Aber keiner dieser Männer verübte körperliche oder sexuelle Gewalt. Ich führe in dieser Hinsicht ein privilegiertes Leben, und wie die Daten zeigen, ist diese glückliche Fügung Teil der Klassenfrage. Auch die Therapie, zu der ich mich mit Mitte zwanzig entschloss, als ich zunehmend unter Depressionen litt, macht mich zu einer Herkunftsverräterin. Obwohl meine Eltern erheblichen psychologischen Ballast mit sich herumtrugen, kam es ihnen als Menschen ihrer Klasse nie in den Sinn, eine Therapie zu machen. Das ist ein Grund, warum sich in der Arbeiterklasse Gewaltmuster häufig über Generationen hinweg manifestieren, ohne als behandlungswürdiges und behandelbares Fehlverhalten adressiert zu werden. Ein zunächst individualpsychologisches Problem wie der Hang zu Gewalt wird dabei innerhalb einer Klasse als Verhaltensmuster etabliert, ohne wirklich infrage gestellt zu werden. Gewalt wird so auf fatale Weise zur Normalität. Das wiederum wirkt auf die ganze Gesellschaft zurück.

*

Anfang der 90er schossen Skinheads wie Pilze aus dem Boden und hingen an Nicht-Orten herum – Bushaltestellen, die nicht mehr angefahren wurden, Spielplätze, auf denen keine Kinder mehr spielten, Läden, die niemand mehr öffnete. Die jungen Männer trugen die Haare kurzgeschoren, Zehn-Loch-Springerstiefel und Bomberjacken. Bald schon ergänzten Kampfhunde – Staffordshire Terrier und Pit Bulls – als modische Accessoires und legale Waffen die Grüppchen. Plötzlich trug auch der Sohn unserer Nachbarsfamilie die rechte Uniform. Ich weiß nicht, ob er wirklich rechts war oder ob es ihm klüger erschien, diese Uniform zu tragen, weil er lieber auf der Seite der Starken als auf der der Schwachen stehen wollte. Vielleicht erklärt sich das Einzelgängertum meines Bruders in diesen Jahren damit, dass einer wie er – als Teenager pummelig, weich und schüchtern – vermutlich ein Vorzeigeopfer gewesen wäre und schon deswegen besser daran tat, in seinem Zimmer zu bleiben. Die Skins jedenfalls wurden Teil des Alltags, wie eine abstrakte Bedrohung, die überall lauerte. Sie waren toxische Männlichkeit in proletarischer Reinkultur.

Die jungen Männer in Springerstiefeln avancierten zudem zum Sinnbild eines Fremdenhasses, der sich etwa in den pogromartigen Ereignissen in Hoyerswerda vom 18. September 1991 entlud. Die Ursprünge der Skin-Szene verweisen auf die Verbindung von Männlichkeitsvorstellungen, Klassenzugehörigkeit und jugendlicher Sub- und Gegenkultur. Die Skinhead-Jugendkultur entstand in britischen Arbeitervierteln der Nachkriegszeit, wo sie sich zur dominanten Jugendkultur entwickelte.[86] Auch in der DDR gab es ebenfalls eine Skin-Szene, die, ebenso wie die Punkszene, von der Staatsmacht kontrolliert und beobachtet wurde. Der wesentliche Unterschied zwischen Punks und Skins bestand in der Klassenkluft: Punks entstammten eher der bürgerlichen Schicht, Skins einfachen Arbeiterkreisen. Die Erzählung von Arbeiterstolz, von der Wut derjenigen, die harte Arbeit verrichteten, aber von der Gesellschaft verachtet werden, verfing auch in der DDR. Die Gender-Performance in der Skin-Szene knüpfte dagegen an die allgemeine Gender-Performance in der Arbeiterklasse an: Hier wie dort herrscht ein Kult um Männlichkeit, Stolz und Tapferkeit – soldatische

Tugenden eigentlich, wie sich mit Bezug auf Klaus Theweleits *Männerphantasien* sagen ließe. Kraft und Härte sind der entscheidende Maßstab für Männlichkeit, Unerbittlichkeit ist eine Tugend. Skins waren nicht wegen ihrer Zugehörigkeit zur Arbeiterklasse *die anderen,* sondern wegen ihrer offenen Aggression gegen das Establishment, gegen alles. Sie repräsentierten das Gegenbild zum zukunftsoptimistischen sozialistischen Menschen.

*

Seit meiner Kindheit hatte ich ein Bild von meinem Vater als einem zupackenden und kräftigen Mann. Seine Körperlichkeit schien untrennbar verbunden mit einer gewissen Rohheit, seiner Klasse, seinem Sein. Einige seiner Hobbys liefen diesen grundlegenden Eigenschaften zuwider: das (Zeitung-)Lesen, das Basteln an seiner Modelleisenbahn, das Kochen. Aber es blieb dabei: Mein Vater stand für Größe und die damit verbundene Kraft. Vielleicht erschütterte es mich deshalb sehr, dass er kurz vor seinem Tod klein und zerbrechlich wirkte und an seinem Körper nichts mehr von der ihm zugeschriebenen Kraft übrig geblieben war. Sein massiger Körper war auf einen dünnen Knochenhaufen zusammengeschrumpft, nur sein Bauch von Wassereinlagerungen aufgebläht. Er war plötzlich kleiner als ich. Das passte nicht zu meinem Bild von meinem Vater als Arbeiter, der durch Kraft und Größe definiert ist.

Der Arbeiter ist *das* Bild für Männlichkeit. Er ist stark und viril. Obwohl die Arbeitskraft des Arbeiters untrennbar mit seinem Körper verbunden ist, gibt es erstaunlich wenig Forschung über den männlichen Arbeiterkörper aus geschlechter- und körperkritischer Sicht.[87] Just das, was Männer der Arbeiterklasse an sich selbst am meisten schätzen und am ehesten in andere

Werte oder Kapitalformen umwandeln können,[88] scheint für die Gesellschaft potenziell gefährlich: nämlich rohe körperliche Kraft. Wenn der Arbeiter schon keine Macht hat, dann wenigstens Kraft. Der Stolz auf die eigene Arbeitskraft bildet ein Antidot zur empfundenen Machtlosigkeit als Rädchen im Getriebe – in einer Fabrik, aber auch im großen gesellschaftlichen Ganzen.[89] Die Soziologin Ava Baron plädiert deshalb dafür, eine verkörperte, geschlechterbezogene Geschichte der Arbeiterklasse zu schreiben.

Eine verkörperte Geschichte der Arbeiterklasse ist insbesondere unter identitätspolitischen Perspektiven aufschlussreich. Erstens ließe sich dadurch die Differenz zwischen Arbeitern und Arbeiterinnen weitaus besser herausarbeiten. Zweitens ließe sich die gegenseitige Übercodierung von Rassifizierung und Erotisierung von Arbeiterkörpern zeigen. Was damit gemeint ist, zeigt ein Film. In Rainer Werner Fassbinders *Angst essen Seele auf* gibt es eine Szene, in der die Witwe Emmi, die sich in den jungen Marokkaner Ali verliebt hat, gemeinsam mit ihren Freundinnen den Körper ihres Mannes betastet und bewundert. Auf den ersten Blick handelt es sich um eine Form von Exotismus und Rassismus, aber darüber schiebt sich die Dimension Klasse: Emmi und ihre Freundinnen taxieren den Körper, aber sie *klassifizieren* ihn zugleich. Alis Muskelmasse ist das Ergebnis der harten körperlichen Arbeit, die er leistet, und er grenzt sich damit deutlich von den Körpern der anderen Ehemänner, die Büroangestellte sind, ab.

Ava Baron weist auf einen wesentlichen Aspekt des muskulösen Arbeiterkörpers hin: Seine Muskeln sind funktional und Voraussetzung fürs Arbeiten; sie besitzen daher nicht dieselbe Bedeutung wie Muskeln und Fitness beim Mittelklassemann. Mittelschichtsmänner können über sichtbare Muskelmasse Statusgewinne generieren,[90] weil sie körperliche und psychische

Disziplin signalisiert. Hierfür muss der Körper definiert sein; Kraft ist dagegen nicht das übergeordnete Ziel.[91] Interessanterweise braucht man vor allem Zeit, um den Körper derart stählen und definieren zu können. Wie gezeigt, ist verfügbare (Frei-)Zeit ebenfalls ein Faktor der Klassenzugehörigkeit. Die Körperkraft des Arbeitermannes wirkt gesellschaftlich eher verdächtig, auch gefährlich, weil sie als unzivilisierte Rohheit wahrgenommen wird. Der Arbeiterkörper verfügt obendrein über Zähigkeit, selbst dann, wenn er weder groß noch sonderlich muskulös ist.

Der Schauspieler Thomas Arnold sagte einmal in einem Interview zu mir, er sei ein ganz typischer Sohn der Region Freiberg, wo sich Jahrhunderte der Tradition des Bergbaus in die Körper der Menschen eingeschrieben hätten: Klein, kompakt, kräftig sei man gebaut, perfekt für die Arbeit unter Tage selektiert.[92] Diese Verbindung zwischen Arbeit und Arbeiterkörper klingt beinahe mystisch, doch Arnold hat in einem Punkt recht: Wer Arbeiter ist, der bleibt es, dessen Kinder bleiben es, und es braucht schon einiges an historischer Entwicklung, um mit diesem einfachen Muster zu brechen und einen Arbeitersohn beispielsweise zum Schauspieler werden zu lassen.

Wie sehr sich die Geschichte von Generation zu Generation in den Arbeiterkörpern wiederholt, zeigt das Beispiel meines Großvaters. Mein Großvater starb 1972, da war er fünfundfünfzig Jahre alt. Es ist just das Alter, in dem auch mein Vater verstarb. Der frühe Tod meines Vaters mit Mitte fünfzig ist leider ein Ergebnis seiner Klassenzugehörigkeit: Wollte man zynisch sein, so könnte man sagen, dass ein Arbeiter ein Mensch ist, der sich um seine Rente nicht weiter sorgen muss – er kann nämlich froh sein, wenn er das Rentenalter überhaupt erreicht. Bis heute wird meiner Mutter von ihrer schmalen monatlichen Rente der Rentenausgleich für meinen Vater abgezogen, der zeitlebens weniger verdiente als sie, obwohl er seit mehr als zehn Jahren tot ist und gar keine Rente mehr beziehen kann. Sich abstrampeln und trotzdem eine übergezogen bekommen – das hat System. Vor einigen Jahren fasste die Frankfurter Rundschau die Ergebnisse einer Studie zur Lebenserwartung von Arbeitern folgendermaßen zusammen: »Wer hart arbeitet, verdient oft weniger, bekommt weniger Rente und stirbt auch noch früher.«[93] Diese Studie des Deutschen Instituts für Wirtschaftsforschung hält unter anderem fest, dass die Lebenserwartung eines männlichen Beamten fünf Jahre über der eines Arbeiters liegt.[94]

Die immer wieder aufkeimenden Debatten um die Erhöhung des Renteneintrittsalters zeigen die inhärente Klassenlogik der Rentendebatte auf brutale Weise: Für diejenigen, die von Teenager-Tagen an harte körperliche Arbeiten ausführen, ob nun als Dachdeckerin, Pfleger, als Lackiererin oder als Autobahnbauer, klingt es zynisch, wenn gefordert wird, sie sollten angesichts der steigenden Lebenserwartung länger arbeiten. Natürlich wissen wir alle, dass diejenigen, die dies vorschlagen, eher bequeme Tätigkeiten ausüben, die auch mit achtzig sehr oft noch erfüllend und vor allem machbar sind.

Aber diese Aussage ist noch zynischer als landläufig angenommen: Eine Entlastung der Rentenkasse durch eine längere Lebensarbeitszeit findet nur dann statt, wenn viele Menschen die Rente gar nicht erreichen. Da mit der höheren Lebensarbeitszeit zugleich die Rentenansprüche steigen, entsteht ein positiver Effekt für die Rentenkasse nur durch das Ableben *vor* dem Renteneintritt oder eine verkürzte Bezugszeit. Dieser Mechanismus betrifft vor allem jene, die hart körperlich arbeiten.

*

Arbeit ist ein Parasit. Die Erkenntnis durchzuckte mich, als mir eine meiner Tanten eine Anekdote über die Arbeit meines Großvaters erzählte. Mein Großvater bewirtschaftete ein kleines Stück Land, auf dem er Weiden kultivierte. Die Parzelle gehörte zu seiner kleinen Gärtnerei, in der mein Vater seit seiner Jugend mitarbeitete. Wenn mein Großvater nach dem Schnitt der Weiden nach Hause zurückkehrte, mussten seine Töchter die unzähligen Zecken absammeln, die sich beim Arbeiten in seine Haut verbissen hatten. Es ist ein starkes Bild für Arbeit und für die Klasse der körperlich arbeitenden Menschen: Die Arbeit ist nicht das Außen, das Andere des Arbeiters – sie sitzt dem Körper parasitär auf. Sie laugt aus, sie unterminiert das, was sie ermöglicht: den Körper. Das stellt eine weitere Differenz zwischen Arbeitnehmern und Arbeitern dar: Arbeiter zahlen den Preis für ihr Arbeitsleben mit dem Körper. Aber ein Arbeiterkörper ist ein Körper, der kein Mitleid bei anderen hervorruft. Wenn Hände durch Putzmittel oder die Arbeit mit Sägen, Fräsen oder Schweißgeräten aufgeraut, verletzt und frühzeitig gealtert sind, dann sind das für unsere Gesellschaft unsichtbare Dimensionen der Arbeit – obwohl sie deutlich sichtbar sind. Diese Unsichtbarkeit kommt von dem Nichtsehen-Wollen seitens der Privilegierten, jener also, die nicht körperlich arbeiten müssen.

Judith Butler spricht in ihrem Buch *Die Macht der Gewaltlosigkeit* von der Differenz zwischen Subjekten, die man betrauert, und solchen, die man nicht betrauert.[95] Sie meint mit der letzteren Kategorie dunkelhäutige, rassifizierte Menschen. Sie meint Frauen, Queers, nur eine Kategorie gewiss nicht: weiße Männer. Aber fraglos gehören Arbeiterkörper, egal welcher Hautfarbe oder welchen Geschlechts, nicht in die Kategorie der betrauerten, beweinten Körper, wenn sie ausgelaugt vor der Zeit sterben.

Butler begeht den Fehler, das männliche Subjekt unabhängig von seiner Klassenzugehörigkeit als Subjekt mit Privilegien zu begreifen. Ihr Argument lautet: Während alle anderen Körper und die dazugehörigen Subjekte Verwundungen ausgesetzt sind, ja sogar getötet werden können, ohne dass das Empörung bei der Mehrheitsgesellschaft erzeugt, sind weiße Männerkörper sakrosankt. Diese Grundannahme wird von unzähligen zeitgenössischen feministischen Texten wiederholt. Im feministischen Bild vom Cis-Mann zeichnet sich dieser durch seine kulturelle, gesellschaftliche und in gewisser Weise körperliche Unverwundbarkeit aus. Er ist *der Mann*, er hat keine Klasse, keine Eigenschaften, außer die, dass er unantastbar ist. Das Problem daran ist, dass diese feministische Annahme im Grunde das althergebrachte Bild vom Mann als universalem Subjekt eher stützt als dekonstruiert.[96]

Während die Körper von Arbeiterinnen wenigstens von Feministinnen als verletzliche Körper betrachtet werden, wird dem männlichen Arbeiterkörper eine doppelte Ignoranz entgegengebracht: Weder aus kapitalistischer noch aus identitätspolitischer Perspektive scheint er schützenswert. Warum sprechen diejenigen, die sich sonst zu Anwälten der Unterdrückten machen, nicht über den Arbeiterkörper und seine Verwundbarkeit? Eben weil er als männlich gelesen wird. Der Arbeiterkörper stellt, wie gezeigt, seine Männlichkeit, seinen Geschlechtskörper überdeutlich aus: Wir alle kennen das Bild des schmerbäuchigen Bauarbeiters im Feinripphemd. Zusammen mit dem Klischee des sexistischen Unsympathen und pöbelnden Proleten ist dieser Körper nicht dazu geeignet, Mitleid oder Interesse zu erzeugen. Er ist kein feministischer Mann, er ist ein Mann-Mann, einer, der den Unterschied zwischen »cis« und »trans« vermutlich nicht einmal kennt. Der Proletarier als Prolet ist in dieser Betrachtung ein Auslaufmodell, steht er doch für ein Bild von Männlichkeit, von dem sich die Gesellschaft verabschiedet. Er, der einmal soziale und politische Erneuerung *verkörperte,* markiert nun das Alte, das überwunden werden muss.

Das Bild des proletarischen Mannes und das der proletarischen Revolution waren einst untrennbar verbunden: Auf unzähligen historischen Plakaten reckt der klassenbewusste Mann kampfeslustig die Faust in die Höhe. Aber so wie der intersektionale Feminismus den Blick für Benachteiligungsstrukturen weitete und die einseitige Erzählung vom Klassenkampf um die Elemente Care-Arbeit und Frauenrechte erweiterte, veränderte er auch den Blick auf das revolutionäre Subjekt. *The Future is Female* ist nicht nur eine Social-Media-Losung. Egal ob Klimaschutz, Antikapitalismus oder der Kampf gegen Diktatur und für Demokratie – die Revolution hat ein weibliches Gesicht. Dem proletarischen Mann wird nach der sinnstiftenden Arbeit und der Rolle als Autorität in der Familie zuletzt auch noch der Klassenkampf geraubt.

4. SYSTEMTREU

Das schwere Eisengitter fällt hinter ihr ins Schloss. Vielleicht wirft sie im letzten Moment, bevor die Tür schließt, einen Blick zurück, sieht die hohen Backsteinmauern oder den Zaun, der mit Stacheldraht bewehrt ist. Meine Mutter landet im Gefängnis, sie ahnt noch nicht, dass das Gefängnis ihr Ticket zum gesellschaftlichen Aufstieg ist. Hier beginnt sie 1988 ihre Arbeit als Sachbearbeiterin. Sie führt Buch – über die an die Gefangenen ausgegebenen Mahlzeiten, über Einkäufe und Ausgaben. Natürlich entbehrt es nicht einer gewissen Ironie, dass meine Mutter, deren Vater so häufig im Gefängnis einsaß, nun hinter Gittern arbeitet.

Innerhalb ihres Berufslebens wechselte meine Mutter mehrmals ihren Job. Meist wegen ihrer Kinder, um die Arbeitszeiten zu verbessern oder um einen langen Arbeitsweg zu verkürzen. Nach ihrer Ausbildung als Fleischereifachverkäuferin arbeitete sie in einer HO. Schließlich arbeitete sie in der Verwaltung eines Plattenwerks, das riesige Betonplatten für den Wohnungsbau produzierte. Eines Tages betraten zwei Herren mittleren Alters ihr Büro. Meiner Mutter fiel gleich auf, dass hier etwas ungewöhnlich war: Die Herren trugen Blousons, darunter Hemden und Krawatten. Sie holten zwei Kolleginnen meiner Mutter für ein Gespräch ab.

Wie sich später herausstellte, waren die Männer auf der Suche nach potenziellen Angestellten für die örtliche Justizvollzugsanstalt, das Gelbe Elend, das weit über Bautzen hinaus berühmt-berüchtigt ist. Bis heute hält sich der Irrtum, dass es sich um das Stasigefängnis handelte; tatsächlich war das Gelbe Elend die allgemeine Vollzugsanstalt. Hier saßen Gefangene lange Haftstrafen für schwere Straftaten ab.[97]

Die beiden Kolleginnen hatten das Angebot der Herren, im Gelben Elend zu arbeiten, dankend abgelehnt. Nein, das sei nichts für sie. Die Männer wollten bereits enttäuscht wieder gehen, da fragte meine Mutter zaghaft, ob sie nicht auch für die Stelle infrage käme. Die Männer überlegten kurz und ließen sich dann auf ein Gespräch mit ihr ein. Der Job war verheißungsvoll: Sie würde zweihundert Mark mehr verdienen. Das war viel Geld für sie. Das Gefängnis lag zwar am Stadtrand, doch immer noch näher an unserer Wohnung als das Plattenwerk. Vom Ruf des Gefängnisses ließ sich meine Mutter nicht abschrecken.

Das Gelbe Elend ist eine eigenwillige architektonische Mischung aus Festung und Kirche. Die Anstaltskirche mit ihrer Fensterrose, die an eine gigantische Telefonwählscheibe erinnert, prägt das Bild des Klinkerbaus. Zur Zeit seiner Entstehung galt das Gefängnis als Symbol für einen moderneren, humaneren Justizvollzug.[98] Während des Kaiserreichs und in der Weimarer Republik war es Ausdruck der Bemühungen, einen zeitgemäßen Strafvollzug zu etablieren. Doch unter den Nationalsozialisten inhaftierte man hier Verfolgte des Regimes; der berühmteste Häftling war Ernst Thälmann. Ende der Achtziger, als meine Mutter ihren Dienst antrat, war das Gefängnis mahnendes Zeichen für die Erstarrung eines inhumanen Systems und noch inhumanere Haftbedingungen. Es gab Häftlingsaufstände, die nur mühevoll befriedet werden konnten.[99] Nicht nur das Gefängnis war im Aufruhr, das ganze Land befand sich am Vorabend einer Revolution.

Als meine Mutter ihren Job antrat, ahnte sie nichts von der Friedlichen Revolution, die schon bald das System, in dem sie lebte, hinwegfegen würde. Die Wende erwies sich für sie als absoluter Glücksfall: Im Zuge der Reform des ostdeutschen Justizsystems wurden Angestellte, vorausgesetzt, sie waren nicht »belastet«, verbeamtet. So stieg meine Mutter von der einfachen Sachbearbeiterin zur verbeamteten Sachbearbeiterin und schließlich bis zur Amtsinspektorin auf. Das bedeutete, dass sie in den turbulenten Wendejahren zu den wenigen Ostdeutschen gehörte, die sich um ihren Arbeitsplatz und damit um ein Leben in geregelten Bahnen keinerlei Sorgen zu machen brauchten.

In den Erzählungen meiner Mutter über diese Jahre spielten wohl deshalb die Wende oder die Ereignisse der Friedlichen Revolution keine Rolle. Natürlich hörte sie von Botschaftsflüchtlingen und von Demonstrationen, aber nie im Leben wäre sie auf die Idee gekommen, einen Versuch zu unternehmen, das System zu stürzen. Unter dem Titel *Die Angepassten* beschreibt Roland Jahn den mentalen Zustand der DDR-Gesellschaft: Während Nachwende-Diskurse stets von Narrativen über Dissidenz und Täterschaft geprägt waren, hatten die meisten Menschen in der DDR eben versucht, ihr Leben zu führen – ohne anzuecken, ohne mit dem System in Konflikt zu geraten.[100]

Ich bin mir nicht einmal sicher, ob meine Mutter in diesem Sinne eine Angepasste war; ich habe eher das Gefühl, dass das System etwas Abstraktes war, das außerhalb ihrer Lebenswirklichkeit, ihres konkreten Da-Seins lag. So, wie ihr Leben immer Kampf, aber kein aktiver Klassenkampf gewesen war, war sie in ein System hineingeboren worden, das sie nicht reflektierte. Sie wünschte sich bloß ein gutes Leben – was in ihrem Fall schlicht hieß, kein allzu schlechtes Leben zu führen. Alles Politische lag außerhalb ihrer Welt und Wirklichkeit.

Vermutlich konnte sie aus exakt diesem Grund ihren Dienst

in der Justizvollzugsanstalt antreten. Sie war politisch nicht verdächtig gewesen. Mein Vater erzählte später gerne, dass im Zuge der Rekrutierung meiner Mutter für den JVA-Dienst einer seiner Kneipenkumpane plötzlich begann, seltsame Fragen zu stellen. Er, der sonst – wie in der Kneipe üblich – nie über Politik sprach, fragte meinen Vater plötzlich zu seinen Einstellungen zum System aus. Angeblich klopfte ihm mein Vater nur auf die Schulter, bestellte ihm ein Bier und erklärte ihm, dass es nichts für die Stasi zu berichten gab. Der Kumpan sank mit hochrotem Kopf auf seinem Stuhl zusammen. Auch mein Vater lebte in deutlicher Distanz zu dem System. Anders als meine Mutter konnte er sich weder anpassen noch nach den Regeln spielen.

Es gehört also zur großen Ironie des Lebens meiner Mutter, dass sie deswegen zur Wendegewinnerin wurde, weil ihre unpolitische Haltung und ihre Herkunft sie vor allzu großer Nähe zum System schützte. Zugleich war sie sich nicht zu schade für den Dienst im Gelben Elend. Warum auch, ihr Leben war lange Zeit selbst ein Elend gewesen.

In diesem Kapitel geht es um die paradoxen Aufstiegserzählungen der bundesdeutschen Gegenwart. Denn während sich Aufstiegserzählungen ungemeiner Beliebtheit erfreuen, besonders dann, wenn jemand von »ganz unten«, aus der »Gosse«, zu Wohlstand aufsteigt, herrscht zugleich das Bild einer nivellierten Gesellschaft der Mitte vor. Die »Mitte«, die sowohl die Mittelschicht als das politisch Gemäßigte repräsentiert, dominiert Diskurse und das Feld des Politischen. Je häufiger wir von einer sich vergrößernden Schere zwischen Arm und Reich lesen oder hören, desto vehementer beschwören wir die Mitte. Die Unterschicht tritt allenfalls als trauriges Beispiel in abendlichen Dokus in Erscheinung.

Unklar ist, in welche Schicht die Arbeiterklasse einzusortieren ist. Ist sie Teil der Mitte? Oder gilt das nur für einen Teil der Arbeiter? Auch diese Frage möchte ich klären, bevor ich mich einem besonders problematischen Aspekt der gesellschaftlichen Gegenwart zuwende: der offensichtlichen Ost-West-Spaltung, die nicht nur ökonomische oder soziale Fragen berührt, sondern politische Haltungen einschließt. Ist die ostdeutsche Mitte radikalisiert? Und wenn ja, was hat das mit Aufstiegsträumen und Abstiegsängsten zu tun?

*

Lange Zeit herrschte in Soziologie und Politikwissenschaft der Glaube, in der »nivellierten Mittelstandsgesellschaft« (Helmut Schelsky) seien Schicht- und Klassenhierarchien überwunden.[101] Schelsky entwickelte die These in der Nachkriegszeit, unter dem Eindruck der teils radikalen Veränderung der Besitzverhältnisse während des Zweiten Weltkriegs und kurz danach.[102] Allerdings wurde die Mittelstandsgesellschaft der 50er und 60er Jahre nach unten nivelliert; praktisch alle Klassen hatten Wohlstandsverluste erlebt, und die Nachkriegsgesellschaft war eine Notgesellschaft.[103] Die nivellierte Mittelstandsgesellschaft war nicht das Ergebnis der Wohlstandsgewinne der Arbeiter, die einen Aufstieg vollzogen hatten, sondern das Ergebnis der Verluste der zuvor bessergestellten Schichten.

Das deutsche Wirtschaftswunder, vor allem die große Nachfrage nach Arbeitskräften, erzeugte dann tatsächlich einen echten Sog nach oben, Arbeiter konnten in die Mittelschicht aufsteigen. Aus dieser Zeit stammen die großen Erzählungen von Arbeiterstolz, von Kumpeln und Malochern. Aber auch von sogenannten Gastarbeitern, für die das Versprechen von Wohlstand und Aufstieg zunächst besonders prekäre Lebensbedingungen bedeutete. Für viele Arbeiter in dieser Zeit galt jedoch, dass es hier und da durchaus für ein bescheidenes Eigenheim, Urlaube, für ein bequemes Leben reichte.

Insbesondere westdeutsche Industriearbeiter erzielten zwischen den 60er und 80er Jahren Einkommens-, Wohlstands- und Bildungsgewinne. Die Arbeiterklasse veränderte sich – und das galt nun auch für die Mittelklasse. Immer mehr Arbeiterkinder studierten. Zugleich mussten Angehörige der Mittelschicht nun höhere Abschlüsse und Qualifikationen erwerben, um ihre Klassenzugehörigkeit zu halten – Pierre Bourdieu beschreibt das in *Die feinen Unterschiede* detailliert für das Frankreich der Nachkriegszeit.[104]

Er zeigt, dass das traditionelle Bild vom Aufstieg als Aufwärtsbewegung auf einer Treppe, die man Stufe für Stufe erklimmt, inadäquat ist. Die Klassen- und Schichtverschiebungen der Nachkriegsjahrzehnte ähneln vielmehr einem Wettrennen an einem Sandberg: Die einen versuchen verzweifelt, sich nach oben zu arbeiten, während die anderen versuchen, auf ihrer Position zu bleiben. Aber der ganze Berg gerät ins Rutschen.

Wann immer wir über gesellschaftlichen Aufstieg sprechen – und wir können das Beispiel meiner Mutter oder meines eigenen Bildungsaufstiegs betrachten –, müssen wir uns vor Augen führen, dass der Aufstieg sich vor dem Hintergrund eines beweglichen Systems vollzieht. Just in jenem Moment, als meine Mutter ihren Aufstieg in die Mittelschicht vollzog, formierte sich ein Riss innerhalb dieser Schicht: Immer mehr Menschen in der alten Bundesrepublik hatten Angst vor der Deklassierung. Und in den neuen Bundesländern wurden Bürger massenhaft durch Jobverluste deklassiert.

Die BRD erlebte nicht nur Massenarbeitslosigkeit und Werksschließungen verbunden mit Entlassungs- und Frühverrentungswellen. Auch die Rente schien nun nicht mehr sicher. Der Glaube daran, dass es den eigenen Kindern besser gehen würde als einem selbst, schwand. Dass die Kinder tatsächlich höhere Bildungsabschlüsse als ihre Eltern errangen, änderte nichts daran.

Für mich etwa bedeutete mein Studienabschluss zunächst keineswegs ein sicheres oder gar überdurchschnittliches Einkommen. Lange Zeit war mein Einkommen geringer als die Alterspension meiner Mutter. Ich trat in den 2010er Jahren in die Arbeitswelt ein, als junge Akademiker massenhaft über schlecht bezahlte, befristete Jobs und unbezahlte Praktika klagten. Der Berg war eben ins Rutschen geraten, und der Vielzahl formal besser qualifizierter Berufsanfänger standen zu wenige entsprechende Jobs gegenüber.

Das erzeugte auf allen Ebenen kuriose Situationen. Eine Zeitlang etwa hing im Schaufenster der Bäckerei in meiner Straße ein Schild: Man suchte Azubis mit sehr gutem Realschulabschluss oder besser noch Abitur. Ohne Bäckereifachverkäufern zu nahe treten zu wollen, erscheint es mir unwahrscheinlich, dass man im Verkauf vertiefte Kenntnisse von Analysis oder linearer Algebra benötigt. Wenn man plötzlich für eine solide Ausbildung ein Abitur braucht, übersetzen sich Bildungszugewinne nicht zwangsläufig in einen ökonomischen oder sozialen Aufstieg.

Das Beispiel ist nur ein Beleg dafür, dass wir die Vorstellung, eine ganze Gesellschaft steige langsam die Stufen einer Treppe hinauf oder fahre bequem mit dem Fahrstuhl nach oben, ad acta legen sollten. Außerdem ergibt sich eine weitere, problematische Dynamik: Wenn das gesamtgesellschaftliche Qualifikationsniveau steigt, wenn immer mehr Menschen in die Lage versetzt werden, höherqualifizierte Jobs anzutreten, fallen unattraktivere, schlecht bezahlte Jobs jenen Menschen zu, die keine Wahl haben, bessere oder angenehmere Jobs auszuführen. Beispielsweise, weil sie Geflüchtete oder Arbeitnehmer aus dem europäischen Ausland sind oder in einer strukturschwachen Region leben.

Knochenjobs wie die Auslieferung von Paketen werden in meiner Umgebung vor allem von jungen Geflüchteten ausgeführt; junge Bulgarinnen verkaufen bei Eiseskälte Weihnachtsbäume, Rumänen ernten Spargel und ukrainische Frauen pflegen rund um die Uhr unsere Alten. Weil sie weder über Gewerkschaften noch über ein Stimmrecht im demokratischen Prozess verfügen, gibt es keinen Druck, ihre Arbeitsbedingungen zu verbessern.

Die Klassengesellschaft der Gegenwart ist auch entlang von Migrationserfahrungen gespalten; deswegen spricht Alain Badiou von einem nomadisierenden Proletariat, auf das er alle Hoffnungen in Fragen des Klassenkampfes setzt.[105] Aber wie bereits im ersten Kapitel gezeigt, kämpft man nicht, wenn man von einem Zwölf-Stunden-Tag nach Hause kommt.

In Ostdeutschland wiederum ist das Verhältnis von formalem Bildungsaufstieg und tatsächlichen ökonomischen wie sozialen Lebensbedingungen besonders prekär. Hier gilt: Akademiker, die in der freien Wirtschaft arbeiten, werden oft weitaus schlechter bezahlt als Nicht-Akademiker, die im öffentlichen Dienst tätig sind. Bildungsniveau und Einkommen korrelieren nicht streng.

Geringe Löhne werden noch immer damit gerechtfertigt, dass »man hier immerhin im Osten« sei, wie mir der Chef der Marketing-Abteilung einer Luxushotelkette erklärte, bei der ich mich vor Jahren beworben hatte. Ich sollte mit vier Jahren Berufserfahrung plus Studienabschluss einen Bruttolohn von 1800 Euro für Vollzeitarbeit und flexible Einsätze an Abenden und Wochenenden erhalten.

*

Die Durchsetzung der Agenda 2010 wirbelte, aufgrund der Entstehung eines gewaltigen Sektors prekärer Beschäftigungsverhältnisse, die Selbstverständlichkeiten vieler Mittelschichtsexistenzen durcheinander. Bildung und Erspartes, kulturelles und ökonomisches Kapital schützten nun nicht mehr unter allen Umständen vor dem sozialen Abstieg und Deklassierung. Das galt besonders für jene Arbeiter, die überhaupt erst mühevoll in die Mittelschicht aufgestiegen waren. Wir müssen uns also von dem oben skizzierten Bild der nivellierten Mittelschichtsgesellschaft, in der sich die Nöte der Arbeiterschicht in allgemeines, gewerkschaftlich abgesichertes Wohlbefinden verwandelt haben, lösen.

Vielmehr gibt es auch eine Spaltung der Arbeiterklasse. Der Teil der Arbeiterklasse, der in großen Industrieunternehmen beschäftigt ist und durch starke Gewerkschaften abgesichert wird, führt tatsächlich ein ökonomisch und sozial stabiles Mittelschichtsleben. Dagegen erleben viele Menschen eine Prekarisierung in Bereichen der Serviceindustrie, die oftmals hochindividuell und ohne irgendeine gewerkschaftliche Mitbestimmung organisiert ist.

Mit Blick auf den Aufstieg eines Teils der Arbeiterschaft in die Mittelklasse und eines Abstiegs oder Feststeckens eines anderen Teils in der sogenannten Unterschicht muss man also festhalten: Es gibt ein gesamtgesellschaftliches Aufstiegsnarrativ, das lange Zeit eigentlich von Nivellierung kündete: Soziale Extreme wurden durch den Aufstieg der ärmeren Bevölkerungskreise mittels Bildung bei gleichzeitig stärker belasteten Vermögenden (etwa durch erheblich höhere Einkommens- und Vermögenssteuern als heute) ermöglicht.

Der Bildungsaufstieg, der sich in Teilen der Arbeiterklasse in den 60er und 70er Jahren vollzog, war real; so real wie der relative Wertverlust einer höheren Bildung in der Gegenwart.

Unter den Bedingungen einer vollständig globalisierten Welt gehörten vor allem Ostdeutsche mit geringerem Ausbildungsniveau zu den gesellschaftlichen Verlierern. Sie erlebten nach 1989 eine Deklassierung und mussten die Hartz-IV-Reformen als Androhung weiterer Deklassierung auffassen.

Repräsentativ spiegeln sich diese skizzierten Verhältnisse in meiner Familie. Meine ältesten Onkel blieben zwar Arbeiter, doch sie wurden nach der Wende zu gutverdienenden Arbeitern in bayerischen Automobilfabriken. Eine meiner Tanten wurde Kassiererin, die andere die Leiterin einer Sparkassenfiliale. Beinahe all meine Cousins und Cousinen machten Abitur; und wie meine Geschwister wählten sie vor allem Berufe in den Bereichen Bildung und Soziales.

Es gibt jedoch Biografien in meiner Familie, die auf direktem Wege in eine Hartz-IV-Existenz führten. Nicht nur im Falle meines Vaters, der aufgrund seiner schweren Alkoholerkrankung schließlich nicht mehr arbeiten konnte. In meiner Familie sind es überwiegend die Männer, die in Arbeitslosigkeit und Armut abrutschten.

Die Spaltung der Arbeiterklasse in teils gut abgesicherte Mittelschichtsangehörige und prekär Beschäftigte lässt sich auch an der linken Parteienlandschaft in Deutschland ablesen: Die SPD repräsentiert das Milieu des aufgestiegenen Arbeiters, der als neuer Angehöriger der Mittelschicht kein Interesse am Klassenkampf oder an der Beseitigung des Systems hat, vielmehr gilt es für ihn, Wohlstandsgewinne zu sichern. Die Linke (vormals PDS) erklärte sich selbst zur Anwältin der Abstiegsbedrohten, der prekär Beschäftigten, der ärmeren Rentner, der einfachen Leute. Ich erwähne diese Ausdifferenzierungen innerhalb linker Parteien, weil es beweist, wie problematisch es ist, kurzerhand von der Mitte oder von Parteien »links der Mitte« zu sprechen. Zu unterschiedlich sind die Wählerinteressen, zu unterschiedlich sind die Gruppen, was ihren Habitus und ihre soziale Lage anbelangt.

*

Im selben Maße, wie sich die Mittelschicht in den letzten Jahrzehnten ausdifferenzierte, vollzog sich auch ein Wandel der Arbeiterklasse, der nun völlig neue Milieus und Typen angehören – etwa das Kreativproletariat. Es braucht also eine neue Erzählung von der Arbeiterklasse. »Die Arbeiterklasse besteht aus allen, denen jahrzehntelang abtrainiert worden ist, sich als Teil der Arbeiterklasse zu verstehen«, fasst Christian Baron die Lage in *Proleten, Pöbel, Parasiten* zusammen und verweist damit bereits auf die Ebene des Klassenbewusstseins, das man – paradoxerweise – erwerben muss.

Journalistin Julia Friedrichs plädiert in ihrem Buch *Working Class* dafür, eine weitreichende Minimaldefinition der Arbeiterklasse vorzunehmen, die helfen soll, uns von den alten Bildern der Arbeit als Mühsal derjenigen, die schlecht ausgebildet und noch schlechter bezahlt sind, zu befreien: Working Class seien all jene, die für ihren Lebensunterhalt arbeiten, anstatt das Kapital für sich arbeiten zu lassen.

Friedrichs' Ordnung hat einen Vorzug: Sie inkludiert den selbstständigen Musiklehrer, der viele Semester lang studiert hat und dessen Tätigkeit sich gleichsam im Zentrum der bürgerlichen Gesellschaft bewegt (von ihr aber sehr schlecht bezahlt wird), die Krankenschwester oder den Kindergärtner. Oder eben eine Autorin. Diese Kategorisierung könnte im besten Fall helfen, eine gesellschaftliche Brücke zu schlagen: So unterschiedlich sind die Interessen der Bankangestellten und des Pflegers womöglich doch nicht, jedenfalls dann nicht, wenn es um das große politische Ganze geht.

Friedrichs' Begriff positioniert sich gegen eine immer unübersichtlicher werdende soziologische Kategorisierung von Gesellschaft, die nicht nur Bildungshintergrund, ökonomische Lage, Stadt- oder Landleben und viele weitere Faktoren einbezieht, sondern – konsequent zu Ende gedacht – Gesellschaft zu einer Summe hyperindividueller Ich-AGs werden lässt. Zu Individuen mit ganz individuellen Problemen, die sich nicht so recht zu einer Gruppe oder Klasse fügen wollen, die nicht gewerkschaftlich organisiert sind und es gar nicht sein könnten, so unterschiedlich sind ihre Interessen.

Das Problem der Minimaldefinition von Friedrichs liegt jedoch auf der Hand: Obgleich sie den übergeordneten ökonomischen Widerspruch begreifen hilft, erschwert es diese Definition, ein Bild oder Narrativ der Arbeiterklasse zu kreieren. Außer dem Bild vom prekären Subjekt, das dem permanenten Druck ausgesetzt ist, sich den rasch wechselnden Marktbedingungen anzupassen und die Vorherrschaft des Marktes über alle Lebensbereiche zu akzeptieren. Eine Negativerzählung also.

Die alte Arbeiterklasse hatte jedoch eine Positiverzählung – und sie ist in Teilen bis heute erhalten, überall da, wo Menschen stolz sind auf das, was sie produzieren, durch harte, körperliche Arbeit. Wenn eine Gruppe keine solche gemeinsame Erzählung hat, keine Bilder, die wie Erinnerungen vor dem geistigen Auge auftauchen, ist es schwierig, eine Grundlage für den gemeinsamen Kampf ausfindig zu machen. Deswegen mündet die allgemeine Klage über schlechte Arbeitsbedingungen und ausbeuterische Löhne nicht in einen breiten Aufstand.

Friedrichs lehnt sich deutlich an das Modell des Klassenantagonismus bei Karl Marx an. Marx erklärt die ökonomischen Austauschprozesse zur Grundlage seiner Gesellschaftstheorie.[106] Er vereinfachte die gesellschaftliche Wirklichkeit in einem stark reduktionistischen Modell, um den großen, geschichtsphilosophischen Konflikt zwischen Kapital und Arbeit herauszuarbeiten.[107]

Selbstverständlich gab es auch im 19. Jahrhundert Ärzte und Hauslehrer, Hausangestellte und Bauern, Künstler und Handwerker. Menschen also, die weder Habenichtse waren noch im großen Umfang Kapital besaßen. Der Einwand, den man gegen Friedrichs vorbringen könnte – dass ihr Modell drastisch reduziert –, ließe sich auch gegen Marx vortragen, aber beiden geht es um einen übergeordneten Widerspruch, der letztlich von der jeweiligen Gesellschaftsform mit ihren ganz eigenen Traditionen und sozialen Lagen unabhängig ist (denn sie gilt ebenso für die USA wie für Russland oder China).

Übrigens besteht dieser übergeordnete Widerspruch bis heute, wenn ein erheblicher Teil der Bevölkerung sein Leben lang nicht die Möglichkeit hat, Geld in Form von Kapitalanlagen, Anleihen und dergleichen mehr für sich arbeiten zu lassen, politisches Handeln aber glasklar Vermögende begünstigt, etwa in Form von niedrigen Kapitalertragssteuern. Meine Mutter hat nach mehr als fünf Jahrzehnten als Arbeiterin keine Vermögenswerte – kein Geld auf der hohen Kante, keine Immobilie, nichts, null. Trotzdem bezahlt sie den Preis für ein langes Arbeitsleben.

*

Vor einem Jahr erhielt meine Mutter die Diagnose Schwarz auf Weiß, die wir im Grunde seit Jahren kennen: Ihre Wirbelsäule ist irreparabel durch Skoliose, Arthrose und Osteoporose geschädigt. Sie kann sich deswegen nur unter Schmerzen bewegen. Seit ich denken kann, also seit meine Mutter Mitte dreißig ist, verhält es sich so, und schon damals empfahl man ihr eine Bandscheiben-OP. Heute, mehr als dreißig Jahre später, ist ihr Rücken völlig kaputt.

Unter Osteoporose, einem Abnehmen der Knochendichte, leiden viele Frauen nach ihren Wechseljahren, allerdings ist sie ein besonderes Problem bei körperlicher Arbeit, da die Knochen leichter brechen und nicht gut heilen. Inzwischen hat meine Mutter eine so lange Liste skurriler Mehrfachbrüche auf ihrem Konto, dass sie zu einer Art medizinischer Kuriosität avanciert ist.

Auch Arthrose ist eine Krankheit, die viele Menschen nach dem fünfzigsten Lebensjahr heimsucht, sie bedeutet Gelenkschmerzen und die Versteifung von Gliedmaßen, ist aber offenkundig in Berufen, die mit körperlicher Arbeit verbunden sind, ein weitaus größeres Problem als in Bürojobs. Die erworbene Skoliose, die keine genetischen Ursachen hat, ist dagegen das Ergebnis starker körperlicher Belastung. Arbeit bricht dich, wenn du nicht aufpasst.

Bei genauerer Betrachtung verwundert diese Diagnose nicht: Wer beim Erreichen seines sechsundsechzigsten Lebensjahres bereits mehr als fünfzig Jahre der Erwerbsarbeit, meist körperlicher Natur, und obendrein ungezählte Stunden der Care-Arbeit erbracht hat, der hat seinem Körper eine große Lebensleistung abverlangt. Hinzu kommen vier Schwangerschaften, drei gesund geborene Kinder, die Tag und Nacht versorgt werden mussten – ohne die tätige Mithilfe eines Mannes. Das hinterlässt Spuren an Körper und Psyche. Wenn sich jemand den Ruhestand verdient hat, dann meine Mutter.

Obwohl ich sie drängte, endlich mit dem Arbeiten aufzuhören, verstand ich doch, dass die Arbeit dem Leben meiner Mutter Sinn und Struktur verleiht. Sie will sich gebraucht fühlen. Dass sie gelobt wird, für ihren Fleiß und ihre Tatkraft, gefällt ihr. Es ist, als könne sich meine Mutter ein Leben außerhalb der Arbeit gar nicht vorstellen. Als ihr Orthopäde sie aufgrund der Diagnose über Monate krankschrieb und die Reinigungsfirma, bei der sie bis dahin gearbeitet hatte, sie daraufhin entließ, fiel meine Mutter in ein tiefes Loch. Sie saß zu Hause, ohne je auszugehen, fraß ihren Kummer in sich hinein und vereinsamte. Während die allermeisten Menschen eine lange Liste von Hobbys und Tätigkeiten für ihren Ruhestand bereithalten – endlich Zeit zum Reisen, zum Lesen, zum Angeln –, stand meine Mutter mit leeren Händen da.

Die »Arbeitslosigkeit« im Rentenalter setzte meiner Mutter so sehr zu, dass sie überglücklich war, als ihr der behandelnde Orthopäde eine Putzstelle in seiner Praxis anbot. Ich konnte es nicht fassen. Ich wusste nicht, was schlimmer war: das Angebot durch einen, der es besser wissen sollte, oder die Tatsache, dass sie es dankbar annahm. Es gibt vielleicht kein besseres Bild für den noch immer vorhandenen Klassenantagonismus innerhalb der Mitte als diese Empathielosigkeit, die sich als pragmatisches Angebot tarnt.

Man muss nicht Marx, Friedrich Engels oder Rosa Luxemburg gelesen haben, um zu erkennen, dass sich hierin eine fundamentale Ungerechtigkeit verbirgt. Gemeint ist damit nicht nur der individuelle Arbeitsvertrag zwischen meiner Mutter und ihrem Arbeitgeber, sondern der allgemein gültige Arbeitsvertrag in unserer Gesellschaft: dass es Menschen gibt, die hart körperlich arbeiten, und andere, die am Schreibtisch hocken – wie ich etwa.

*

In meiner Jugend lebten wir in Vierteln, in denen die Mieten erschwinglich waren. Viertel mit großer sozialer Durchmischung, in denen Arbeiter, Angestellte und Studenten lebten. Aber auch viele der Ex-Häftlinge, die meine Mutter bei ihrer Arbeit kennengelernt hatte. Manche von ihnen grüßten beim gemeinsamen Einkaufen im Discounter. Andere starrten meine Mutter nur böse an. An der Reaktion meiner Mutter auf diese Begegnungen konnte ich ablesen, wie schwer die Straftaten waren, die sie begangen hatten. Andeutungen genügten, um etwa zu verstehen, dass man einem Sexualstraftäter gegenüberstand.

Darum schaut meine Mutter heute wohl am liebsten True-Crime-Serien im Fernsehen. Es handelt sich um echte Fälle, die von echten Ermittlern gelöst werden (allerdings sehr reißerisch für das TV-Publikum aufbereitet). Meistens geht es um schreckliche, bestialische Morde. Nicht gerade Feierabendunterhaltung, könnte man meinen. Doch was die Serien gemein haben, ist die Tatsache, dass jeder am Ende seine gerechte Strafe erhält. Es ist eine Welt, die eindeutig Gut und Schlecht unterscheidet. Was nicht immer der Realität des Justizsystems entspricht.

Ich erinnere mich an einen Tag im Jahr 2006, als meine Mutter nicht von der Arbeit nach Hause zurückkehrte, obwohl ihr Dienst am frühen Nachmittag enden sollte. Als ich den Fernseher einschaltete, verstand ich, was los war: Ein Häftling, ein verurteilter Vergewaltiger, der eine Dreizehnjährige wochenlang in seiner Wohnung festgehalten hatte, war beim Hofgang über eine Mauer auf das Dach der Anstalt geklettert.

Niemand durfte das Gefängnis verlassen, es durften nicht einmal Anrufe herausgehen. Wir warteten angespannt, bis meine Mutter endlich am frühen Abend nach Hause kam. Auch in Bautzen hatte es bereits eine Geiselnahme gegeben. Meine Mutter wurde auch mehrfach selbst tätlich angegriffen. Der Job meiner Mutter war kein Traumjob. Dass sie in diesem Job immer weiter befördert wurde, bis zur höchsten Beförderungsstufe, die sie erreichen konnte, hing mit ihrem Pflichtgefühl für einen Job zusammen, den niemand gern machte.

Zugleich ist das Gefängnis der Symbolort für gescheiterte Existenzen. Menschen, die ihr halbes Leben in Heimen zugebracht hatten, weder Schulabschluss noch Ausbildung vorweisen konnten. Obdachlose, Wiederholungstäter oder Schwerverbrecher. Und immer wieder Suchtkranke. Von den Akten, die auf ihrem Schreibtisch landeten, kannte meine Mutter die Eckdaten der Biografien der Häftlinge.

Viele der Biografien waren ihrer eigenen gar nicht so unähnlich. Hier wie dort gab es Gewalt, auch Missbrauch, wenig Liebe, umso mehr Rückschläge. Vielleicht gibt es nur eine Erklärung dafür, warum die einen im Leben scheitern, die anderen das Beste aus dem machen, was sie bekommen: Resilienz? Vielleicht ist Resilienz die Erklärung dafür, warum meine Mutter immer weitermachte, weiterarbeitete, trotz Depressionen, körperlicher Schmerzen und all der Probleme, die ihr das Leben vor die Füße warf. Das gelingt nicht jedem.

*

Wer nicht arbeitet, der trägt nichts zur Gesellschaft bei, erbringt keine Wertschöpfung, liegt obendrein anderen auf der Tasche. Er ist ein Parasit. Obwohl die Verachtung für diejenigen, die nicht arbeiten, insbesondere in der Mittelschicht groß ist, gibt es gerade hier eine ausgeprägte Sehnsucht nach dem Leben in einer Post-Arbeitswelt. Arbeitende Roboter, deren magisch-maschinelle Wertschöpfung ein allgemeines, bedingungsloses Grundeinkommen ermöglicht, sodass endlich einmal eine ideale Work-Life-Balance hergestellt werden kann, erscheinen als das utopische Ideal.

Dieses Nebeneinander von Träumen vom Ende der Arbeit und der Verachtung für die Arbeitslosen und »Arbeitsscheuen« ließe sich psychologisch erklären: Gerade weil Arbeit das Leben bisweilen negativ prägt, weil man sie nun einmal erledigen muss, schielt man besonders neidisch und herablassend auf diejenigen, die sich diesem Zwang scheinbar entziehen.

Aber das allein erklärt den Blick auf den Parasiten am gesellschaftlichen Tisch keineswegs. Wenn ich mit Menschen über das bedingungslose Grundeinkommen rede, dann provoziere ich sie gerne, indem ich sage, dass es ein Grundeinkommen bereits gibt, wir also nur noch die Bedingungslosigkeit herstellen müssen, indem wir sämtliche Hartz-IV-Sanktionen und Mitwirkungspflichten streichen. Nein, *so* sei das aber nicht gemeint.

Es geht gar nicht darum, denjenigen, die prekär leben, bedingungslos Hilfe zukommen zu lassen oder denjenigen, die an der Arbeit unter kapitalistischen Bedingungen leiden, Linderung zu verschaffen. Es geht um Mittelschichtsträume: Sabbaticals, den Ausbruch aus dem alltäglichen Trott, einfach mal experimentelle Musik machen zu können, ohne den Druck, kommerziell erfolgreich zu sein. Ob man trotz Grundeinkommen arbeiten würde? Aber sicher, man liebt ja seine Arbeit! Ob das ebenso für Müllmänner gilt?

Unser Sozial- und Gesellschaftssystem braucht, was es verachtet: einfache Arbeiter, aber auch Arbeitslose, die neu entstandene Jobs antreten können. Anna Mayr hat mit *Die Elenden* ein so konzises wie schrecklich deprimierendes Buch über diese Mechanismen geschrieben. Mayrs Eltern sind beide Langzeitarbeitslose, was unter den Kollegen der Journalistin immer wieder für Verwunderung sorgt (das passt nicht zum Bild einer Akademikerin). Mayr zeigt, wie das Heer Arbeitsloser zu einer ökonomischen Notwendigkeit wird – denn wenn die Wirtschaft wachsen, Unternehmen gegründet und neue Dienstleistungen angeboten werden sollen, muss man auf verfügbare und möglichst billige Arbeitskräfte zurückgreifen können.[108]

Zugleich muss sichergestellt sein, dass die prekären Beschäftigungsbedingungen sowohl von dieser Reserve-Arbeiterschaft akzeptiert als auch von der Mittelschicht und ihrem moralischen Auge legitimiert werden. Das geschieht durch die Abwertung der Arbeitslosen, die als faule Sozialschmarotzer adressiert werden.[109] Sie zur Aufnahme von Beschäftigung unterhalb ihres Qualifikationsniveaus unter Androhung von Sanktionen zu zwingen wird gerechtfertigt durch die zwar so nicht ausgesprochene, aber immer mitschwingende Arbeit-macht-frei-Ideologie.

Diese Ausbeutung hat System, sie muss System haben, wer würde sonst für unter zehn Euro die Stunde schuften gehen? Nun ja, es gibt ja jetzt den Mindestlohn. Aber viele prekär Beschäftigte können ein Liedchen davon singen, wie der Mindestlohn umgangen wird. In der Bau- oder Speditionsbranche werden Normalarbeitsverhältnisse häufig in Werkverträge oder (schein)selbstständige Tätigkeiten umgewandelt. Firmen umgehen so klassische Arbeitgeberpflichten, wie den Beitrag zur Sozialversicherung.

Während meiner Zeit als Angestellte einer Unternehmensberatung hatten wir es mit zahlreichen Logistikunternehmen zu tun, die Aufträge an Subunternehmer vergaben, die Aufträge an Subunternehmer vergaben, die wiederum … Am Ende der Kette standen Selbstständige, oder besser gesagt: scheinselbständige Paketzusteller, die auf eigene Kosten Autos mieteten und in keiner Form in die Betriebsstrukturen eingebunden waren. Lange Zeit, bevor diese Praktiken in ungezählten politischen Debatten und Zeitungstexten thematisiert wurden, ging der Zoll (der für die Verfolgung von Scheinarbeitsverhältnissen und Scheinselbstständigkeit zuständig ist) dagegen vor.

Die Politik agierte oft so, als wüsste sie nichts von den seit Jahren üblichen Praktiken, und gab Lippenbekenntnisse ab, wonach diese unterbunden werden müssten. Es hatte aber anscheinend niemand Interesse an einer flächendeckenden Bekämpfung solcher Arbeitsverhältnisse. Wann immer ich durch die Straßen meines Viertels gehe, sehe ich Paketboten, die in Privatautos Päckchen verladen und teils noch spät am Abend unterwegs sind. Das ist eine Form des neuen Proletariats.

Auch meine Mutter erlebte als Putzkraft die Mechanismen der Prekarisierung von Arbeit und der Umgehung des Mindestlohns. Es werden einfach zwei Stundenzettel geführt – einer mit den tatsächlichen Arbeitsstunden, die irgendwann in der Zukunft bezahlt werden sollen, und einer mit den offiziellen Stundenzahlen. Das Unternehmen profitiert, weil mehr Arbeitsstunden im Hier und Jetzt geleistet werden; im Zweifelsfall lässt man überzählige Stunden verschwinden oder zahlt sie bar aus.

Arbeit ist genug da, aber anstelle von Vollzeitstellen vergibt man 450-Euro-Jobs, die steuerliche Vorteile bieten. Für die Angestellten bedeutet das häufig, dass sie aufstocken müssen, also auf Hartz IV oder ergänzendes Wohngeld angewiesen sind, und trotz Arbeit als Schmarotzer oder Parasiten betrachtet werden. Die Unterschicht ist ein Reservoir für billige Arbeit, die den Mittelschichten zugutekommt, während sie mit Verachtung auf die in ihren Augen Faulen herabblickt.

Mit der Abwertung eines Teils der Gesellschaft als faul, wenig produktiv oder leistungsbereit sind wir beim neuen Klassenkampf angekommen. In ihm werden ungerechte Arbeitsbedingungen und schlechtere Löhne »objektiv« damit gerechtfertigt, dass Menschen wenig Wertschöpfung erbringen würden oder nicht systemrelevant seien. In der Corona-Krise verschoben sich die Vorstellungen von Systemrelevanz plötzlich auffällig.

Auf einmal waren es vor allem die einfachen Arbeiter, die wenig qualifizierten, die die wichtigsten Arbeiten ausführten.

Aber während wir immerhin noch über die mangelnde Achtung für Pflegekräfte sprachen, vergaßen wir andere Gruppen der Arbeiterschaft völlig; sie bleiben für Menschen der Mittelschicht unsichtbar. Die Müllmänner oder die Putzfrauen etwa. Menschen wie meine Mutter also.

*

Ich habe es bereits angedeutet: Der Klassenkampf betrifft die Mitte – oder etwas zirkulär formuliert: Die Mitte ist das Zentrum aller klassenpolitischen Kämpfe, ihr Ausgangs- und Zielpunkt. In der vertikalen Schichtung tobt ein Kampf zwischen Mittel- und Unterschicht, während die Oberschicht von klassenpolitischen Kämpfen – und das ist ja das Ziel – ausgenommen bleibt.

In der horizontalen Schichtung des Klassenkampfes befindet sich eine konservative, weil auf Besitzstandswahrung abzielende Politik der Mitte in der Zange zwischen linker Politik, die die sozialen und ökonomischen Verhältnisse kritisiert, und einer rechten Politik, die bürgerliche Werte torpediert und zugleich umwertet (etwa wenn sich die AfD als bürgerliche Partei bezeichnet).

Auf einer dritten Ebene meint die Mitte das Zentrum der Kultur, der Gesellschaft, den Ort, wo all das produziert wird, was als verbindliche Norm oder Standard zu gelten hat. Der Konflikt auf dieser Ebene ist der Konflikt zwischen Peripherie und Zentrum, bei dem die Peripherie für das gesellschaftspolitisch Überholte, das aus dem Rahmen Fallende, das Überkommene steht, während das Zentrum für progressive oder jedenfalls zeitgemäße Politik steht (und sich beispielsweise durch Toleranz gegenüber Minderheiten auszeichnet).

Hat man diese drei Ebenen des Klassenkampfes erst einmal

identifiziert, wird deutlich, warum die ostdeutschen Bundesländer, und unter ihnen speziell Sachsen, Sachsen-Anhalt und Thüringen, einen politischen Brennpunkt bilden: Hier überlagern sich die drei genannten Konfliktlinien und gelangen zur Deckungsgleichheit. Unsichere Beschäftigung, gebrochene Erwerbsbiografien, stellenweise hohe Sockelarbeitslosigkeit sowie ökonomische Rückständigkeit bilden die Ebene des ökonomisch-politischen Klassenkampfes.

Auf einer weiteren Ebene tritt in den neuen Bundesländern die Spannung zwischen Zentrum und Peripherie in gesellschaftspolitischen Fragen besonders deutlich zu Tage: Wenn sich der Osten im Vergleich zum kulturellen und politischen Zentrum in Berlin bereits als Peripherie empfinden darf, so erscheinen die ländlichen Regionen in Ostdeutschland im Vergleich zu Städten wie Jena, Leipzig oder Schwerin noch einmal besonders peripher. Die ländliche Bevölkerung, überdurchschnittlich männlich, überdurchschnittlich alt und im Vergleich zu den Stadtbewohnern schlechter ausgebildet, gesellschaftspolitisch zudem konservativer, erlebt sich als entkoppelt von den gegenwartspolitischen Prozessen.[110]

Dieses Zusammenfallen aller Konfliktebenen erklärt, warum wir es inzwischen mit einem selbstverstärkenden Prozess der Radikalisierung bis weit in die Mittelschicht zu tun haben – was insbesondere die Querdenken-Bewegung in Sachsen zeigte: Auf allen Konfliktebenen wirkt der Osten in der Selbstwahrnehmung defizitär.

Im Ruhrgebiet beispielsweise haben viele Kommunen mit hoher Arbeitslosigkeit und sozialen Problemen zu kämpfen, aber diese ökonomischen, politischen und sozialen Probleme existieren eher im städtischen Raum; die Stadtgesellschaft verfügt über eine andere soziale Dynamik, es gibt bessere kulturelle Angebote, Vereinsstrukturen (man denke an die großen Fußballvereine), soziale Angebote in prekären Kiezen, und selbst die Parteienbindung ist vergleichsweise stärker.[111]

In ländlichen Regionen in Baden-Württemberg oder Bayern mag man hier und da das Gefühl einer gesellschaftspolitischen Entkopplung hegen, man mag konservativer aufgestellt sein als das Zentrum, aber vielfach ist diese Randstellung durch eine gute ökonomische Lage unterfüttert; die Ebene des ökonomischen Klassenkampfes fällt also weg.

In Ostdeutschland, und ganz besonders in Sachsen, ist es der Rechten gelungen, diese grundlegend ökonomisch-sozialpolitischen Probleme in einen Kulturkampf umzudeuten, was der Grund dafür ist, dass Pegida just in dem Bundesland entstand, in dem der Anteil an Migranten und Muslimen marginal ist. Dieser Kulturkampf erhielt eine neue Brisanz im Zuge der Querdenken-Bewegung.

In Leipzig erkoren die Veranstalter für die große Querdenken-Demo im November 2020 den Augustusplatz als Versammlungsort aus. Geschichtsträchtiger hätte der Ort nicht sein können, steht er doch sinnbildlich für die Friedliche Revolution von 1989. Auf diese rekurrierten auch Anwesende. Ein Demonstrant meinte, es fühle sich an wie 89.[112] Damals dürften allerdings weniger Schwaben anwesend gewesen sein.

Schwaben hin oder her, Querdenken symbolisierte für Deutschland insgesamt eine Spaltung innerhalb der bürgerlichen Mitte; das galt umso mehr für die ostdeutsche Mitte. Nicht jedes Divergieren von Meinungen ist eine echte Spaltung; zunächst einmal sind unterschiedliche Ansichten Teil eines pluralistischen, demokratischen Systems. Aber viele der Querdenken-Demonstranten negierten ja gerade, dass sie in einer pluralistischen Demokratie lebten, und behaupteten, sie lebten erneut in einer Diktatur. Angesichts Zehntausender Demonstranten handelte es sich offensichtlich nicht mehr um vereinzelte »Covidioten«. Tatsächlich sitzt die gesellschaftliche Spaltung viel tiefer.

Der Osten als klassen- und identitätspolitischer Brennpunkt wird gerade in der Abgrenzung und Zusammenschau mit Mitte-Diskursen verständlich. Genau das fehlt bei den gegenwärtigen Debatten über Rechtsradikalismus, Querdenken oder Impfverweigerer im Osten. Der Osten wird insbesondere von Journalisten- und Autorenkollegen als das Andere verhandelt: als un- oder antibürgerlich, als unsolidarisch und ewig-gestrig. Der Osten verkörpert all das, was die Mitte nicht ist oder nicht sein will. Doch ist die Lage komplizierter als gedacht. Die ostdeutsche Mitte ist lediglich die rohere Schwester der gesamtdeutschen Mitte. Oder sollte ich besser sagen: der rohere Bruder?

*

Beim Verständnis der ostdeutschen Mitte hilft der von Wilhelm Heitmeyer geprägte Begriff der rohen Bürgerlichkeit. Rohe Bürgerlichkeit versieht eine ablehnende, aggressive Grundhaltung im Sozialen mit einer glatten, geschmackvollen Oberfläche. »Sie findet ihren Ausdruck in einem Jargon der Verachtung gegenüber schwachen Gruppen und der rigorosen Verteidigung bzw. Einforderung eigener Etabliertenvorrechte im Duktus der Überlegenheit. Sie artikuliert sich über eine Ideologie der Ungleichwertigkeit.«[113]

Wollte ich ein verbindendes Element für die Generation der in der DDR geborenen und bis ins junge Erwachsenenalter sozialisierten Ostdeutschen finden, dann ist es diese rohe Bürgerlichkeit. Insbesondere die Verachtung der Schwachen und vermeintlichen Sozialschmarotzer ist denen gemein, die eher gut situiert sind, ein durchaus gutes Auskommen haben, sogar Vermögenswerte bilden konnten. Sie sind nicht abstiegsgefährdet, erleben sich auch nicht so. Oft genug aber haben sie das Gefühl, dass sie für dasselbe Ergebnis weitaus härter arbeiten mussten als andere. Die anderen, das können Westdeutsche sein oder Geflüchtete.

Rohe Bürgerlichkeit gibt es natürlich nicht nur in Ostdeutschland; Heitmeyer identifiziert sie als gesamtdeutsches Phänomen; das Problem ist jedoch, dass die ostdeutsche Mittelschicht von roher Bürgerlichkeit geradezu dominiert wird. Tatsächlich erscheint mir die ostdeutsche Mitte als im Kern rechts, allerdings nicht in dem üblichen Verständnis von rechts, das mit rechtsradikal/völkisch gleichgesetzt wird. Ich meine rechts im Sinne des Rechtsphilosophen Noberto Bobbio.

In seinem Buch *Rechts und links* konstatiert er, dass die Zurückweisung der Gleichheit konstitutiv für die Rechte sei – der Wunsch der Beseitigung von Ungleichheiten auf Basis von Klasse, »Rasse«/race und Geschlecht sei dagegen konstitutiv für die Linke.[114] Fragt man den durchschnittlichen Ostdeutschen, würden die allermeisten konsequent (und wütend) die Annahme zurückweisen, sie seien rechts. Das hat einen einfachen Grund: Diese von Bobbio identifizierte »rechte« Denkweise deckt sich erstaunlicherweise mit dem, was wir heute als neoliberalen Konsens verstehen. Gleichheit wird als Gleichmacherei zurückgewiesen. Quoten oder anteilsgerechte Repräsentation von Minderheiten wird als Instrument zur Benachteiligung durch eine Leistungselite verstanden (denn wer etwas leistet, schafft es ja wohl an die Spitze, für alle anderen bleibt nur die Quote).

Im klassischen Liberalismus wird eine über Stände oder andere Hierarchien organisierte Gesellschaft zurückgewiesen, an ihre Stelle tritt eine Leistungshierarchie. Individuen sollen nicht wegen ererbter Privilegien eine hohe Stellung genießen, sondern aufgrund ihres Tuns. Natürlich ist der Erfolg der Performer durchaus das Ergebnis von Privilegien, allerdings nicht zwangsläufig ererbter Natur. Mit anderen Worten: Von der unteren bis zur oberen Mittelschicht, von rechten über konservativen bis hin zu (neo)liberalen Milieus herrscht ein Denken in Hierarchien, das diese auf die eine oder andere Art naturalisiert und für notwendig erklärt. Viele Ostdeutsche haben dieses hierarchische Denken verinnerlicht – sie akzeptieren jedoch nicht ihre eigene Stellung innerhalb der Hierarchie.

Kehren wir noch einmal zu Heitmeyers Konzept der rohen Bürgerlichkeit zurück: »Rohe Bürgerlichkeit setzt auf Konkurrenz und Eigenverantwortung in jeder Hinsicht.«[115] Darin offenbart sich das neoliberale Denken, das den klassischen Liberalismus in Richtung einer unerbittlichen Leistungslogik verschoben hat. Diese Leistungslogik wird von der ostdeutschen Mittelschicht, die es zu etwas gebracht hat, geteilt.

In diesem Sinne muss man mit einem noch immer kolportierten Vorurteil aufräumen: Es ist durchaus nicht so, dass den Ostdeutschen heute die Leistungslogik fremd wäre. Vielmehr haben »bürgerliche Kreise« sie so stark verinnerlicht, dass all jene radikal angefeindet werden, die scheinbar keine Leistung erbringen. Es ist, als seien die Ostdeutschen zu Klassenbesten bei der Verinnerlichung dieser neoliberalen Leistungslogik geworden. Dass dieselben Ostdeutschen heute gerne beklagen, dass es in der DDR sozialer und gerechter zugegangen sei, und dass es damals weniger Konkurrenz untereinander gegeben habe, gehört zur brutalen Ironie der Geschichte.

Aus der Sicht der erfolgreichen ostdeutschen Bürgerlichen hat es jemand wie meine Mutter zu nichts gebracht. Ohne Eigentum und andere äußere Beweise ihres Erfolgs bleibt sie eine Frau ihrer Klasse und nicht der Mittelklasse.

*

Ich habe deshalb die ostdeutsche Mitte so ausführlich beleuchtet, weil dieser Aspekt zum Verständnis der allseits beobachteten Spaltung zwischen Ost und West beiträgt. Es sind weder nur die Erfahrungen einer Sozialisation in der DDR noch die Nachwendeerlebnisse (also Fragen der Identität), die zu einer Verhärtung und Verrohung in Teilen der ostdeutschen Gesellschaft bis weit in die Mitte, in bürgerliche Kreise hinein geführt haben. Vielmehr spielen die dominante Ideologie der letzten dreißig bis vierzig Jahre, nämlich der herrschende Neoliberalismus, sowie die etablierten Aufstiegs- und Leistungsnarrative eine entscheidende Rolle. Niemand will zu den Verlierern gehören, niemand möchte sich sagen lassen, er hätte nicht genug geleistet.

Wer sich für seine Mühen trotz beständiger Leistung nicht ausreichend belohnt fühlt, grenzt sich ab gegen die anderen, sucht ganz neue, eigene Deutungsmuster. Wer an dem ins Rutschen geratenen Sandberg nur mühevoll seine Position erklommen hat, reagiert allergisch auf all jene, die scheinbar bequem immer schon auf ihrer Position verharrten oder aufgrund von Privilegien viel leichter ans Ziel gerieten. Allerdings richtet sich der Zorn großer Teile der ostdeutschen Mitte nicht gegen das System, das den Sandberg kreiert, sondern oft genug gegen Schwache, die vermeintliche Nutznießer sind.

Mir erschien immer bemerkenswert, wie immun meine Mutter gegen populistische Parteien und ihre Narrative war. Und das, obwohl ihre lebenslange harte Arbeit weder belohnt noch anerkannt wurde. Vielleicht sorgte ihre Ankunft in der bundesdeutschen Beamtenschicht für eine gewisse Mäßigung. Womöglich sind Neid, Missgunst und eine Mentalität der Abwertung der anderen schlicht ihre Sache nicht. Womöglich haben wir es hierbei mit einer weiteren Form der Gender-Performance zu tun.

Ich habe im vorhergehenden Kapitel erwähnt, dass es eine Hegemonie des Männlichen in unserer Gesellschaft gibt. Dazu passt die Verhärtung gegen vermeintlich Schwache. Das mag erklären, warum der Zuspruch zu rechten Parteien unter Männern besonders hoch ist. Bisher habe ich eher diejenigen beleuchtet, die nach der Wende durchaus als Gewinner gelten durften, sich aber trotzdem von der Mehrheitsgesellschaft der Mitte abgrenzen. Aber was ist mit jenen, die durch die Wende zu Verlierern wurden?

*

Eines Morgens steht er auf ihrer Liste, meine Mutter traut ihren Augen kaum. Sie hat gerade ihre Schicht in der Justizvollzugsanstalt angetreten, da erblickt sie in der Liste mit den Neuzugängen der JVA einen vertrauten Namen. Sie prüft die Akte, schaut nach dem Geburtsdatum. Ja, er ist es. Ihr Bruder wurde an diesem Morgen in das Gefängnis überstellt. Bis zu diesem Zeitpunkt wusste sie weder, dass ihr Bruder angeklagt, noch, dass er verurteilt worden war. Niemand in ihrer Familie hatte ihr davon erzählt. Aus der Akte erfährt sie: Ihr Bruder wurde wegen Bankraubes verurteilt. Er hatte das Fluchtfahrzeug gefahren. Der Bruder einer Justizvollzugsbeamtin ein verurteilter Bankräuber – bisweilen hat das Leben einen sehr groben Sinn für Ironie.

Meine Mutter hat in ihrem Leben nicht selten Scham empfunden, sie wurde mit der Scham förmlich imprägniert, aber dieser Moment ist anders: Die Scham betrifft nun den Bereich, in dem sie Erfolg hat, ihr Berufsleben, ihr Dasein als korrekte Beamtin. Sie meldet sich bei ihrem Vorgesetzten und erklärt ihm die Lage. Ihr Bruder wird daraufhin in ein weit entferntes Gefängnis verlegt. Er hat es ihr, obwohl sie ja nichts dafürkann und wie immer nur korrekt gehandelt hat, bis heute nicht verziehen.

Meine Mutter hatte nie ein enges Verhältnis zu ihrem Bruder. Das mochte daran liegen, dass er das jüngste Kind der Familie war und noch dazu der jüngste Sohn. Für ihn galten andere Regeln als für sie. Ganz sicher erwartete niemand von ihm, dass er sich um irgendetwas oder irgendwen kümmerte. Während meine Mutter radikal unpolitisch war, positionierte er sich von jungen Jahren an klar: und zwar sehr weit rechts. Er war einer jener Männer, die mit rasiertem Kopf und Bomberjacke das Bild Ostdeutschlands in den »Baseballschlägerjahren«, wie der Journalist Christian Bangel die Nachwendejahre auf Twitter nannte, prägten. Nach außen wie nach innen.

Kontakt hatten meine Mutter und er, wenn überhaupt, bei Familienfeiern, die regelmäßig im großen Wohnzimmer der Wohnung meiner Großmutter stattfanden. Allerdings brach der Kontakt ab, als ich etwa zehn war, Mitte der Neunziger also. Als ich meinen Onkel nach Jahren zum ersten Mal zur Feier des Geburtstages meiner Großmutter wiedertraf, hatte er den Raspelkurz-Haarschnitt zugunsten eines adretten Undercuts abgelegt. Die verwaschenen Knast-Tattoos trug er noch immer auf dem Arm.

Vor einer Weile stieß ich auf seinen Facebook-Account. Er ist voll mit Posts über gefährdete blonde Mädchen und Memes in altdeutscher Schrift, die die Bedrohung des Abendlandes durch »den großen Austausch« in die Netzwelt raunen. Dazwischen tummeln sich treuherzige Schäferhunde. Mein Onkel wirkt wie das tragische Klischee eines Rechten.

Gründe für das Abdriften meines Onkels in die Kriminalität mag es viele gegeben haben. Womöglich ist der Weg zum Raub nicht weit, wenn man bereits zuvor in einer gewaltaffinen Szene verkehrt hat. Wenn also der Verstoß gegen gesellschaftliche Normen zur Normalität avanciert. Diese Normalisierung des Regelverstoßes war zudem in eine gesamtgesellschaftliche Entwicklung eingebettet: Die Wendejahre destabilisierten sowohl die Leben der Einzelnen als auch die Gesellschaft insgesamt.

Perspektiven schwanden, Gemeinschaften verrohten, die Politik zog sich aus einigen Landkreisen scheinbar zurück, verwaltete den Niedergang. Rechte schreien bekanntermaßen gerne nach Law and Order, aber diese Härte des Gesetzes sollen nur die anderen spüren. Das spricht immerhin für ein großes Maß an kognitiver Dissonanz, die das eigene Fehlverhalten zu ignorieren hilft.

In Anlehnung an Robert K. Merton lässt sich Kriminalität als das Ergebnis eines Konfliktes zwischen erstrebenswerten allgemeinen Zielen und den individuellen Möglichkeiten zur Erlangung derselben begreifen. Kriminalität bedeutet also die Anwendung illegitimer Mittel zur Erreichung legitimer Ziele. Um es mit Bertolt Brecht zu sagen: »Was ist ein Einbruch in eine Bank gegen die Gründung einer Bank?«[116]

Für meinen Onkel hieß das konkret: Für einen Mann seiner Klasse war es unerreichbar, an eine gute Arbeit zu gelangen, die ihm ein solides Auskommen ermöglichte. Das kränkte sein Selbstbild als Mann, als Arbeiter, als Arbeitermann. Diese Kränkung führte nicht dazu, dass er legitime Bemühungen verstärkte, vielmehr griff er zu illegitimen Mitteln.

Meiner Mutter hatte die Wende einen Aufstieg ermöglicht, für meinen Onkel konnte sie nur Abstieg bedeuten. Dass ihr Bruder sich auf der einen Seite der Gefängnisstäbe und sie sich auf der anderen befand, war auch eine Folge von Geschlechterperformanz innerhalb der Arbeiterklasse. Die Sozialisation als Mann in der Arbeiterklasse hatte ihm – ganz ähnlich wie meinem Vater – nicht das nötige Rüstzeug für den Erfolg im Leben unter den neuen Bedingungen der Freiheit und des Kapitalismus mitgegeben.

Er fühlte sich von Natur aus den Frauen oder »den Ausländern« überlegen – aber die Gesellschaft verweigerte ihm Wertschätzung, die ihm nach eigenem Empfinden »natürlich« zustand. Wie mein Vater wählte auch mein Onkel den Hass auf das Schwache (das ja immer auch weiblich konnotiert ist) als Fluchtpunkt. Die besondere Abneigung meines Onkels gegen meine Mutter, die Entzweiung der Geschwister erklärt sich nicht nur aus dem Arbeitseifer meiner Mutter; ihr Beruf als Beamtin symbolisierte auch das Ankommen in der neuen Gesellschaftsordnung, woran mein Onkel scheiterte.

Es gibt heute in jeder ostdeutschen Familie jenen rechten Bruder, Onkel, Cousin, Vater, Freund. In den bürgerlichen Familien in meinem Umfeld hat sich zuletzt eine Sprachregelung etabliert – der Onkel / Cousin / Freund sei früher *ein eventbetonter Jugendlicher* gewesen, womit man eine euphemistische Bezeichnung eines Bautzner Polizeirevierleiters aufgriff, der nach Ausschreitungen zwischen Rechten und jungen Geflüchteten eben von eventbetonten Jugendlichen gesprochen hatte.[117]

Der verlorene rechte Sohn war kein Phänomen, das sich auf Arbeiterfamilien beschränkte. Die verlorenen Söhne verschwanden nicht; sie bilden heute die Mitte der Gesellschaft, sie sind Familienväter und Ehemänner. Sie sind diejenigen, die zum Bild der politischen Spaltung im Lande beitragen. Das Aufstiegs- und Mitte-Narrativ hat für sie nichts zu bieten, mehr noch: Sie grenzen sich bewusst davon ab. Was mich an den Corona-Protesten besonders schockierte, war die offensichtliche Verbrüderung zwischen den Neonazis, den aufgestiegenen Performern, den gutbürgerlichen Ostdeutschen mittleren Alters, den Akademikern in Amtsstuben und Arztpraxen. Sie künden von einer neuen Querfront der Mitte.

5. KLASSENZIEL ERREICHT

Stolz drücke ich das dünne Büchlein fest an mich. Ich bin neun Jahre alt, und meine Klassenlehrerin hat mir soeben ein Geschenk überreicht: Ein schmales Buch mit der Geschichte von Pinocchio. Ich gehöre zu den drei Klassenbesten. Deswegen habe ich das Buch erhalten. Es ist ein Schatz. Ich besitze zu diesem Zeitpunkt nur sehr wenige Bücher, die meisten stammen aus DDR-Zeiten und sind recht vergilbt. Sie enthalten kurze sorbische Märchen – das Märchen vom Schlangenkönig beispielsweise – oder Geschichten von Bummi dem Bären.

Eine Bibliothek hatte ich bis dahin nie besucht. Und das Gefühl, in einer Buchhandlung mit bis zu den Decken gefüllten Bücherregalen zu stöbern, kannte ich auch nicht. Ich erinnere mich so genau an die Übergabe des Buches, weil es zwei mir bis dahin fremde Gefühle vereint: den Stolz über eine Auszeichnung für eine sehr gute Leistung und die Begeisterung für diesen besonderen Gegenstand, der von nun an zu einem Sehnsuchtsobjekt wurde, gerade weil er in unserem Haushalt nicht existierte.

Zu den beiden wichtigsten Selbstbeschwichtigungen der Klassengesellschaft gehört, dass belohnt wird, wer Leistung erbringt. Und – eng damit verbunden – dass unsere Gesellschaft durchlässig ist für Leistungsträger. Man kann aufsteigen, wenn man hart genug arbeitet. Ich werde darum immer wieder auf die Schule zu sprechen kommen, und zwar aus einem einfachen Grund. Schulen sind nicht nur der Spiegel unserer

Klassengesellschaft, sie reproduzieren sie. Weder das System Schule noch seine Akteure sind blind für Klassen- und Herkunftsunterschiede. Auch wenn sie es sich nicht eingestehen mögen: Sie tragen wesentlich dazu bei, dass die Verhältnisse bleiben, wie sie sind. Ich habe bereits im vorhergehenden Kapitel vom Rennen auf den Sandberg erzählt. Umso wichtiger erscheint der Schulerfolg für Kinder der Mittelklasse.

Das Abitur etwa mag nicht mehr so wertvoll sein wie noch vor Jahrzehnten; umso mehr hat es sich zu einer Grundvoraussetzung für die Zugehörigkeit zur Mittelschicht entwickelt. Deswegen gibt es Eltern, die ihre Kinder ins Gymnasium einklagen, und deswegen erscheint die Empfehlung für eine Oberschule vielen wie eine kleine Katastrophe, als Ausdruck einer sichtbaren Deklassierung. Sie wissen sicher, dass ein Kind auch nach der Realschule das Abitur nachholen kann, dass es vielfältige Möglichkeiten der Weiterqualifikation gibt. Dass ein Kind aus schlechtem Hause ihrem eigenen Kind intellektuell überlegen sein könnte, ist für sie eine Provokation. Die Wahl der richtigen Schule ist hochsymbolisch für das Fortkommen in der Ellenbogengesellschaft.

Meine Mutter hatte Bedenken, mich gleich nach der vierten Klasse aufs Gymnasium wechseln zu lassen, obwohl es nur Einsen auf meinem Abschlusszeugnis gab. Meine Geschwister hatten zunächst ihren Realschulabschluss gemacht, bevor sie aufs technische Gymnasium wechselten. Das schien der sicherere Weg. Was man hat, das hat man, das war immer das Motto meiner Mutter. Zum Glück intervenierte meine Lehrerin. Wenn es ein Kind in der Klasse gab, das aufs Gymnasium gehörte, dann sei ich das. Meine Mutter erzählt die Anekdote bis heute gerne, weil sie sie so stolz machte. Ihre Kinder waren immer ihr einziger Stolz, und die Genugtuung über die von ihnen erbrachten Leistungen baute meine Mutter auf.

Einerseits. Andererseits stellte ich immer wieder fest, dass meine Mutter seltsam verhalten auf Erfolge reagierte. Als ich mein Bachelor-Zeugnis erhielt, war das für meine Eltern keine große Sache. Zur Zeugnisvergabe kamen sie nicht; die Plätze am Tisch kosteten Geld, das man sich sparen konnte. Ich erinnere mich gut an eine Szene kurz nach meinem Bachelor-Abschluss, als ich meine Eltern besuchte. Mein Vater lebte wieder bei meiner Mutter, sie hatten sich ausgesöhnt. Da saßen sie also, mein Vater sah fern, meine Mutter löste ein Kreuzworträtsel. Ich hatte eine 1,0 in meiner Bachelorarbeit erhalten. Ich war stolz, fühlte mich aber wie eine Aufschneiderin. Vielleicht hatte sich jemand beim Prüfungsamt vertan? Auch bei meinen Eltern gab es keine überschwängliche Freude. Eigentlich gab es gar keine Reaktion. Sie pressten einen Glückwunsch hervor, als ich sie explizit auf meinen Abschluss ansprach. In Feierlaune war niemand.

Später sprach ich mit meinem Therapeuten über diese Situation, die mich nachhaltig gekränkt hatte. Ich müsse verstehen, dass ich der Welt meiner Eltern entwachsen sei, sagte er. Das sei typisch für Kinder, die ihrem bildungsfernen Milieu entkommen. Natürlich erleben die Eltern Freude und Stolz, aber der höhere Bildungsabschluss der Kinder markiert den Übergang in eine andere Welt: in ein akademisches Milieu mit anderer Sprache, einem anderen Habitus. Letztlich bedeute das einen Verlust im Moment des Erfolges.

Man könnte meinen, dass mein Schulerfolg, wie der meiner Geschwister, die Durchlässigkeit sowohl des Schulsystems als auch des Klassensystems unterstreicht. Aber so einfach ist es nicht. Dass ich eine gute Schülerin war und das zweitbeste Abitur in meinem Gymnasialjahrgang machte, hing zunächst einmal damit zusammen, dass mir das Lernen ungemein leichtfiel. Ich musste nicht viel leisten, um gute Noten zu erhalten.

Hausaufgaben vergaß ich ebenso oft wie bevorstehende Gedichtvorträge oder Leistungskontrollen. Deswegen lernte ich oft in der Pause, indem ich in Windeseile meinen Hefter durchblätterte. Insbesondere nach dem Wechsel aufs Gymnasium musste ich erst einmal lernen, dass es Situationen geben konnte, in denen ich für meinen Erfolg arbeiten musste. Die erste Note, die ich im Matheunterricht am Gymnasium erhielt, war eine Fünf. Ich heulte mir damals auf der Schultoilette die Augen darüber aus, weil ich nie zuvor schlechte Noten bekommen hatte. In diesem Moment musste ich begreifen, dass ich mich bisweilen anstrengen musste, um wirklich gut zu sein. Üblicherweise messen wir Leistungen am Ergebnis, nicht an der Arbeit, die jemand tatsächlich investiert hat. In einer gerechteren Schulwelt würde nicht nur das Ergebnis gemessen, sondern würden zugleich die Privilegien und Hindernisse auf dem Weg zum Ergebnis betrachtet.

*

Als ich vierzehn war, zogen wir nach Dresden, wo eine neue, moderne Justizvollzugsanstalt errichtet worden war. Man suchte Beamte, die bereit waren, ihren Wohnsitz zu verlegen. Meine Mutter nahm das Angebot an, weil mein Bruder dort studierte. So war die Familie wenigstens teilweise wiedervereint. Auch ich sehnte mich danach, in eine größere Stadt umzuziehen. Es mag angesichts der schlechten Presse, die Dresden in den letzten Jahren erhalten hat, absolut unwahrscheinlich erscheinen, aber die Stadt war für mich Inbegriff von Offenheit und Weite. Insbesondere die Neustadt, das linke Szeneviertel der Stadt, versprach die Befreiung von der spießigen Enge der Kleinstadt, in der ich wegen meines Aussehens negativ aufgefallen war.

Ich hatte mit dreizehn begonnen, meine Haare bunt zu färben. Außerdem ließ ich mir ein Nasenpiercing stechen. Für die Bautzner Kleinstadtgesellschaft genügte das, um mich als auffällig zu charakterisieren. Ich wurde auf offener Straße angepöbelt, man rief mir »Eine wie dich hätten sie unter Hitler vergast!« hinterher. Am meisten kränkte mich die Reaktion meiner Lehrer, die mich doch als gute Schülerin kannten, aber plötzlich wie eine Aussätzige behandelten.

In der Dresdner Neustadt fielen Piercings und bunte Haare nicht auf. Ich konnte, so dachte ich jedenfalls, einen Schlussstrich unter einen traumatischen Teil meiner Schullaufbahn ziehen. Ich war eigentlich immer gemobbt worden, aber seit dem siebten Schuljahr hatte sich das Mobbing in der winzigen Klasse, in der ich unterrichtet wurde – wir waren gerade einmal vierzehn Schüler –, so massiv verstärkt, dass der Schulbesuch zu einem Spießrutenlauf wurde. Ich erinnere mich an eine Situation, in der ich das Klassenzimmer betrat und die bis dahin lärmende Klasse plötzlich verstummte. Alle dreizehn Augenpaare waren auf mich gerichtet. Es war wie ein stilles Übereinkommen, dass man ein gemeinsames Ziel ausgemacht hatte. Die ganze folgende Schulstunde brachten die anderen damit zu, lauthals loszulachen, wann immer ich den Mund öffnete.

Ich hatte seit meiner Grundschulzeit ein Muster etabliert: Wenn Unangenehmes anstand, blieb ich zu Hause. Für gewöhnlich fühlte ich mich wirklich krank, jedenfalls, bis ich entschuldigt war. Krank zu sein hieß, zu Hause allein sein zu können, fernzusehen und mein Ding machen zu können. In der achten Klasse blieb ich das erste Mal über Wochen zu Hause. Anderen Eltern wäre diese Phase ein Alarmzeichen gewesen. Aber meine Mutter war zu beschäftigt mit ihren Sorgen. Im Grunde war unser Umzug nach Dresden eine Flucht. Ich dachte, ich könnte vor meinen Problemen flüchten. In Dresden würde alles besser werden. Das Gegenteil war der Fall.

Wir waren nach dem Ende des achten Schuljahres umgezogen. Ich hatte sechs Wochen Zeit, mich einzugewöhnen. Ich kann mich nicht mehr daran erinnern, was genau in den Ferien in Dresden geschah, vermutlich saß ich einsam und deprimiert in meinem Zimmer. Nach der Hälfte der Ferien trat ich aus meinem Zimmer ins angrenzende Wohnzimmer, in dem meine Mutter schlief, weil sie kein eigenes Schlafzimmer hatte, und eröffnete ihr, dass ich nicht mehr zur Schule gehen würde. Sie hielt das für einen schlechten Scherz. Sie hatte nicht mit meiner Engstirnigkeit gerechnet. Ich konnte die Entscheidung »rational« begründen. Ich sei doch schlau genug, ich brauche die Schule nicht, und überhaupt, ich würde einmal Rockstar oder Künstler (ich war noch unentschieden) werden.

Meine Mutter brachte die Argumente vor, die Eltern in einer solchen Situation vorbringen müssen: Man braucht einen Schulabschluss, man benötigt eine Ausbildung. Wie soll man es sonst im Leben zu etwas bringen? Aber es war aussichtslos: Ich konnte nicht mehr. Ich war so lange ausgegrenzt worden, dass ich die Ausgrenzung nur noch aktiv annehmen konnte. Es war egal, ob die anderen mich akzeptierten oder nicht, ich kümmerte mich nicht mehr um sie. Ich würde einfach zu Hause bleiben.

*

Wenn ein Kind die Schule verweigert, dann verweigert es nicht das Lernen. Es verweigert sich der Gesellschaft. Das wird in Debatten um das Schulschwänzen stets vergessen. Schwänzen impliziert, dass ein Kind sich seiner Pflicht entzieht, weil es keine Lust dazu hat, diese Pflichten zu erfüllen. Schwänzen ist ein Frame, der die Frage des Schulbesuches auf eine Pflichtvernachlässigung reduziert. Aber während die meisten Kinder nicht darauf brennen, zur Schule zu gehen, tun sie es doch täglich. Es muss viel passieren, bis ein Kind das Schulschwänzen als Ausweg aus seinen Problemen wählt.

Das gängige Narrativ um Schulschwänzer oder Schulverweigerer lautet so: Die Kinder stammen aus Elternhäusern, in denen es weder Regeln noch Konsequenzen gibt. Oftmals kommen die Eltern selbst nicht aus dem Bett, es fehlt an Strukturen, weswegen die Kinder an Regeln und Ordnung herangeführt werden müssen. Vor allem brauchen sie Härte und Konsequenz. Nie wird ernstlich die Ausgrenzung erwähnt oder angegangen, etwa die Ausgrenzung, die es für ein Kind bedeutet, wenn es dauerhaft schlechte Noten bekommt, seine Familie als asozial gilt oder es in der Schule rassistisch beleidigt wird.

Als ich ernst machte und tatsächlich nicht mehr zur Schule ging, begann eine Odyssee von Psychologen-, Psychiater- und Arztbesuchen. Aus heutiger Sicht erschüttert mich die Herablassung, mit der mir die Ärzte und Psychologen begegneten. Eine Psychiaterin fragte, wie ich denn später Geld verdienen wolle. Ich sagte, ich wolle Musikerin werden. Ach ja, dann würde ich wohl auf der Straße für ein paar Münzen spielen? Sie lachte hämisch. Ich bin keine Expertin für Kinder- und Jugendpsychologie, aber auch als Laie erscheint mir die Herangehensweise, eine Patientin (oder überhaupt einen Menschen) zu verlachen, nicht konstruktiv. Sicher spielte bei diesem Gelächter auch Klassendünkel eine Rolle.

Ich habe die Art, wie insbesondere akademisch gebildete und wohlhabendere Menschen auf meine Mutter herabschauten, immer sehr genau wahrgenommen. Etwa auf Wohnungssuche, wenn die Makler plötzlich überrascht waren, dass meine Mutter Beamtin war, oder als die Möbelpacker, die unseren Umzug nach Dresden erledigten, mich fragten, ob uns das Amt den Umzug finanziert hätte. Wir lebten ärmlich, und habituell erfüllte meine Mutter keines der Kriterien für die Zugehörigkeit zur Mittelschicht. Wenn Menschen denken, dass man der Unterschicht angehört, wenn sie das Gefühl haben, dass sie auf einen herabsehen können, dann tun sie das zumeist offen und unverhohlen. Sie sprechen unmittelbar aus, was sie denken – was sie gegenüber Menschen, mit denen sie sich in ihrer Wahrnehmung auf Augenhöhe befinden, nie tun würden. Ich habe das unzählige Male erlebt, unter anderem, weil ich als sehr junge Mutter leicht zur Zielscheibe wurde.

Die Psychiaterin, die mich in unserem Gespräch verlacht hatte, entließ meine Mutter mit den Worten: »Ihr Kind ist gesund, es obliegt Ihrer Intelligenz, wie Sie es zum Schulbesuch bringen.« Die Bemerkung saß, sowohl meine Mutter als auch ich verstanden sie. Aber sie bewirkte etwas, das meine Mutter und ich in den folgenden Jahren immer wieder erleben würden: Sie schweißte uns noch enger zusammen. Damals konnte ich nicht einfach zurück zur Schule, ich benötigte noch Jahre, um wieder auf die Beine zu kommen und schließlich meinen Schulabschluss zu machen.

Meine Mutter und ich sprachen noch tage- und nächtelang über die Schulsituation, weinten, stritten, schrien, schlugen Türen. Aber Erlebnisse wie mit der Psychiaterin – und Dutzende dieser Art folgten – endeten stets damit, dass wir einander anschauten und beschlossen, den Institutionen den Rücken zu kehren. Wir würden das Problem lösen, so, wie wir das immer getan hatten: auf uns allein gestellt.

Ein Element dieser Geschichte erscheint mir besonders wichtig: Meine Mutter wurde zwar habituell nicht als Mittelschichtsfrau wahrgenommen, aber ihr Status als Beamtin sicherte uns gegen den Zugriff der Institutionen ab. Was, wenn sie eine Sozialhilfeempfängerin gewesen wäre, die ihr Kind nicht dazu bringen konnte, in die Schule zu gehen? Ich erinnere mich an politische Debatten der 2000er Jahre, in denen gehäuft auftretende Schulverweigerung in Städten wie Berlin diskutiert wurde. Damals wurde in Erwägung gezogen, das Kindergeld zu kürzen oder einzubehalten, wenn Eltern ihren Pflichten nicht nachkämen.

Einmal abgesehen davon, dass das Kindergeld das Existenzminimum eines Kindes sichern soll und dass ein Kind, ob es nun in die Schule geht oder einsam in seinem Zimmer weint, immer noch Essen, Kleidung und Wärme benötigt – die brutale Härte, mit der komplexe Probleme wie Schulverweigerung auf elterliche Unfähigkeit, Nachlässigkeit und Trägheit reduziert werden, macht sprachlos.

Vor einigen Jahren sprach ich mit einem Schulpsychologen über Schulverweigerung, und er erklärte mir, der häufigste Grund hierfür seien biografische Brüche. Die Klassiker: Scheidung der Eltern, Umzug, neues Umfeld, Entfremdung von alten Freunden. Darauf folgen Schulschwierigkeiten, weitere Konflikte im Elternhaus, Schulversagen und Schulangst, die Abwärtsspirale ist schnell in Gang gesetzt. Schulverweigerung kommt auch in Mittelschichtsfamilien vor – das wird gerne übersehen. Hier reagieren die Eltern jedoch anders. Wie meine Mutter konsultieren Mittelschichtseltern Psychologen, Beratungsstellen, das Jugendamt, Kinder- und Jugendpsychiatrie.

Wenn ein Kind von Arbeitslosen die Schule schwänzt, dann ist die Sache klar: So, wie die Eltern die Kontrolle über ihr Leben verloren haben, haben sie auch die Kontrolle über das Leben der eigenen Kinder verloren. Das soziale Stereotyp verdeckt die komplexen sozialen Konstellationen, die Schulverweigerung hervorrufen, und Strafe hilft niemandem. Man kann ein Kind nicht in die Schule prügeln (und versucht es hoffentlich nicht). Man kann ein Kind nicht zum Schulbesuch zwingen. Und Eltern, die arbeiten, können ihr Kind nicht rund um die Uhr beaufsichtigen.

Eine Zeitlang ging ich zwar morgens aus dem Haus, kam aber nie in der Schule an. Eine ungeahnte Chance tat sich auf, als mich unsere damaligen Nachbarn baten, auf ihre Katze aufzupassen, während sie in Südostasien für einige Wochen Urlaub machten. Ich würde nicht nur hundert Mark verdienen (ein Vermögen!), sondern vier Wochen lang eine eigene Wohnung als Zuflucht haben. *A room of one's own*, in den ich mich schlich, wenn ich eigentlich in der Schule sein sollte. Es war wie die Flucht in eine Gegenwelt, in der ich mein schlechtes Gewissen verdrängen konnte. Ich hinterging meine Mutter; und ich hinterging meine eigenen Lebenschancen.

Innerlich rang ich jeden Morgen mit mir, doch noch zur Schule zu gehen. Aber es wurde mit jedem Tag schwerer, in die Klasse zurückzukehren. Es fühlte sich an, als läge eine Bleidecke auf mir, die mir den Atem nahm und die sich einfach nicht anheben ließ. Selbst wenn ich doch einmal in der Schule war, erlebte ich nur Niederlagen: Weil ich ja wochenlang gefehlt hatte, und die Lehrer bei meiner Anwesenheit (pädagogisch fragwürdig) sofort Zensuren vergeben wollten, kassierte ich Sechser um Sechser.

Allerdings immunisierte mich noch etwas gegen die ganze Härte des Gesetzes – ich schwänzte schließlich aktiv jahrelang die Schule, ohne Bußgelder zu erhalten. Bei einem der psychologischen Begutachtungen wurde ein IQ-Test gemacht. Man unterbreitete mir danach den Vorschlag, auf ein Begabtengymnasium zu wechseln. St. Afra in Meißen. Ich überlegte: Ein heidnisches Kind aus der *working class* mit orangefarbenen Haaren und Piercing in einer elitären Umgebung, einem Internat, durchweht von dem Geist von Genies wie Lessing und Gellert. Nein, ich hatte ja ohnehin schon Minderwertigkeitskomplexe, die Gesellschaft von distinguierten Genies würde gewiss nicht helfen. Außerdem, und das klingt nun beinahe peinlich, brauchte ich meine Mutter. Wir beide gegen die Welt. Sie als Fallschirm, als letzte Absicherung gegen den endgültigen Absturz.

*

Schule soll – idealiter – einen ausgleichenden, nivellierenden Effekt haben: Nicht alle Kinder kommen mit den gleichen Voraussetzungen in die Schule, aber sie sollen alle dasselbe lernen können. Wir wissen aber allzu gut, dass die Schule an diesem Anspruch scheitert. Immer wieder bestätigen Schulstudien, wie eng der Bildungserfolg eines Kindes mit der Schichtzugehörigkeit und dem Einkommen der Eltern korreliert.

Diese unangenehme Wahrheit wird durch öffentliche Debatten ideologisch gestützt und plausibilisiert: Es sei nur logisch, dass die Kinder von Anwälten, Ärzten, Lehrern und Beamten besser abschnitten – ist nicht der höhere Berufsabschluss der Eltern und ihr Status Indiz für ihre Intelligenz, die natürlich an die Kinder vererbt wird? Und wird in Akademikerhaushalten nicht öfter gelesen, und ist der Schulerfolg nicht nur die logische Konsequenz des elterlichen Engagements? Sind bildungsaffine Eltern nicht bemühter in Fragen der Erziehung und frühkindlichen Förderung?

Das erste Argument ist verführerisch, deswegen aber noch lange nicht richtig. Schon die Vorstellung einer klaren Korrelation von Intelligenz (wir meinen hier meist IQ) und Bildungserfolg ist falsch, weil für den Schulerfolg eine ganze Reihe von Faktoren entscheidend sind, etwa soziale Fähigkeiten, Resilienz, Disziplin usw. Als ich beinahe an der Schule scheiterte, lag das nicht daran, dass ich nicht intelligent genug war, sondern daran, dass ich Schwierigkeiten im Bereich des Sozialen hatte. Man sollte zudem nicht vergessen, dass es keine strenge Korrelation zwischen elterlicher Intelligenz und der ihrer Kinder gibt. Natürlich spielen Gene für die Intelligenz eine Rolle, aber es gibt keinen einfachen Vererbungsmechanismus der Intelligenz.[118] Den größeren Einfluss hat das Umfeld, wobei auch hier vereinfacht wird: Nur weil jemand einen geringeren Schulabschluss hat, ist das Umfeld, das dem Kind geboten wird, nicht notwendigerweise schlecht.

Wenn heute zudem beinahe die Hälfte der Schüler eines Jahrgangs Abitur macht, dann bedeutet das, dass ein erheblicher Teil dieser Abiturienten über eine durchschnittliche Intelligenz verfügt. Nur der kleinste Teil der Abiturienten ist hochbegabt (und womöglich machen einige Hochbegabte gar kein Abitur, weil sie aus anderen Gründen an der Schule scheitern). Zugleich erinnert sich jeder an diesen einen Schüler im Abiturjahrgang, dessen Intelligenz eher nicht auf eine große Karriere als Intellektueller verwies und der nur mithilfe von umfangreichen Nachprüfungen und gutem Willen der Lehrer die entscheidenden Abiturprüfungen bestehen konnte.

Auch die Korrelation von Status der Eltern und Intelligenz ist nicht zwingend: Meine Mutter hätte ja durchaus einen höheren Schulabschluss erwerben können. Doch sie durfte es nicht. Die DDR hatte sich im Gegensatz zur BRD gegen die Bildungsexpansion entschieden und den Zugang zum Abitur drastisch reduziert; hierdurch ist die Korrelation von Intelligenz und erreichtem Bildungsabschluss in Ostdeutschland heute noch weniger zwingend. Das ist relevant für meinen Bildungserfolg: Da die Zahl der Menschen mit Abitur und Hochschulabschluss in der Alterskohorte meiner Mutter so gering war, konnten Lehrer gar nicht versucht sein, die Kinder allein nach dem Status der Eltern in Gymnasium oder Oberschule zu selektieren. In meiner Grundschulklasse gab es – soweit ich es erinnere – nur ein Elternpaar, das akademisch gebildet war.

Die einfache Gleichung, wonach intelligente und gebildete Eltern intelligente und gebildete Kinder haben, geht nicht auf. Doch sie beruhigt unser Gewissen, denn letztlich scheint der Bildungserfolg unserer Kinder nur fair und folgerichtig. Und wer ist dieses »wir«? Natürlich die Mittelschicht. So wirkt es weniger skandalös, wenn viele Kinder durch das Netz fallen oder in der Schule praktisch ausgesiebt werden, weil es der Schule nicht gelingt, sie zu einem Schulabschluss zu führen.

Ein Bildungsbericht des Bundes zeigte im Jahr 2020 einen Anstieg an Schülern, die ohne Schulabschluss die Schule verließen. Vor allem Jungen oder junge Männer waren betroffen. Der Bericht spricht vom Zusammenhang der sozioökonomischen Zugehörigkeit und des Bildungserfolgs.[119] Ich übersetze das als: Wer arm ist, der wird es bleiben, weil er vermutlich einen schlechteren Bildungsabschluss hat. Die Folgen von zwei Jahren Corona-Pandemie-Maßnahmen sind noch gar nicht eingerechnet; sie dürften für viele Schüler aus armen Familien katastrophal ausfallen.

Aber selbst wenn Schüler aus ärmeren Haushalten Abitur machen, studieren sie seltener. In meinem Abiturjahrgang gab es gleich mehrere Arbeitertöchter (die Mütter waren zudem alleinerziehend), die sich gegen ein Studium und für eine »solide« Ausbildung entschieden, obwohl ihre Abiturnoten für ein Studium gesprochen hätten. Dagegen studierten die Kinder insbesondere aus der gehobenen Mittelschicht selbst bei schlechten Abiturnoten mit großer Selbstverständlichkeit.

Ich habe oben davon gesprochen, dass es eine beruhigende »Erkenntnis« für Angehörige der Mittelschicht ist, dass arme, bildungsferne Eltern arme, bildungsferne Kinder zeugen. Der Kolumnist Jan Fleischhauer brachte diese Gewissheit, die Mittelschichtseltern abends in angenehmen Schlaf wiegt, in seiner typisch harschen Direktheit auf den Punkt: »Wer diesen Satz lesen kann, hat gute Eltern.«[120] Gleich im Teaser zum Text wird die Frage aufgeworfen, ob Armut eine Entschuldigung dafür sei, nicht mit den Kindern zu lesen. Das Bild ist klar: Eltern, die sich um ihre Kinder liebevoll kümmern und für ihre kognitiven Bedürfnisse sorgen, bekommen kluge, erfolgreiche Kinder. Wer dagegen faul und träge ist und seinen Kindern nicht einmal vorliest, der hat keinen Erfolg im Bildungssystem zu erwarten.

Der Autor Mirko Wenig hat unter dem Titel *Ich bin der Working Class Proll* eine Replik auf Fleischhauer veröffentlicht.[121] Er wuchs in jener Art von Haushalt auf, die Fleischhauer als ungeeignet für die Erziehung intelligenter, in der Schule erfolgreicher Kinder charakterisierte. »Wenn mein Vater nach Hause kam, hat er mir nicht vorgelesen. Er besaß wenig Bücher, las selbst kaum. Aber dass er mir nicht vorlas, dafür habe ich Verständnis. Kam er nach Hause, dann hatte er sich oft den ganzen Tag auf dem Bau abgerackert. Er konnte nicht mehr. Er war fertig. Wir reden hier von Arbeitstagen, die oft 12–14 Stunden lang sind.«

Aus Wenig wurde doch ein Autor. Für mich gilt dasselbe, obgleich auch mir niemand vorlas. Tatsächlich dauerte es sehr lange in meiner Entwicklung, bis ich zur Leseratte wurde. Eigentlich setzte diese Entwicklung erst mit der Pubertät ein. Davor war ich eine intensive Leserin – wie die Alphabetisierten des 18. und 19. Jahrhunderts, die die Bibel wieder und wieder lasen. Ich betrachtete und las eine Hand voll Bücher immer wieder – die wenigen, die wir zu Hause hatten. Die Erich-von-Däniken-Bücher, die mein Vater las und über die ich meine Liebe zur Ägyptologie und Archäologie entdeckte. Spracherziehung fand bei mir in Form direkter mündlicher Interaktion statt. Meine Mutter sang und reimte viel und gerne. Sie sang permanent – etwa während sie abwusch oder Wäsche aufhängte. Man kann singen, während man putzt, aber man kann in derselben Zeit nicht vorlesen.

Wenn wir heute über die Sprach- und Lesekompetenz von Kindern sprechen, sind die Debatten durchsetzt von Vorstellungen der Mittelschichtswelt, wonach nur der gut lesen lernt, der möglichst früh ein Buch in der Hand hält. Dabei ist die richtige Art des Lesenlernens in der Schule womöglich von größerer Bedeutung. Der US-amerikanische Autor John McWhorter beispielsweise weist darauf hin, dass je nach Bildungshintergrund der Eltern unterschiedliche Methoden des Lesenlernens für Kinder angewandt werden sollten.[123] In den USA gibt es zwei Methoden des Lesenlernens: die phonetische Methode und die Ganzwortmethode. Bei der phonetischen Methode lernt das Kind jeden Laut einzeln kennen, spricht ihn aus und lernt erst später phonetisch schwierigere Wörter (bei denen etwa Laute von der üblichen Aussprache abweichen). Bei der Ganzwortmethode lernt das Kind nicht die einzelnen Laute, es soll vielmehr das Schriftbild der Wörter erkennen lernen.

McWhorter (der übrigens Professor für Literatur ist) erklärt, dass die Ganzwortmethode für Kinder, die ohne Bücher aufwachsen, schlicht ungeeignet ist und sie häufig als funktionale Analphabeten zurücklässt.[122] Sie werden sich nie lustvoll und wie selbstverständlich in der Welt des Geschriebenen bewegen. Kinder, die aus Haushalten stammen, »wo Sprache hauptsächlich etwas Gesprochenes ist«,[124] brauchen schlicht eine andere Form der Leseförderung.

Deswegen ist es – obgleich es sicher gut gemeint ist – nicht unbedingt zielführend, zur Leseförderung Bücher an Kleinkinder, z. B. bei den U-Untersuchungen oder im Rahmen des Kitabesuches, auszugeben. In bildungsaffinen Elternhäusern wird ohnehin gelesen. Bildungsferne Eltern lesen solche Bücher womöglich als das, was sie letztlich sind: eine Ermahnung, eine bestimmte Form der Kultur zu Hause zu pflegen, um nicht als kulturlos zu gelten. Dabei bedeutet Lesen für sie – weil sie es nie sonderlich gut gelernt haben – Mühe, und das Letzte, was sie sich am Ende eines langen Tages machen wollen, ist Mühe.

Vielleicht würden diese Eltern lieber eine CD mit ihren Kindern einlegen und Reimen oder Liedern zuhören? Vielleicht könnten ihnen Kita-Erzieher Reime für den Alltag mitgeben, die beim Essen oder vor dem Zubettgehen aufgesagt werden? Vielleicht sollte man generell Menschen nicht das Gefühl vermitteln, sie würden ihre Kinder vernachlässigen, wenn sie nicht lesen?

*

Vieles von dem, was ich soeben beschrieben habe, hat sehr viel mit mangelnder Sensibilität für die Bedürfnisse von Kindern aus bildungsfernen Elternhäusern zu tun. Häufig handelt es sich um eine Einstellungsfrage gerade von Lehrern und Erziehern, die bereits in Kindergarten und Grundschule die Weichen für späteren Erfolg oder Misserfolg von Kindern stellen. In meinem Umfeld gibt es zahlreiche Lehrer; es erschüttert mich, mit welchen teils drastischen, klassistischen Vorurteilen sie operieren, obwohl sie es besser wissen sollten: Kevin sei kein Name, sondern ein Syndrom. Es gebe so viele Kinder auf dem Gymnasium, die dort nicht hingehörten. Viele könnten dem hohen Lerntempo nur schwer folgen und sollten lieber auf eine andere Schulform verwiesen werden, und und und.

Ich verstehe, dass viele Lehrer in einem starren System arbeiten, das weder zu den Schülern, die darin unterrichtet werden sollen, noch zu den Anforderungen der modernen Gesellschaft passt. Wie soll man IT- und Medienkompetenz vermitteln, wenn es kein WLAN an der Schule gibt? Wie soll man große Literatur behandeln, wenn es an grundlegender Lesekompetenz mangelt? Die Schulreformen der letzten Jahrzehnte haben sowohl bei Lehrern als auch bei Schülern den Eindruck hinterlassen, dass alles nur chaotischer wird. Dabei sind die grundlegenden Strukturen das Problem. Erst seit einigen Jahren wird der Umstand thematisiert, dass Schule heutzutage in einer Migrationsgesellschaft stattfindet. Während das in soziologischen und pädagogischen Diskursen verhandelt wird, ist es in der Schulpraxis nicht angekommen. Natürlich sind die Schüler mit Migrationshintergrund hier angekommen, aber dass es grundlegender struktureller Veränderungen bedarf, um diese Kinder gut zu unterrichten, wird ausgeblendet. Eine zusätzliche Deutschstunde pro Woche genügt nicht. Die Deutschlehrerin meines Sohnes sagte mir einmal, sie unterrichte seit dreißig Jahren auf dieselbe Art. Sie war sichtlich stolz darauf. Aber die Gesellschaft ist nicht mehr so wie vor dreißig Jahren.

In meiner Schulzeit lernte zu Hause niemand mit mir, ich musste mir schnell angewöhnen, mir Wissen selbständig anzueignen. Ich habe erst als Erwachsene verstanden, wie gut meine damalige Grundschullehrerin darin war, Kenntnisse adäquat zu vermitteln. Das gelang ihr deswegen so gut, weil meine Klasse sehr homogen war: Wir alle entstammten derselben Schicht, der Arbeiter- und Angestelltenschicht mit einigen Aufsteigern wie meiner Mutter; wenige der Haushalte waren bildungsaffin. Aber praktisch alle Elternpaare waren verheiratet, die Kinder lebten in stabilen sozialen Verhältnissen. Unsere Lehrerin konnte sich auf die Vermittlung von Lese- und Rechtschreibkenntnissen konzentrieren und musste nicht als Sozialarbeiterin fungieren.

Die soziale Lage vieler Kinder, insbesondere in Großstädten, ist heute sehr viel prekärer; sie leben mit einem alleinerziehenden Elternteil zusammen, sind von Armut betroffen oder haben einen Migrationshintergrund. Die guten alten Zeiten der homogenen Schulklassen sind vorbei; diesem Zustand nachzuweinen bringt nichts. Vielmehr müssen Schulstrukturen daran angepasst werden. Zugleich muss die Armut von Familien bekämpft werden. Wenn Schule nicht die ungerechte Klassengesellschaft reproduzieren soll, dann müssen insbesondere Lehrer ihre klassistischen Vorurteile reflektieren lernen. Genauso wichtig ist es allerdings, überhaupt anzuerkennen, dass wir in einer Klassengesellschaft leben, in der weder Ausgangsbedingungen noch weitere Lebenschancen gleichwertig sind.

*

Es ist leicht, sich über die Funktionsweise der Klassengesellschaft zu täuschen, wenn man nie den unteren Klassen angehörte. Doch die Diskurse über Gesellschaft und damit die allgemeinen Erklärungsmuster von gesellschaftlicher Ungleichheit und Ungerechtigkeit werden auch von den Betroffenen selbst verinnerlicht. In ihrem Buch *Die Bedeutung von Klasse* arbeitet bell hooks heraus, wie ihr Herkunftsmilieu die Klassenstrukturen, unter denen sie und ihre Familie litten, unsichtbar machte. hooks wuchs in einer armen Arbeiterfamilie auf, in ihrer Familie sprach man ständig über Rassismus, aber die Benachteiligung aufgrund ihrer Klassenzugehörigkeit wurde nicht thematisiert – weil sie als Kategorie unsichtbar war. Dass Menschen auf Basis ihrer Hautfarbe diskriminiert werden, wissen wir; wir sehen sowohl die Anfeindungen als auch die Unterschiede der Hautfarbe. Obwohl »Rasse« ein Konstrukt ist, verstehen wir, wie real die Folgen von Rassifizierung sind. Als bell hooks die Eliteuniversität Stanford besuchte, musste sie feststellen, dass wohlhabende Schwarze Studenten zu ihr aufgrund ihrer Klassenzugehörigkeit auf Distanz gingen. Plötzlich begriff sie, dass viele Ausgrenzungserfahrungen, die sie in ihrem Leben gemacht hatte, eine Folge von Klassenbenachteiligung waren. In *Die Bedeutung von Klasse* geht es im Kern nicht um Intersektionalität, also die Überlagerung von Diskriminierungserfahrungen. hooks erkundet vielmehr jene Bereiche, die sich eindeutig dem Feld der klassistischen Diskriminierung zurechnen lassen. Aber ihre Identität als Schwarze ist hierzu der Schlüssel: Wenn sie von wohlhabenden Schwarzen Frauen an der Uni geschnitten wird, dann ist dabei weder Rassismus noch Sexismus im Spiel. Es handelt sich um puren Klassismus. Gerade weil hooks ihre Sprecherposition als Schwarze Frau markiert, werden unsichtbare Strukturen sichtbar.

Vergleichbar spiegelt sich hooks' Erfahrung im Roman *The Blacker the Berry* von Wallace Thurman. Er gehörte zur Gruppe der Harlem-Renaissance-Autoren der 1920er Jahre – afroamerikanische Autoren, die sich intensiv mit Rassismus und Klassismus auseinandersetzten. Im Roman ist es die junge Schwarze Emma Lou, die klassistische Vorurteile gegen eine andere Schwarze hegt. Emma Lou möchte an der Uni von den weißen Studierenden anerkannt werden, aber die einzige, die aktiv Kontakt zu ihr sucht, ist Hazel. Hazel stammt aus den Südstaaten; wäre sie nicht schwarz, würde Emma Lou sie wohl als »Redneck« charakterisieren. Hazels Vater wurde durch einen Ölfund auf seinem Land reich und kann seine Tochter hierdurch aufs College schicken. Aber Hazels breiter Südstaatendialekt und ihr Habitus schüren bei Emma Lou Verachtung. »Zweifelsohne war ihre Mutter Wäscherin und ihre zahllosen Verwandten ebenso hässlich und ignorant wie sie«, denkt Emma Lou über Hazel.[125] Emma Lou wiederum wird innerhalb der Schwarzen Community geschnitten, weil sie eine sehr dunkle Hautfarbe hat. Der Roman deutet an, dass nur eine Frau wie Hazel über diesen vermeintlichen Makel hinwegsehen kann. Thurman beschreibt, wie Emma Lou die rassistischen und klassistischen Diskurse ihres Umfeldes verinnerlicht hat, wodurch sie (zunächst) unfähig ist, sich mit einer Aufsteigerin wie Hazel zu solidarisieren.

Diese Beispiele sind für mich deshalb so vielsagend, weil sie verdeutlichen, wo der Widerspruch zwischen Klassenanalyse und Identitätspolitik bzw. Intersektionalität liegt. hooks beschreibt nicht nur die Diskriminierungserfahrungen, die sie als Schwarze Frau aus der Arbeiterschicht erlebt; sie erkundet dezidiert jenen Bereich, in dem ihre Identität als Schwarze Frau keine Rolle spielt – als Lernende an einer Universität mit anderen Schwarzen Frauen. Just hier stößt sie auf die Klassenfrage.

Der College- oder Unibesuch ist in den USA das entscheidende Ventil, wenn es um den gesellschaftlichen Aufstieg geht. Auch John McWhorter und Walter Benn Michaels widmen sich diesem Thema, mit jeweils sehr unterschiedlichen Perspektiven. McWhorter plädiert dafür, *affirmative action* abzuschaffen – ein Gesetz, das Schwarzen bei Uniaufnahmeverfahren einen Bonus zuerkennt, wodurch sie höhere Chancen auf eine Zulassung haben. McWhorter hält es für ausgemacht, dass viele Schwarze, die aufgrund von *affirmative action* die Zulassung für eine Uni erhalten, scheitern, weil sie die Zugangskriterien eigentlich nicht erfüllen.[126] Tatsächlich müsse man viel früher ansetzen, bei den Schulen, und das Ausbildungssystem der USA reformieren.[127] Statt teurer Unis, die oft lebenslange Verschuldung für ärmere Studierende bedeuten, sollten Schwarze vermehrt den Weg über aussichtsreiche, nichtakademische Jobs nehmen, so McWhorter.[128]

Walter Benn Michaels spitzt das Problem noch weiter zu:

Universitäten gäben nur vor, durch Diversität mehr Chancengerechtigkeit herzustellen.[129] Tatsächlich sei der entscheidende Faktor für die Zulassung nicht Hautfarbe, sondern Klassenzugehörigkeit. Ob Schwarz oder weiß: Wer eine amerikanische Universität besucht, entstammt mit hoher Wahrscheinlichkeit einem wohlhabenden Elternhaus. Michaels wählt einen harschen Vergleich: Ein Kaufhaus mit der Aufschrift »Kein Zutritt für Schwarze« wäre heute undenkbar; ein Kaufhaus mit der Aufschrift »Kein Zutritt für Arme« ist dagegen sehr wohl denkbar. Die zynische Pointe: Letztlich seien die amerikanischen Universitäten just jenes Kaufhaus nur für Reiche.[130] In Deutschland, meinen wir, ist gute Bildung keine Frage des Geldes. Oder etwa doch?

*

Im Jahr 2010 dachte die damalige Arbeitsministerin Ursula von der Leyen darüber nach, wie Kindern in Armut geholfen werden und wie ihre Teilnahme- sowie Bildungschancen erhöht werden könnten. Dem war ein Urteil des Bundesverfassungsgerichtes vorausgegangen, das in einem Sachstandsbericht des wissenschaftlichen Dienstes des Bundestags folgendermaßen zusammengefasst wird: Das Bundesverfassungsgericht beanstandete in seiner Entscheidung zum menschenwürdigen Existenzminimum die Art und Weise der Bemessung und verpflichtete den Gesetzgeber, diese in einem verfassungsgemäßen Verfahren neu zu regeln. »Insbesondere müsse das menschenwürdige Existenzminimum von Kindern realitätsgerecht ermittelt und berücksichtigt werden. Kinder seien keine kleinen Erwachsenen. Ihr Bedarf, der zur Sicherstellung eines menschenwürdigen Existenzminimums gedeckt werden muss, habe sich an kindlichen Entwicklungsphasen auszurichten und an dem, was für die Persönlichkeitsentfaltung eines Kindes erforderlich ist.«[131] Bei der realitätsgerechten Ermittlung des menschenwürdigen Existenzminimums, das die Bildungsbedürfnisse von Kindern erfasst, kam man auf zehn Euro.

Die schwarz-gelbe Koalition verständigte sich darauf, dass das sogenannte Bildungs- und Teilhabepaket monatlich zehn Euro etwa für Musikschulen oder Ballettunterricht beinhalten würde. Wir alle – und damit meine ich die Gesellschaft – wussten, dass man mit zehn Euro weder Reit- noch Klavierstunden finanzieren kann. Dass nicht einmal Gruppenmusikunterricht nur zehn Euro im Monat kostet. Das gesamte Paket war an Zynismus nicht zu überbieten: Es sah die Finanzierung von Nachhilfeunterricht vor, allerdings nur, wenn das Kind versetzungsgefährdet wäre. Ein Kind sollte gerade so stark gefördert werden, dass es keine unüberwindbaren Leistungsdefizite aufbaute, aber nicht so sehr, dass es vielleicht sogar einen besseren Schulabschluss schaffen konnte. Es wirkte beinahe wie eine Versicherung gegen den Klassenaufstieg der anderen.

Das ist die Art von Sozialpolitik, die bestehende Strukturen festschreibt, statt sie zu ändern, diesen Prozess aber gleichzeitig als Fortschritt verkauft. Dabei handelt es sich schlicht und einfach um Zynismus, der in politische Form gegossen wurde. Das Skandalöseste an dem Paket war die Vorannahme, die zu seiner Ausgestaltung führte: Man könne die Kinderarmut nicht bekämpfen, indem man den Eltern Geld gebe – die könnten es ja für Suff und Zigaretten ausgeben. Man dachte stattdessen über ein Gutscheinsystem nach. Das erinnert an die sogenannten Food Stamps in den USA. Bedürftige – also beispielsweise Arbeitslose – erhalten in vielen Bundesstaaten Lebensmittelmarken (heute handelt es sich eher um eine Art Chipkarte), mit denen in örtlichen Supermärkten eingekauft werden kann. Man kann sich ausmalen, wie erniedrigend der

Einkauf mit solchen Lebensmittelchipkarten sein muss, denn er stellt die Armut der Betroffenen offen sichtbar aus.

Natürlich lauert hinter den Marken und Gutscheinsystemen hierzulande wie in den USA die Vorstellung, die Armen seien für ihre Armut selbst verantwortlich und würden das bisschen Geld, das man ihnen gibt, für Unsinniges ausgeben. Richard Sennett verweist zudem auf die Zweiteilung der Sozialsysteme in allen westlichen Ländern, die zwischen unverschuldeter und verschuldeter Armut unterscheiden, und den unverschuldet Armen Sozialleistungen und Hilfe zukommen lassen, während die »verschuldet Armen« allenfalls Almosen erhalten.[132]

Nicht nur für Ursula von der Leyen scheint es unvorstellbar, dass sich Armut oft genug aus einer recht kurzen Verkettung von Umständen ergibt. Und unabhängig davon, was zur Armut von Erwachsenen führt – ihre Kinder sollten die Probleme nicht ausbaden müssen. Jedenfalls nicht in einer so reichen Gesellschaft wie der unseren. Seit der Einführung von Hartz IV reicht ein Jobverlust in einer strukturschwachen Region, um in relative Armut abzurutschen. Vielleicht hat man ein Kind bekommen und sich von Partner oder Partnerin getrennt und ist nun auf Wohn- oder Sozialgeldbezug angewiesen.

Im Jahr 2021 gab es 498 000 Bedarfsgemeinschaften von Alleinerziehenden in Hartz IV[133] – eine halbe Million, das entspricht einem Drittel der Alleinerziehenden in Deutschland.[134] Dass mit einer Trennung zweier Lebenspartner das Armutsrisiko dramatisch steigt, wissen wir aus zahlreichen Studien; trotzdem existiert ein gesellschaftliches Narrativ, wonach die Menschen letztlich selbst für ihre Lage verantwortlich seien – weil sie faul sind oder schlicht die falschen Lebensentscheidungen getroffen haben. Viele Menschen der Mittelschicht, die nie Armut erlebt haben, machen sich kein Bild davon, was Armsein bedeutet. Wie es etwa die Weltsicht von Kindern prägt, die von vornherein ausgeschlossen sind, gesellschaftlich nicht teilhaben können.

Mein Sohn ist inzwischen sechzehn, und in einem Gespräch neulich fragte er mich, ob wir früher arm gewesen seien. Die Frage versetzte mir einen Stich. Ja, wir waren, was unser Einkommen anbelangte, arm. Gemeint ist relative Armut. Und ja, ich fühlte mich arm, weil oft genug das Geld für das Nötigste fehlte. Sich eine vernünftige neue Brille fertigen zu lassen, dem ständig wachsenden Kind neue Schuhe zu kaufen, ins Kino zu gehen oder ein Eis zu essen – alles Luxus, und wenn überhaupt, dann musste ich mich für eine der Alternativen entscheiden. Jeder Kinobesuch wird aber getrübt, wenn man weiß, dass man eigentlich zu viel Geld ausgibt, das am Ende des Monats an anderer Stelle fehlen wird.

Ein Urlaub war undenkbar – genauso wie in meiner Kindheit. Es war, als würde sich die Geschichte wiederholen. Und sie tat es, weil auf den sozialen Aufstieg meiner Mutter keine nachhaltige ökonomische Absicherung folgte. Die jungen Männer, mit denen ich zusammen war, verstanden nicht, warum ich mich um unnötige Ausgaben drückte. Ich hatte keine Ersparnisse. Ich bekam, im Gegensatz zu ihnen, an Weihnachten keine drei- oder vierstelligen Summen als Geldgeschenke von meinen Eltern oder Großeltern. Einer meiner Freunde jammerte so lange über meine furchtbare Matratze, auf der er unmöglich schlafen könne, dass ich mich zum Kauf einer neuen breitschlagen ließ. Wir wollten das Geld zusammenlegen. Er lief schnurstracks auf die Modelle im 500-Euro-Bereich zu. Mich überlief ein kalter Schauer. Da erklärte er mir freudig, seine Mutter würde die Kosten für die Matratze übernehmen. Obwohl es mir reichlich ödipal erschien, dass eine Frau die Matratze der Freundin ihres 24-jährigen Sohnes bezahlen würde, nahm ich das Angebot an. Was sich im ersten Moment wie eine Demütigung anfühlte, ermöglicht mir jahrelang angenehmen Schlaf.

Mein Entsetzen angesichts des Matratzenpreises hatte einen Grund: Jede unvorhergesehene Ausgabe entwickelte sich zu einem Roulette-Spiel – gab das Konto noch etwas Dispo her, konnte mein Bruder oder meine Mutter mir etwas Geld borgen? Wenn man in Armut lebt – egal, ob man nun ein armer Student, ein Rentner, eine Arbeitslose oder eine Minijobberin ist –, lebt man mit der permanenten Angst vor ungeahnten Ausgaben, der Scham, dem schlechten Gewissen vor seinen Angehörigen. Man fühlt sich wie ein Versager. Als Student hat man immerhin die Aussicht auf ein besseres Leben, die Zukunft ist ein Versprechen; ganz anders bei Rentnern, die mit der Mindestrente zurechtkommen müssen, oder bei Arbeitslosen in einer strukturschwachen Region. Armut und der damit verbundene psychische und soziale Stress machen krank.

Die Armut machte auch mich krank. Oder etwas genauer gesagt: Sie verstärkte meine ohnehin vorhandenen Depressionen. Jede schlechte finanzielle Nachricht stürzte mich erneut in ein tieferes Loch, und oft half nur die Flucht in eine Fantasiewelt: Träumen von besseren Zeiten. Ich scheiterte als Mutter über lange Strecken daran, mich gut um mein Kind zu kümmern, womit ich eine bestimmte Form der Stabilität und Sicherheit meine. Selbst zur Fallschirmmutter taugte ich damals nicht, ich hatte immer wieder das Gefühl, mein Kind fallenzulassen. Kinder haben feine Antennen dafür, wenn es den Eltern schlecht geht und wenn sich die ökonomischen Verhältnisse verschlechtern. Als seien die Handicaps der eigenen Klasse nicht genug, potenzieren persönliche und psychische Probleme die strukturellen Nachteile.

*

Die Wäschekörbe waren nicht gefüllt mit Wäsche, sondern mit ungeöffneten Briefumschlägen. Meine Mutter schaffte es irgendwann nicht mehr, die Rechnungen und Mahnungen, die sie ohnehin nicht bezahlen konnte, zu öffnen. Also sammelte sie die Briefumschläge. Die wurden nicht nur immer mehr, sondern immer dicker, weil sie immer längere Auflistungen von Mahngebühren, Verzugszinsen, Inkasso-Gebühren, Rechtsbefehlsbelehrungen und Mitwirkungspflichten sowie Selbstauskunftsvordrucke beinhalteten. Irgendwann machte ich mich daran, die Briefe für sie zu öffnen, um einen Überblick über das finanzielle Desaster zu bekommen.

Ausgerechnet nach ihrem Aufstieg in die Mittelschicht tappte meine Mutter in die Armutsfalle. Das hatte einerseits mit den Verlockungen der Konsumgesellschaft zu tun, denen meine Mutter erlag und die sich mit praktischen Ratenzahlungen finanzieren ließen. Meine Mutter kaufte und kaufte unkontrolliert. Geradezu besinnungslos sortierte sie alles Alte aus, machte Platz für Neues, immer Neues, bis wir in den unzähligen neuen Dingen beinahe erstickten. Sie türmten sich buchstäblich in unserer Wohnung auf.

Je leerer sich das Leben meiner Mutter anfühlte, desto emsiger füllte sie es mit schönen Dingen, die das Leben angenehmer machten: flauschig weiche Bettwäsche, Kleider, Fernseher und Stereoanlagen, neue Sofas, neues Geschirr, Besteck, Handtücher. Wie ein außer Kontrolle geratener Nestbautrieb erfasste der Rausch der Warenwelt meine Mutter, und sie igelte sich ein, zart und weich, in einer Welt, die ihr oft genug feindselig erscheinen musste.

Weil meine Mutter ihre Rechnungen und Mahnungen nicht öffnete, landeten zahlreiche Mahnverfahren bei Inkasso-Unternehmen, die das Vielfache der eigentlichen Rechnungssumme als Gebühren auf die Summe schlugen. Besonders riskant waren Ordnungswidrigkeitsverfahren, denn die daraus resultierenden Bußgelder mussten bezahlt werden, egal, wie arm man war. Meine Mutter kannte als JVA-Beamtin genügend Fälle von Müttern, auch von kleinen Kindern, die in Vollstreckungshaft saßen: Damit zwingt man arme Menschen, ihre Bußgelder zu zahlen. Die Praxis existiert bis heute.

Die Schulden abzutragen kostete meine Mutter fünfzehn Jahre. Ich war ungefähr dreißig, als sie weitestgehend schuldenfrei war. Sie hatte also bis zu ihrem zweiundsechzigsten Lebensjahr – bis zum Ende ihrer Beamtenlaufbahn – keinen Cent Erspartes zurücklegen können. Zwischenzeitlich war die Armut gar so erdrückend, dass meine Mutter sich entschloss, einen zweiten Job anzunehmen. Sie begann, als Putzfrau zu arbeiten. Hierfür benötigte sie die Genehmigung ihres Vorgesetzten, eine besondere Schmach, die ihr unglaubliche Scham bereitete. Für andere wäre der Putzjob selbst Quelle der Peinlichkeit gewesen; meine Mutter stand darüber. Aber sie musste erklären, wofür sie ihren Zweitjob benötigte. Natürlich hatte sie darüber nachgedacht, ein Insolvenzverfahren zu beantragen. Ihr Vorgesetzter bedeutete ihr jedoch, dass sich das für Beamte nicht gehöre und dass man sie dafür sogar kündigen könne. Diese Auskunft war falsch; und sie besiegelte die äußerst prekären Lebensumstände, unter denen wir jahrelang leiden würden. Meine Mutter war arm trotz Arbeit. Und niemand konnte behaupten, dass sie nicht hart arbeitete.

Die Reaktion ihres Vorgesetzten verweist darauf, wie Schulden allgemein betrachtet werden: eben als Verschulden, das vor allem ein moralisches Verschulden ist. Sie werden oft als Ausdruck mangelnder Intelligenz gewertet. Die »schwäbische Hausfrau« ist klug und spart in schlechten Zeiten; in guten Zeiten kann sie sich dagegen etwas leisten. Für viele Menschen allerdings brechen die guten Zeiten nie an. Wer in Armut aufwächst und nicht beizeiten ein komfortables finanzielles Polster aufbaut, dem kann schon ein Jobverlust oder eine Lebenskrise das Genick brechen. Das Rückgrat wurde bereits durch harte körperliche Arbeit im Verlauf des Lebens irreparabel geschädigt.

In dieser Hinsicht war der Fall meiner Mutter typisch. Sie hatte jahrelang Konsumkredite durch jeweils neue Kredite abgelöst. Das war kein Problem, die Banken gaben ihr gerne Geld, denn sie verdiente gut und war als Beamtin unkündbar. Nach ihrer Scheidung von meinem Vater waren die Banken weniger spendabel. Obendrein ließ sie sich – nicht untypisch für sie – über den Tisch ziehen: Die gemeinsam aufgenommenen Schulden blieben an ihr hängen. Sie verkaufte das Auto, das sie dringend benötigte, und gab meinem Vater die Hälfte des Verkaufserlöses, obwohl sie es nicht musste. Also kaufte sie ein neues Auto, für das wiederum neue Ratenzahlungen fällig wurden.

Wir zogen von Wohnung zu Wohnung, stets in solche, die vor allem mit einer günstigen Miete lockten – ein echter Pluspunkt, wenn man nicht weiß, wie man mit seinem Geld haushalten soll. Aber diese Wohnungen hatten Schimmel- und Feuchtigkeitsprobleme. Die Rohrleitungen waren defekt, die Fenster undicht, und die Heizkosten entpuppten sich als exorbitant. Jede Wohnung schien katastrophaler als die vorhergehende. Unsere Lage wurde immer prekärer.

*

Ich habe den Moment bis heute lebhaft vor Augen. Ich war dreizehn, wie immer allein zu Hause und öffnete die Tür in freudiger Erwartung. In den letzten Jahren waren ständig schöne Dinge in Form von Päckchen und Paketen der Versandhäuser in unsere Wohnung getrudelt, vielleicht war ich deshalb so neugierig. Vor mir stand ein Mann in einem grauen Anzug.

Er fragte, ob ich allein zu Hause sei. Ich nickte. Er komme von den Stadtwerken und werde jetzt den Strom abstellen. Ob ich denn technische Geräte benutzte? Ich sollte Computer und Fernseher ausschalten. Einen Computer besaß nur mein Bruder. Ich knipste den Fernseher aus und kehrte leichenblass zur Tür zurück. Inzwischen hatte der Mann einen Zettel auf seinem Klemmbrett ausgefüllt und überreichte mir den Durchschlag. Sobald die Rechnung beglichen sei, werde der Strom wieder angestellt. Dafür würde eine Gebühr fällig.

Er verabschiedete sich, und ich schloss die Tür. Es dauerte einen Moment, bis ich begriff, was es bedeutete, keinen Strom mehr zu haben. Weil wir einen Elektroherd hatten, konnte ich mir kein Essen kochen. Ich würde weder fernsehen noch Radio hören können in den nächsten Stunden, bis mein Bruder und meine Mutter nach Hause kämen. Draußen war es bereits dunkel, als sie endlich heimkehrten. Seltsamerweise habe ich keine klaren Bilder mehr von der Angst, der Panik und der Verzweiflung, die meine Mutter fühlte, als sie mit einer Mitarbeiterin der Stadtwerke am nächsten Morgen am Telefon eine Ratenzahlung vereinbarte und sogleich loseilte, um die erste Rate und die Wiederanschlussgebühr zu begleichen. Sehr genau erinnere ich mich dagegen daran, dass wir an diesem Abend alle gemeinsam bei Kerzenschein Karten spielten. Es war ein seltsamer Moment der Nähe: Wir hielten zusammen, besonders dann, wenn es eng wurde.

Die enormen Schulden, die meine Mutter begleichen musste, und die Armut, die sie ganz konkret in unserem Alltag bedeuteten, machen es für mich heute in der Rückschau so schwer, uns einer bestimmten Schicht zuzuordnen: Als Beamtin führte meine Mutter ein Mittelschichtsleben, und dazu passte, dass ihre Kinder allesamt Abitur machten und studierten. Aber unsere ökonomische Situation verortete uns in der Unterschicht oder bei den *working poor* – meine Mutter war arm trotz Arbeit. Damit widerlegte sie auf tragische Art die Vorstellung von Leistungsgerechtigkeit, wonach es Menschen, die sich anstrengen, zu etwas bringen können. Und sei es auch nur ein gutes Leben in bescheidenem Wohlstand.

Es ist schwer vorstellbar, wie meine Mutter es durchhielt, neben den anstrengenden Früh-, Spät- und Nachtschichten oder zwölfstündigen Tagschichten ein weiteres Arbeitsprogramm als Putzfrau zu absolvieren – und das mit einem völlig kaputten Rücken; wohl wissend, dass sie das Geld nicht in schöne Erlebnisse, gar einen Urlaub investieren würde, sondern Schulden abstotterte, die trotzdem immer weiter anwuchsen – das Gesetz von Zins und Zinseszins. Nein, ich weiß sehr wohl, wie und warum meine Mutter all das durchstand: Sie kannte gar nichts anderes. Sie war es so gewohnt. Wenn jemand wie sie, der von ganz unten kam, halbwegs glimpflich durchs Leben kommen wollte, musste er erstens hart arbeiten und zweitens Niederlagen wegstecken. Meine Mutter hätte – wie ihre Mutter – von ihren Kindern verlangen können, dass sie so schnell wie möglich eine Ausbildung begannen, um sie finanziell zu unterstützen oder wenigstens von ihr unabhängig zu sein. Das tat sie nicht.

Stattdessen finanzierte sie meiner Schwester die sehr teure Ausbildung zur Ergotherapeutin, die monatlich fünfhundert Mark Schulgeld kostete. Sie finanzierte außerdem das Studium meines Bruders, der kein BAföG bekam, weil meine Mutter auf dem Papier genug verdiente, um ihren Sohn zu unterstützen. Ihre enorme Schuldenlast wurde bei der Antragstellung nicht berücksichtigt. Dazu muss man wissen, dass es im BAföG pauschale Abzüge gibt, die etwa davon ausgehen, dass die Eltern einen kleinen Autokredit oder Ähnliches abzahlen. Bei meiner Mutter wurde allerdings das gesamte Gehalt über dem Selbsterhalt gepfändet, und von dem, was übrig blieb, stotterte sie weitere Raten ab.

Ich lernte in meiner Zeit an der Uni einige Studierende aus der Arbeiter- und Angestelltenschicht kennen, die dasselbe Problem hatten. Ihre Eltern waren zu Unterhaltszahlungen verpflichtet, die sie sich realiter nicht leisten konnten. Weswegen ihre Kinder neben dem Studium arbeiten mussten, was deren Studienzeit verlängerte. Wir tauschten untereinander manchmal Blicke aus, wenn die Töchter aus gutem Hause über ihre Arbeitslast stöhnten und beklagten, dass sie die Seminartexte nicht lesen konnten, weil sie einfach so viel zu tun hätten.

In meiner Zeit an der Uni wusste ich bereits genug über die feinen Unterschiede; tatsächlich entwickelte sich das Erraten der Schichtzugehörigkeit meiner Kommilitonen zu einer Beschäftigung, der ich in meinem Kopf beinahe zwanghaft nachging. Natürlich fiel mir die nagelneue, trendbewusste, hochwertige Kleidung auf; genauso, wie ich sah, wenn jemand ausgetragene Sneaker trug, die das letzte Mal vor fünf Jahren angesagt waren. Für mich war dieses heitere Statusraten ein bewusster Vorgang; für andere läuft er unbewusster ab. Trotzdem erfassen praktisch alle Menschen intuitiv den Status einer anderen Person aufgrund ihres Habitus und der äußeren Erscheinung. In der Uni war ich alt genug, das Herabblicken der anderen auf meinen Look wegzustecken. Dass ich obendrein eine junge alleinerziehende Mutter war, erhöhte mein Ansehen nicht. Andererseits hatte ich nichts zu verlieren. In meiner Schulzeit allerdings waren Häme und Spott angesichts meiner offensichtlichen Armut unerträglich gewesen.

Dass wir nie in den Urlaub fuhren und dass ich verzweifelt log, wenn die anderen von ihren Teneriffa-, Ägypten- oder Kreta-Aufenthalten erzählten, war meinen Mitschülern bereits aufgefallen. Die anderen begriffen sofort, dass meine Notlüge, wonach wir wenigstens an der Ostsee gewesen waren, nicht stimmte – ich hatte die Ostsee noch nie gesehen. Seit ich dreizehn war, sah man mir die Armut an. Ich trug geschenkte Kleidung. Meine Mutter dachte, sie täte mir einen Gefallen, als sie einen Sack mit abgelegter Kleidung der Tochter einer Kollegin mitbrachte. Die Klamotten waren knallbunt und grotesk hässlich. Ich erinnere mich an einen Mantel, der in allen Primärfarben kariert war. Ich trug ihn einmal. Danach beschloss ich, lieber zu frieren, als mich auf dem Nachhauseweg noch einmal als Clown verspotten zu lassen.

Eine weitere Szene von damals hat sich mir besonders eingeprägt. Eigentlich war sie harmlos, beinahe lachhaft. Meine Schwester, meine Mutter und ich hatten einen kleinen Klamottenladen betreten. Damals waren bauchfreie Spaghettiträger-Tops der Hit. Die Spice Girls trugen sie, und natürlich auch die Mädchen in meiner Schule. Also probierte ich zwei Tops an. Und beide sahen gut an mir aus. Beide kosteten damals sechs Mark. Für 12 Mark hätte ich zwei coole Kleidungsstücke besitzen können, aber ich konnte nur eines haben. Ich entschied mich für das Schwarze aus Baumwolle. Das andere war silbrig grau gewesen. Natürlich bereute ich meine Wahl sofort. Das andere wäre so viel besser und schöner gewesen, dachte ich für den Rest des Sommers. Die vermeintlich falsche Wahl vermieste mir die Freude an dem Top, das ich besaß.

Ich weiß, dass diese Teenagertrauer lächerlich erscheint angesichts der Frage von Armut, und zwar solcher, die existenzieller Natur ist. Die Frage des Trägertops war nur ein Erste-Welt-Problem. Aber es ging nicht einfach um ein Trägertop oder die Frage, ob silberne Viskose oder schwarze Baumwolle nun besser aussah. Es ging darum, dass ich mich in diesen Monaten und Jahren permanent entscheiden musste: eine Jacke oder Schuhe?

Am besten nichts davon. Es ging darum, was es hieß, in einer Überflussgesellschaft arm zu sein.

Ich hatte ohnehin nie einen guten Stand unter meinen Klassenkameraden gehabt, aber die sichtbare Armut besiegelte endgültig mein Schicksal als Opfer von Häme und Spott. Der Teil meines Ichs, der strebsam und fleißig war und vor allem lernen wollte, mochte die Schule. Aber die permanenten Demütigungen, das Mobbing, das sich an meinem Aussehen, meiner Kleidung, eigentlich meiner ganzen Persönlichkeit entzündete, machte die Schule zu einem Horrorort. Ich fühlte mich nicht nur ausgestoßen; ich war es. Die soziale Ausgrenzung in der Schule spiegelte die soziale und ökonomische Ausgrenzung, die meine Familie innerhalb der Gesellschaft erfuhr. Irgendwann konnte ich nicht mehr. Ich verweigerte den Schulbesuch, so, wie man mir zuvor Zugehörigkeit verweigert hatte.

*

Ob in Teenagerjahren oder heute in der Rückschau: Ich verspüre eine Mischung aus Wut und Traurigkeit angesichts der Tatsache, dass meine Mutter alles richtiggemacht hatte und dass trotzdem nichts von dieser harten Arbeit übrigblieb – jedenfalls kein Geld, kein Gewinn, nichts anderes als ein irreparabel geschädigter Rücken. Natürlich zwang niemand meine Mutter dazu, sich zu verschulden, immer neue Konsumgüter anzuhäufen. In diesem Sinne trägt sie Verantwortung für diese Armut. Die Kaufsucht war Ausdruck eines falschen Belohnungsverständnisses einer Person, die in ihrem Leben wenig Belohnung für ihre Mühen erhalten hat. Sie ist zu einem kleineren Teil auch das Ergebnis der Konfrontation einer Person, die in einem nichtkapitalistischen Land sozialisiert wurde, mit einem kapitalistischen Überflusssystem.

Meine Mutter trug Verantwortung, aber wir sollten nicht vergessen, dass viele Menschen in diesem Land aus strukturellen Gründen arm sind und arm bleiben: Trotzdem behandeln wir Armut als Verschulden oder Unterlassen. In unserer Gesellschaft hat sich ein unerbittlicher Tunnelblick auf die Schicht der Armen etabliert, die als Parasiten und Schmarotzer geframt werden, die schlicht nichts beitragen zur Gesellschaft – weder ökonomisch noch sozial.

Die Biografie meiner Mutter zeigt, dass die Wahrung der Klasse und des Status ein Kampf für sich ist, dass man sich also nicht auf dem Erreichten ausruhen kann; sie zeigt auf prägnante Art, wie wir in unserer Klasse und unserem Herkunftsmilieu verhaftet bleiben – eben weil sie sich unserem Sein einschreiben, unsere Mentalität prägen und unseren Zugang zur Welt festlegen. Du kannst das Mädchen aus der Unterschicht holen, aber du kannst die Unterschicht nicht aus dem Mädchen holen.

Zu den Koordinaten ihrer Schicht gehörte nicht nur das Kuschen vor Autoritäten, sondern auch die Unsicherheit im Umgang mit anderen, die schlichtweg darauf basierte, dass meine Mutter keine Umgangsformen besaß – was das jeweilige Gegenüber sofort registrierte. Meine Mutter blieb, selbst als sie einen höheren Status erlangt hatte, das geprügelte Mädchen aus der Unter- und Arbeiterschicht, dem niemand eine Meinung, eigene Absichten und Wünsche, einen Platz in der Welt zugestand. Sie blieb eine gesellschaftliche Randfigur.

Diese Randstellung und Dezentrierung, das Herausrutschen aus der Mitte wurde deutlich, als meine Mutter in ihren Schulden erstickte. Sie konnte weder auf familiäre noch auf gesellschaftliche Solidarität hoffen. Wir fielen schlichtweg durchs Netz, und zwar deshalb, weil das Netz für eine wie sie, die arm trotz Arbeit ist, nicht konzipiert ist. Wir waren arm und doch offiziell Teil der Mittelschicht. Es erscheint ebenso trivial wie unbeachtet, dass soziale Lage, Status und Schichtzugehörigkeit nicht so zwangsläufig korrelieren, wie wir es für gewöhnlich annehmen. Das gilt umso mehr für Ostdeutschland, wo nach der Wende die bestehenden sozialen Schichten so gründlich durcheinandergerüttelt wurden, wo massenhaft Menschen deklassiert wurden und nur wenige endlich aufsteigen konnten.

6. SPRACHE UND WIRKLICHKEIT

Vielleicht dämmerte mir die Geschichtslosigkeit meiner Familie bereits im Kindesalter. Damals behandelten wir in der Schule Familienstammbäume. Auch ich versuchte, einen Stammbaum zu malen, scheiterte jedoch daran, die Namen meiner Groß- und Urgroßeltern samt Geburtsdaten anzugeben. Zwei von vier Großeltern habe ich nie kennengelernt, weil sie vor meiner Geburt gestorben waren. Meine Großmutter väterlicherseits starb, als ich sieben Jahre alt war. Es existieren nicht einmal Kinderfotos von meiner Mutter, weil meine Großmutter die Kosten für einen Fotografentermin scheute und sie ihr Baby ohnehin für zu hässlich befunden hatte. Armen Leuten mangelt es nicht nur an Geschichte, sie sind auch nicht sonderlich sentimental, können es sich auch nicht leisten.

Die Tatsache, dass meine Mutter aus einfachsten Verhältnissen stammte, schien alle Geschichte vernichtet zu haben. Niemand erinnerte sich so recht an Daten und Fakten; dagegen erzählte meine Mutter, seit ich mich erinnern kann, Anekdoten von ihrem Aufwachsen, meist in einem heiteren Ton, obwohl sie oft unversehens in traumatische Begebenheiten mündeten.

Das ist der Grund, warum ich in diesem Buch nicht den analytischen Abstand zum Gegenstand, meiner persönlichen Herkunft, wahre, sondern nahe an das Biografische herangehe: Datensätze verschleiern die Wirklichkeit der Herkunft eher, als dass sie sie offenbaren. Natürlich kann man Daten, Statistiken und Studien zurate ziehen, doch sie werden der Geschichtslosigkeit der einfachen Menschen nicht gerecht. Mit Datensätzen panzert sich unsere Gesellschaft vor allem gegen individuelle Schicksale eines Lebens am gesellschaftlichen Rand ab, von denen man lieber verschont bleiben möchte.

In diesem letzten Kapitel geht es mir deshalb um eine Rückeroberung der Stimme der sogenannten Arbeiterklasse. Und es geht um diejenigen, die für sich beanspruchen, sie politisch zu repräsentieren. Das ist einerseits die klassische Linke, andererseits die populistische Rechte. Beide grenzen sich seit einigen Jahren vehement von der neuen, »woken« Identitätspolitik ab, die alte Linke und neue Rechte gleichermaßen als Ausdruck von Dekadenz deuten. Wer auch immer für die Armen und Abgehängten sprechen mag: Die Identitätspolitik tut es angeblich nur unzureichend. Vor allem spreche sie nicht die Sprache der einfachen Menschen.

Für eine Gruppe wie die Arbeiterschaft zu sprechen, impliziert, sie politisch vertreten zu wollen. Es heißt zudem, dass man sich die Geschichten der Gruppe aneignet. Wenn ich in diesem Buch Teile der Biografie meiner Mutter erzähle, ist das eine Form der Aneignung. Weil eine andere betroffen ist, die hier nicht schreiben oder sprechen kann, die im engeren Sinne nicht entscheidet, was gesagt oder besser verschwiegen wird. Das wiederum führt zu einer doppelten Machtfrage. Denn im Prozess der Aneignung spielt eine Rolle, dass ich ein Privileg genieße: Ich habe eine Stimme, ich darf schreiben und publizieren, ich kann versuchen, den öffentlichen Diskurs zu beeinflussen.

Ich glaube nicht, dass sich das Dilemma auflösen lässt, auch nicht durch die Form eines Buches, das genauso gut ein Interview- und Gesprächsband hätte sein können. Wie oben erwähnt, begleiten mich die Anekdoten meiner Mutter, seit ich ein kleines Kind war. Ihre Wiederholung hat sie mir eingeschrieben, und ohne nun allzu pathetisch klingen zu wollen, macht mich das in gewisser Weise zu einem Medium im Wortsinne, einer Vermittlerin. Was ich in diesem Buch erzähle, sind die Geschichten und Bilder, die sich mir besonders stark eingeschrieben haben.

Ein Anliegen dieses Buches ist es, den teils aggressiv und wütend geführten Streit zwischen »alter« und »neuer«, zwischen klassenkämpferischer und identitätspolitischer Linker als das zu entlarven, was er ist: Zeitverschwendung. Ich habe meine Mutter sowohl klassen- als auch identitätspolitisch verortet. Mir erschließt sich schlicht nicht, warum ich mich für eine Betrachtungsweise entscheiden sollte, stattdessen scheint es mir nur logisch, beide Positionen zu vereinen. Das heißt nicht, dass alle Kritikpunkte in diesem Richtungsstreit zu verwerfen wären. Es ist sinnvoll, sie zu beleuchten und abzuwägen. Doch ich will mich an eine Synthese wagen. Es steckt mehr Identitätspolitik in alten klassenkämpferischen Standpunkten als gedacht. Und man kann nicht über Identität sprechen, ohne Klasse mitzudenken.

*

Identitätspolitik ist zu einem Kampfbegriff verkommen. Das macht die Debatte über Sinn und Unsinn derselben so schwierig. Da der Begriff der Identitätspolitik so negativ besetzt ist, drohen die Anliegen gleichermaßen delegitimiert zu werden. Das Bemerkenswerte an der Kritik ist, dass sie sowohl von rechter, von liberaler als auch von linker Seite, mit jeweils anderer Begründung, formuliert wird. Das kann zwei Ursachen haben: Die Kritik ist berechtigt; oder die Identitätspolitik stellt zentrale Glaubenssätze der einen oder der anderen politischen Haltung infrage.

Während leicht zu erklären ist, warum die Rechte Identitätspolitik ablehnt (weil sie all jene ermächtigen will, die in rechten Diskursen marginalisiert werden), ist es wesentlich schwerer zu verstehen, was das linke Problem mit der Identitätspolitik ist. Im Wesentlichen speist sich das Problem aus folgenden Vorwürfen. Erstens, so heißt es, habe die Identitätspolitik ein ausgeprägtes Stammesdenken erzeugt, das das Nachdenken über Klasse verdrängt habe, und ruft den Eindruck hervor, dass zwischen den Stämmen keine Solidarisierung möglich sei.[135] Anstelle von gesellschaftlichen Gruppen träten endlos aufgesplitterte, partikulare Identitäten, die unfähig zur Solidarität seien. Eng mit diesem Vorwurf verbunden ist der zweite, wonach sich Identitätspolitik nur als Kritik an der herrschenden kapitalistischen Ideologie ausgebe, ihr in Wahrheit aber diene.[136] Der dritte Vorwurf lautet, identitätspolitische Anliegen hätten mit den alltäglichen Sorgen gewöhnlicher Menschen nichts zu tun.[137] Und viertens diene die Identitätspolitik letztlich dazu, diejenigen, die in ihrem Namen sprechen und agieren, über den Rest der Gesellschaft zu erheben. Es gehe gar nicht um wirkliche gesellschaftliche Veränderung, sondern um moralische Überlegenheit. Zur Durchsetzung dieser Überlegenheit bediene sich die Identitätspolitik einer aggressiven Cancel Culture.[138]

Es gibt noch einen weiteren Vorwurf, und dieser bezieht sich auf die sprachliche Ebene: Identitätspolitik überwache den Sprachgebrauch und bestrafe diejenigen, die sich einer falschen, unangemessenen, vermeintlich sexistischen oder rassistischen Sprache bedienen, obgleich die komplexen Sprachregelungen niemand so recht verstehen könne – jedenfalls nicht die »normalen« Menschen.[139]

Der linke Vorwurf, wonach die Identitätspolitik die unterschiedlichen gesellschaftlichen Gruppen gespalten habe und daher den kollektiven Klassenkampf unterbinde, blendet aus, dass diese Spaltung *bereits existierte* und erst zur Entstehung der Identitätspolitik führte. Diese Spaltung ist exakt das, was in älteren marxistischen Diskursen als das Verhältnis von Haupt- und Nebenwiderspruch analysiert wurde. Bereits die Worte Haupt- und Nebenwiderspruch legen eine Hierarchisierung nahe,[140] die die Anliegen von Frauen oder Schwarzen als nachgeordnet behandelt und die ungeheure Komplexität der bestehenden Strukturen ausblendet.

Aus der Vorstellung, dass klassen- und identitätspolitische Elemente unauflöslich miteinander verbunden sind, entwickelte sich der Ansatz der Intersektionalität. Intersektionalität geht davon aus, dass Unterdrückungsformen nicht unabhängig voneinander existieren und daher in ihren Überschneidungen und Überlagerungen analysiert werden müssen. Der intersektionale Ansatz entstand, weil die Bürgerrechts- und Emanzipationsbewegungen der 60er und 70er Jahre blinde Flecken in ihrer Herrschaftskritik aufwiesen: Frauen protestierten gegen den Machismo und die Abwertung der Frauen innerhalb der marxistischen, akademischen Linken; Schwarze Frauen protestierten gegen die Blindheit ihrer Männer und Brüder für ihren Sexismus gegenüber Schwarzen Frauen; und Schwarze Feministinnen warfen weißen Feministinnen Komplizenschaft mit dem rassistischen Herrschaftssystem vor. Intersektionalität bedeutete einen enormen Fortschritt im Verständnis von Gesellschaft und struktureller Benachteiligung. In der Intersektionalität wurzelt das, was wir heute als Identitätspolitik kennen. Der eigentliche Begriff wurde im Rahmen eines feministischen Manifests im Jahr 1976 geprägt.[141]

Die Gefahr des intersektionalen Ansatzes besteht darin, lediglich die Komplexität der Benachteiligung herauszustellen und zu implizieren, dass etwa nur eine Schwarze lesbische Frau für eine andere Schwarzen lesbische Frau eine Alliierte im

Kampf gegen Unterdrückung sein könne. Ich dagegen möchte es mit der bereits zitierten Autorin Emma Dabiri halten: Vermutlich wird ein weißer Arbeiter nicht verstehen, wie es sich anfühlt, eine Schwarze Arbeiterin zu sein, aber er versteht, was eine Zehn-Stunden-Schicht am Fließband bedeutet. Und darauf kommt es an.

Zudem muss man infrage stellen, ob wir überhaupt herausfinden können, wie sich ein anderer Mensch fühlt oder wie er seine Lage empfindet, selbst wenn er sich identitätspolitisch exakt so verortet wie wir selbst. Ich kann mir nicht anmaßen, für alle ostdeutschen Frauen zu sprechen (auch wenn das verlockend wäre). Demokratische Systeme wären unregierbar, wenn geteilte Identitäten die Voraussetzung geteilter Interessen sein müssten. So unterschiedlich die Identitäten sein mögen, es gibt immer wieder Ansatzpunkte für Koalitionen in der Sache.

Trotzdem können wir alle verstehen, was es bedeutet, wenn jemand leidet, diskriminiert wird oder Gewalt erfährt. Allerdings gibt es Menschen, deren Leid aufgrund ihrer Hautfarbe oder sexuellen Orientierung mit höherer Wahrscheinlichkeit ignoriert wird. Es gibt Menschen, die keine Stimme haben, und ein wesentliches Element der Identitätspolitik ist es, Benachteiligten eine Stimme zu geben.

Insofern ist die häufig vorgebrachte Kritik am identitätspolitischen »Stammesdenken« Ausdruck einer privilegierten Lage: Wer etwa als queere Person ständig Gefahr läuft, angefeindet oder angegriffen zu werden, der wird sich mit hoher Wahrscheinlichkeit in eine (Filter)Blase zurückziehen, in der die Gefahren für solche Angriffe minimiert werden. Das ist allzu menschlich. Die allermeisten Linken und Liberalen verstehen diesen Aspekt, ihre Kritik richtet sich aber gegen eine als ihrerseits aggressiv wahrgenommene Praxis der Abgrenzung.

Bisweilen gibt es jedoch eine Art von Benachteiligungswettkampf – wer ist am wenigsten privilegiert, wer hat's am schwersten im Leben? Die Schwarze Akademikerin oder die »behinderte« Weiße? Solche Diskurse sind kontraproduktiv. Und sie markieren jenen Punkt, an den sich intersektionales Denken gerade nicht begeben sollte, jedenfalls wenn es die konkrete soziale Lage von Menschen verbessern will.

Bei der Kritik an intersektionalem/identitätstheoretischem Denken sollte man aber nicht stehenbleiben. Insbesondere die 68er-Generation der Linken kritisiert die Partikularisierung von Identitäten. Aber hat sie sie nicht selbst erzeugt? Es war die 68er-Bewegung, die Vorstellungen von Familie, sexueller Norm und sexueller Identität aufbrach. Sie kämpfte für sexuelle Befreiung und Liberalisierung des Sexualstrafrechts. Und sie betonte den Vorrang der Wünsche und Bedürfnisse des Subjekts vor jenen der normativen Gesellschaft. Die so oft bemängelte Partikularisierung der Lebensweisen und Milieus ist ein Charakteristikum der (kapitalistischen) Gegenwart.[142] Im Grunde wird also der Identitätspolitik zugeschrieben, was man als allgemeinen Effekt der Moderne, Postmoderne und Postpostmoderne betrachten könnte.[143] Das führt uns zum subversiven Potenzial der Identitätspolitik.

*

Slavoj Žižek gehört zu den marxistischen Kritikern der Identitätspolitik, sein Vorwurf besteht vor allem darin, dass Feministinnen, LGBTQ-Aktivisten oder Antirassisten sich lediglich der Vorstellung hingeben, Identitätspolitik besitze subversives Potenzial.[144] Tatsächlich aber habe sich die kapitalistische, neoliberale Moderne diese emanzipatorischen Kämpfe bereits angeeignet und zu Geld gemacht – *diversity sells*. Diesen Aspekt bekräftigt Walter Benn Michaels. Er erklärt sogar, Unternehmen und Universitäten (und er begreift sie letztlich als komplementäre Institutionen) liebten Diversity-Diskurse: Solange man munter über Diversität spreche, müsse man nicht über ökonomische Ungleichheit und die Kluft zwischen Arm und Reich sprechen.[145] Diversity sei wie Gicht: »ein Problem der Reichen«.[146] Man wählt gerne eine lesbische Alleinerziehende zur Aufsichtsratschefin, wenn alle Aufsichtsräte ihre Spitzengehälter behalten dürfen.

Mir scheint aber, dass das Argument einen zentralen Punkt übersieht: Warum sollten denn alle lesbischen Alleinerziehenden, alle Schwarzen Akademikerinnen oder indigenen Queers ein Interesse an der Veränderung des Systems haben? Es stimmt schon, dass viele feministische und antirassistische Aktivisten betonen, dass Kapitalismus, Rassismus und Sexismus unauflöslich miteinander verbunden sind. Trotzdem ist es doch möglich, dass einige schwule Männer oder trans Frauen Kapitalismus toll finden, zum Beispiel, weil sie der Mittel- oder Oberschicht entstammen und dem hedonistischen Performer-Milieu angehören.

Einer meiner Freunde lebt mit seinem Partner in einem luxuriösen Haus in einem der ärmsten Länder der Welt. Warum sollte er, nur weil er schwul ist, Eigentumsstrukturen ändern wollen, wenn er davon profitiert? Auch Schwule und Lesben lieben Luxus, auch sie haben über ihre sexuelle Orientierung hinaus eine Identität – etwa ihre Klassen- und Milieuzugehörigkeit. Ein Konservativer und ein schwuler Liberaler können sich völlig einig darin sein, dass das Ehegattensplitting, die Abschaffung der Erbschaftssteuer oder die Senkung der Einkommenssteuer tolle Ideen sind.

Die schönste Pointe allerdings ist die, dass auch Slavoj Žižek womöglich nur glaubt, er selbst besitze ein subversives Potenzial. Jedenfalls lässt sich nicht von der Hand weisen, dass er zu den Lieblingslinken der Liberalen und Konservativen gehört, etwas übrigens, das er mit Sahra Wagenknecht gemeinsam hat.

Mit Wagenknecht kommen wir zum nächsten Vorwurf: jenem, wonach die Identitätspolitik die Anliegen der normalen Durchschnittsmenschen ignoriert. Das stimmt womöglich insofern, als queere oder Schwarze Personen nicht dem Bild vom Durchschnittsmenschen entsprechen. Aber muss man den Begriff der Norm, wenn sie so viele Menschen – mindestens die Frauen und eben Queers und die Schwarzen und die Migranten – ausschließt, nicht problematisieren?

In ihrem Buch *Die Selbstgerechten* wirft Wagenknecht den »Lifestyle-Linken« eine Vernachlässigung der Kerninteressen der Arbeiterschaft vor.[147] Eigentlich richten sich Wagenknechts Vorwürfe gegen zwei ganz unterschiedliche Varianten der neuen Linken. Einerseits kritisiert sie die Hinwendung der Sozialdemokratie zur neoliberalen Leistungslogik in den 2000ern. Die andere, auch nicht mehr so neue Linke, die sie scharf attackiert, ist das grüne, akademische, urbane Milieu. Über dieses Milieu heißt es oft, es predige Wasser, fahre dann aber mit dem SUV zum Biosupermarkt, um Wein zu kaufen. Es gilt als abgehoben, weil es nicht nur besser gebildet, sondern besser verdienend ist. Dieses Milieu ist für den alten Klassenkampf nicht zu haben, warum auch: Es lebt gut in diesem System.

Wagenknecht behauptet, es gebe ein Unbehagen an dem, was sich heute als links bezeichne.[148] Eben weil man mit dem Label neuerdings vor allem Diskurse über sexuelle Identitäten verbinde. Hier sollte man allerdings unterscheiden: Natürlich gibt es queere Arbeiter, die Inhalte der Diskurse können ihre Leben also sehr wohl tangieren. Allerdings mögen sie die Sprache queerer Aktivisten nicht sprechen.

Eine feine Ironie darf nicht übersehen werden: Auch universitäre Marxismus-Seminare sprechen nicht die Sprache der einfachen Menschen. Und das ist der Punkt: Die marxistische Kritik an der neuen Linken und ihrer Entfremdung vom »einfachen Mann« (!) überdeckt eine immer schon vorhandene Entfremdung der übertheoretisierenden Universitäts-Marxisten von den Arbeitern.

Wenn ich eingangs geschrieben habe, dass meine Mutter sich vor allem nach einem guten Leben sehnte (also einem nicht zu schweren) und dass sie nicht sonderlich empfänglich für Theorien ist, dann adressiere ich das zentrale Problem der marxistischen bzw. kommunistischen Bewegung. Obgleich es Žižek, Wagenknecht oder Michaels enttäuschen mag: Die einfachen Arbeiter, Menschen wie meine Mutter, kommen meist nicht im Traum auf die Idee, Bücher über Klassenkampf oder Identitätspolitik zu lesen.

Das ist der Grund, warum der marxistische Theoretiker Antonio Gramsci seine Hoffnung auf »organische Intellektuelle«[149] setzte: Menschen, die selbst aus der Arbeiterklasse aufgestiegen sind, die die Lebensbedingungen kennen, aber als Intellektuelle eine Stimme besitzen; und über Zeit und Geld verfügen, um ihre Gedanken festzuhalten. Doch selbst wer Muße hat, sich mit marxistischen Schriften zu beschäftigen, findet darin nicht immer Brauchbares.

Wenn Slavoj Žižek ausführlich darlegt, warum der Kampf um distinkte, auf Authentizität und unteilbare Erfahrungen rekurrierende Identitätspolitik »den großen Anderen« bestärkt, finde ich das unterhaltsam; doch selbst nach wiederholter Lektüre habe ich in den vielen Büchern Žižeks nie eine konkrete Beschreibung einer sozialistischen Gesellschaft der Zukunft gefunden, die Arbeitsteilung und Ausbeutung zwischen Geschlechtern, Ethnien, *and so on and so on* beseitigt. Übrigens schreibt er so viele Bücher, dass man meinen könnte, er hätte eine Frau oder Scharen studentischer Hilfskräfte, die ihm den

Rücken freihalten. Keines der Bücher hat mir erläutert, wie sich der Kapitalismus ganz konkret überwinden ließe. Insofern ist es vielleicht nicht tragisch, dass meine Mutter Žižek nicht liest.

Ich habe auch große Mengen feministischer Literatur gelesen. Obwohl ich es erhellend finde, wenn Feministinnen pointiert die Auslagerung von Care-Arbeit an ausländische Frauen der Arbeiterklasse kritisieren, habe ich bisher nie verstanden, wer denn nun Oma pflegen soll, während mein Mann und ich arbeiten und Kinder erziehen und schlaue Bücher über Care Chains lesen.

Angenommen, ich wollte meiner Mutter einen Text zur Klassenfrage empfehlen, der *ihre* Sprache spricht und Zusammenhänge sichtbar macht – was würde ich wählen? Ich würde sie auf bell hooks verweisen, die nicht nur eine scharfsichtige Analystin der Klassen- und Geschlechterverhältnisse ist, sondern ihre Kritik so formuliert, dass sie für breite Bevölkerungsschichten verständlich ist. Und das, obwohl hooks eine hochgebildete Professorin war. Damit komme ich zur Kritik an der Sprache der Identitätspolitik, die meiner Meinung nach auf einen blinden Fleck hinweist.

Es fällt etwa auf, dass hooks sehr selbstverständlich von »Männern« und »Frauen« spricht und dabei nicht in jedem Satz die Differenz zwischen sozialem oder biologischem Geschlecht hervorhebt. Obwohl sie über die Diskurse um Geschlecht, Performativität und Dekonstruktivismus Bescheid weiß, verzichtet sie auf komplexe Theoretisierung und orientiert sich an dem Alltagswissen der Leser, die sie adressiert. Und zwar deshalb, weil hooks versteht, dass eine Sprache, die nur die wenigen, ohnehin Wissenden verstehen, nichts konkret verändern kann.

Das ist der Grund, warum ich in diesem Text so selbstverständlich von »Frauen« und »Männern« oder der »Arbeiterklasse« spreche. Ich habe nichts gegen das Gendern, ich tue es in vielen Kontexten, vor allem in solchen Texten, die sich an ein genderkritisches, akademisches Publikum wenden. Zugleich halte ich es für naiv zu glauben, dass Sprache allein Wirklichkeit verändert. Wir können uns für Sprache sensibilisieren, wir können darauf achten, welche Bilder wir aufrufen, wenn wir den einen oder anderen Begriff benutzen, aber allein durch das Sprechen wird sich die konkrete Wirklichkeit nicht verändern.

*

Meiner Mutter wurde ihr Leben lang der Mund verboten. Das führte dazu, dass sie heute selten spricht. Man merkt ihr deutlich an, dass sie unsicher ist, wie ihre Anliegen vorgebracht werden könnten. Wer keine Stimme hat und sie nirgendwo erproben kann, der verstummt schließlich. Wenn sie dann doch etwas sagt, dann mit der schlagenden Direktheit der Sprache der Arbeiterklasse.

Meine Mutter ist jedoch keine Person, die mit Genugtuung Sätze wie »Das wird man ja wohl noch sagen dürfen« äußert. Solch ein Satz markiert deutlich das Wissen des Sprechers, dass er gegen ein Tabu verstößt. Das ist eine Form des Tabubruchs, die volle Absicht impliziert und die Beleidigung anderer als positive Freiheit missversteht. Sie dagegen hat keinen Begriff davon, dass sie Tabus bricht. Wenn mein Sohn entrüstet darüber ist, dass sie wieder einmal etwas gesagt hat, das politisch nicht korrekt ist, dann entschuldigt sie sich vielmals mit: »Das habe ich doch so nicht gemeint.« Oder: »Früher haben wir das so gesagt.« Auch die Beherrschung der korrekten Sprachcodes ist eine Frage des Wissens.

Identitätspolitische wie intersektionale Debatten wurzeln vornehmlich in angelsächsischen Universitätsdiskursen. Davon künden die unzähligen englischen Begriffe, die für sich genommen eine Verständnisbarriere darstellen, um die man bei Analysen aber kaum noch herumkommt. *Othering, Framing, Victim Blaming, Ableism, Cancel Culture* oder *Appropriation* – man kann nicht nicht auf ein englisches Vokabular zurückgreifen. Selbst wenn es die sprachliche Barriere nicht gäbe, existierte noch immer eine Verständnisbarriere. Dabei gilt meiner Meinung nach: Menschen verstehen sehr wohl intuitiv, was etwa *Othering* ist (die Ausgrenzung als anderer jenseits der Norm). Sie beherrschen nur nicht zwangsläufig die korrekten Begriffe.

Man kann Aktivisten nicht vorwerfen, dass sie über eine akademische Ausbildung verfügen oder sich intensiv mit identitätstheoretischen Diskursen auseinandergesetzt haben; es handelt sich bei dieser Kritik an der Sprache aber nicht um reinen Antiintellektualismus. Wenn Menschen die Sprache, die man spricht, nicht verstehen, können sie Anliegen nicht nachvollziehen. Obendrein will niemand gern zurechtgewiesen und als einfältig dargestellt werden.

Im Falle der Identitätspolitik spielen auch die Kommunikationskanäle eine Rolle: In Social-Media-Formaten werden hochkomplexe Theorien auf leicht verständliche Slogans heruntergebrochen; ganze Texte von Theoretikerinnen wie Audre Lorde oder bell hooks werden zu bildkachelgerechten Satzfetzen verkürzt. Zeitgleich tragen Aktivisten voraussetzungsreiche Zusammenhänge so vor, als seien sie für jedermann nachvollziehbar. Etwa wenn es heißt, »auch Männer können Kinder bekommen«. Dass hier von trans Männern die Rede ist und dass es für einen trans Mann durchaus möglich ist, trotz Hormontherapie schwanger zu werden, kann nicht jeder wissen. Einerseits also hintergeht man die Komplexität der eigenen theoretischen Konzepte, andererseits negiert man den Voraussetzungsreichtum des eigenen Sprechens.

Soziale Netzwerke sind nicht der beste Ort, um differenzierte Sprach- und Ideologiekritik zu äußern. Mich wundert es, wie unkritisch Aktivisten, die sich dem Kampf gegen die patriarchalisch-kapitalistische Ideologie verschrieben haben, Plattformen wie Instagram nutzen, die selbst noch den Protest marginalisierter Gruppen monetarisieren.

Doch diese Welt ist meiner Mutter fremd. Sie benutzt keine Social-Media-Kanäle und hat vor Computern und Smartphones regelrecht Angst. Im Grunde ist es nur gut so, denn die hyperkritische Social-Media-Welt würde jemanden wie sie in der Luft zerreißen. »Habe ich jetzt etwas kaputtgemacht?«, lautet ihre Standardfrage, wenn sich ein Pop-up-Fenster öffnet.

Dass eine Kritik an der Sprache der Identitätspolitik nicht gleichbedeutend ist mit der Absage an ihre Anliegen, zeigt beispielhaft ein Roman. Bernardine Evaristos Roman *Mädchen, Frau etc.* erzählt die Biografien von einem Dutzend afroamerikanischer und afroenglischer Frauen, die hetero, homo- und transsexuell sind. Das Buch wurde für diese Diversitätserzählung sehr gelobt. Evaristo bindet jedoch auf subtile Art Kritik an intersektionalen Diskursen, an denen sie partizipiert, ein. Sie bemangelt also den Modus intersektionalen Sprechens, nicht den Inhalt. Und sie verbindet diese Kritik mit der Betrachtung von Klasse.

Eine wichtige (und besonders liebevoll geschilderte) Figur ist Megan/Morgan, ein »Spross einer Familie, die voller Stolz mit jeder Generation heller geworden ist«[150]. Für viele Schwarze Familien ist dieses »passing« – als weiß durchgehen – fundamental, denn es bedeutet in einer rassistischen Welt die Aussicht auf ein vorurteilsfreieres Leben. Dasselbe Thema taucht in dem schon erwähnten *The Blacker the Berry* auf. Megan charakterisiert ihre Mutter als Geordie, eine Angehörige der einfachen Arbeiterschicht, die aus Newcastle stammt. In dieser proletarischen Familie herrschen sehr traditionelle Geschlechterrollenbilder, aus denen Megan ausbrechen will. Dann lernt sie Bibi kennen und verliebt sich in sie. Bibi unterweist die bildungsferne Megan in den Feinheiten der Gendertheorie und ist dabei sehr herablassend: »Gender ist ein soziales Konstrukt [...] kannst du mir folgen? [...] hey, das ist doch Grundkurs Feminismus, wo hast du denn bisher gelebt, Megan? Hinterm Mond?«[151]

Der Roman bringt den Gegensatz zwischen der queeren, akademisch gebildeten Aktivistin Bibi und Megan, der Arbeiterin, die in einem Fastfood-Laden jobbt, auf den Punkt: Megan sagt, sie wolle einfach nur sie selbst sein. Als Bibi fragt, warum sie denn nicht die Welt verändern wolle, entgegnet Megan: »erstmal will ich meine Welt verändern, Bibi, eins nach dem andern«.[152]

*

Die Spaltung zwischen neuer und alter Linker, zwischen Identitäts- und Klassenpolitik hat nicht nur historische Ursachen, sie ist auch geschlechtlich codiert, und das wird bei der Debatte für gewöhnlich übersehen. Die Identitätspolitik stellt ja nicht nur die Anliegen von Frauen, Homosexuellen, trans Personen ins Zentrum, sie wird auch substanziell von diesen Akteuren getragen. Machen wir ein kleines Experiment: Was sehen Sie, wenn Sie Identitätspolitik oder Cancel Culture hören? Vielleicht sehen Sie eine weiße Frau in ihren Zwanzigern, eine Studentin, die ein paar Semester Gendertheorie, Critical-Whiteness- oder Postcolonial Studies studiert hat. Sie trägt einen kessen Kurzhaarschnitt und knallrote Lippen, balanciert gekonnt zwischen Tom-Boy-Look und Femme fatale. Klar, sie hat schließlich gelernt, heteronormative Standards von Weiblichkeit zu dekonstruieren, spielt zugleich damit, denn sie kann alles sein, was sie will, sie entwirft ihre Identität jeweils so, wie es ihr passt. Sie führt täglich angeregte Diskussionen in ihrer Online-Bubble, sie ist gut vernetzt, und sie macht sich die Waffe zu Nutze, die ihr als *Machtloser* zur Verfügung steht: das Wort, eine mächtige Waffe. Deswegen bedient sie sich fleißig des Mittels des Call-out, wenn es darum geht, das Fehlverhalten alter weißer Männer anzuprangern.

Vielleicht sehen Sie eine junge Schwarze Frau, die über alltäglichen Rassismus spricht und erklärt, warum sie ostdeutsche Kleinstädte meidet oder warum sie als Woman of Colour nicht nur mit Sexismus, sondern auch einer besonderen Form der Fetischisierung konfrontiert ist. Außerdem hasst sie es, wenn jemand ihre Haare berührt oder sie auf ihren »coolen Afro« anspricht. Wenn eine weiße Person Dreadlocks trägt – die sie natürlich nie so nennen würde, weil das abwertend gemeint ist –, sieht sie rot, weil es sich um eine Form der kulturellen Aneignung handelt.

Gegenprobe: Was sehen Sie, wenn ich von Klassenkampf spreche? Vielleicht sehen Sie einen etwas proletenhaften Typen im Feinripphemd, der abends bei einem Bier in der Runde weißer Männer in der Kneipe sitzt und das bisschen Geld, das er verdient, verplempert. Zum 1. Mai trägt er eine grellorangefarbene Verdi-Weste und zieht pfeifend durch die Straße. Wenn er nicht in die Trillerpfeife bläst, pfeift er der ein oder anderen hübschen Passantin nach.

Vielleicht sehen Sie einen weißen Mann mittleren Alters, der sich elaboriert über Herbert Marcuse und Ernst Bloch äußert und ein Hegel-Zitat für alle Fälle parat hat. Er weist Sie auf Ihre Blindheit in Klassenfragen hin und beklagt das Auseinanderdriften von Arm und Reich, während er versonnen an seinem Chianti – die Flasche nicht unter fünf Euro – nippt. Natürlich hat er studiert, womöglich unterrichtet er gar an einer Universität, er ist Zeitungsleser, ganz traditionell, und Interessierten – insbesondere jungen Frauen in Social Media – erklärt er gerne die Differenz zwischen dem frühen und dem späten Hegel, darüber hat er übrigens promoviert.

Klischees, natürlich. Vielleicht enthalten sie ein mehr oder weniger großes Körnchen Wahrheit, entscheidend ist, dass diese Bilder den Grund für die Härte der geführten Debatte illustrieren. Männliche Linke fühlen sich – vielleicht unbewusst, meist aber wohl bewusst – von der Identitätspolitik als Mann angegriffen. Dass sie mit all den anderen weißen Männern so einfach über einen Kamm geschoren werden, kränkt sie zutiefst.

Zugleich beinhaltet die Kritik an der Identitätspolitik, egal wie sie im Einzelnen theoretisch begründet sein mag, unbewussten Sexismus und Generationendisput. Was allerdings im Umkehrschluss nicht heißen darf, dass man jede Kritik an Identitätspolitik als sexistisch, antifeministisch und chauvinistisch zurückweisen darf. Wenn ich von Sexismus, durchaus auch unbewusstem, spreche, dann meine ich damit die ungezählten Angriffe ad hominem, die auch meine linken männlichen Kollegen der schreibenden Zunft auf Social Media insbesondere gegen *woke* Frauen äußern.

Die oben erwähnte Geschlechtercodierung der identitätspolitischen Diskurse zeigt sich ebenso auf dem Feld des Klassenkampfes – diesmal unter feministischen Vorzeichen. Zärtlichkeit steht hoch im Kurs zeitgenössischer feministischer, kapitalismuskritischer Literatur. Doch welchem Subjekt schreiben wir die geringste Affinität für Zärtlichkeit zu? Dem Typus des klassischen Arbeitermannes, dem Proleten, dem Malocher. Vielleicht klammert Şeyda Kurts Buch *Radikale Zärtlichkeit*[153], das Kritik an Kapitalismus und Patriarchat verknüpft, das klassische Subjekt des Klassenkampfes, den Arbeitermann, deswegen aus. Kurt sucht die radikale, politisch-gesellschaftliche Erneuerung, wie auch Journalistin Carolin Wiedemann in ihrem Buch *Zart und frei,* im Privaten und ganz konkret in Beziehungspraxen.

Kurt rekurriert deutlich auf bell hooks' feministischen Klassiker *Alles über Liebe,* der sich wiederum auf Erich Fromms *Die Kunst des Liebens* bezieht. Liebe ist bei Fromm und hooks sowohl eine private als auch eine gesellschaftliche Praxis: Ein geliebtes Kind pflegt liebevolle Beziehungen zu seinen Partnern und legt den Grundstein für eine liebevolle Gemeinschaft und Gesellschaft.[154] Die Liebe zieht Kreise. Fromm und hooks betonen die psychosoziale Komponente von gesellschaftlicher Verständigung.

Obwohl hooks' Werk um das Thema Klasse kreist, verschreibt sie sich nicht dem klassischen Mittel des Klassenkampfes, sondern der liebevollen Heilung der Wunden, die patriarchale Herrschaft im Verbund mit dem kapitalistischen System erzeugten. Der neue Klassenkampf im Sinne von hooks, Kurt oder Wiedemann trägt nicht nur feministische, sondern sehr feminine Züge, wenn man Zärtlichkeit als die Qualität des Weiblichen schlechthin deutet (ob nun realiter oder nur zugeschrieben). An die Stelle von Arbeitskampf, Protestveranstaltungen und Agitation tritt Beziehungsarbeit. Auch darin offenbart sich das Potenzial der Verschränkung von Identität und Klassenstandpunkt: Identität ist nur scheinbar etwas Privates; tatsächlich bildet die Identität, die wir ausprägen, die erste Brücke zum Sozialen – indem wir Gruppen und Gemeinschaften bilden, die dann wiederum zivilgesellschaftliches wie politisches Engagement ermöglichen.

bell hooks' Werk hebt sich aus weiten Teilen der feministischen Literatur heraus, weil es den Mann nicht nur als potenziell toxisches Subjekt begreift, sondern ihm die Fähigkeit zur Veränderung zutraut. hooks betrachtet Männer als Opfer toxischer Männlichkeitsvorstellungen, die sie zugleich reproduzieren. Eine echte Reform der Gesellschaft, die für hooks das Ende patriarchaler und kapitalistischer Lebensweise bedeutet, kann für sie nur aus der Reform der Männlichkeit entstehen. »Was Männern geschieht, hat großen Einfluss auf das, was Frauen geschieht«, schreibt auch Emma Dabiri.[155] Das trifft überall zu, aber umso mehr in der Arbeiterschicht.

Viele junge Feministinnen bezeichnen sich als Kommunistinnen, lassen jedoch überkommene klassenkämpferische Vorstellungen alter weißer Männer mit Bart hinter sich. Oder wie es die Kommunistin Simin Jawabreh in einem Interview mit der taz formuliert: »Ich würde das Subjekt nicht so weiß und männlich denken, wie es Marx teils getan hat, sondern Frauen ganz vorn sehen, die Care-Arbeit leisten.«[156] Zur neuen feministischen Lesart des Kommunismus und Antikapitalismus gehört die Abkehr vom Denken in Neben- und Hauptwidersprüchen.[157] Keine Feministin glaubt daran, dass Care-Arbeit plötzlich gerecht zwischen den Geschlechtern verteilt würde, wenn der Kapitalismus erst einmal abgeschafft wäre.

*

Um das Bild zu entkräften, dass es bei der Identitätspolitik jeweils *nur* um die Interessen von Frauen oder Queers geht, möchte ich eine ganz andere Form der Identitätspolitik beleuchten: die neue ostdeutsche Identitätspolitik. Auch diese Form der Identitätspolitik weist klassische Merkmale eines »Stammesdenkens« auf; der Stamm allerdings umfasst eine recht große Gruppe von Menschen – Männer wie Frauen, Angehörige der Mittel- und der Arbeiterschicht. So wird vielleicht viel eher sichtbar, welche Funktion Identitätspolitik in gesellschaftlichen Diskursen erfüllt.

Einerseits wurzelt die ostdeutsche Identitätspolitik in älteren Diskursen über das, was »typisch DDR« oder eben »typisch ostdeutsch« sei. Solche Diskurse waren nach der Wende häufig negativ geprägt. Der Ostdeutsche galt als naiver Jammerossi, der sich den gegebenen Bedingungen der kapitalistischen Freiheiten nicht schnell genug anpassen konnte.[158] Darauf reagierten viele Ostdeutsche nicht nur mit dem Gegennarrativ vom Besserwessi: Gegen die Vorstellung, die DDR sei lediglich ein Staat von Stasispitzeln und Dissidenten gewesen,[159] etablierten sie das Narrativ von einer positiven Gemeinschaft (fernab von staatlicher Kontrolle). In der DDR sei es sozialer zugegangen, die Gesellschaft sei weniger konkurrenzbetont gewesen. Selbst die Mühen des Alltags wurden in der Rückschau zur Quelle heiterer Anekdoten.

Dass solche Anekdoten bei Familienfeiern gerne immer wieder erzählt werden, hat einen einfachen Grund: Jeder DDR-Bürger kannte die Frustrationen des Alltags, das Schlangestehen, die seltsame Freude daran, dem System, und sei es nur im Kleinen, ein Schnippchen zu schlagen. Übrigens wirkt die Erfahrung mit der Mangelwirtschaft bis heute nach. Als es zu Beginn der Corona-Krise kein Toilettenpapier mehr zu kaufen gab und ich von Supermarkt zu Supermarkt wanderte, um doch noch etwas aufzutreiben, konnte meine Mutter auftrumpfen. Natürlich hatte sie rechtzeitig einen Vorrat angelegt. In der DDR kaufte man schließlich, wenn es etwas gab, nicht erst dann, wenn man es benötigte.

Im ersten Nachwendejahrzehnt war die Erinnerungskultur geprägt von der Verkitschung der DDR-Erfahrung; eine Welle der Ostalgie erfasste viele Ostdeutsche. Plötzlich schrumpfte die Welt der DDR auf Ampelmännchen und Trabis zusammen.

Der eigentliche Widerspruch der Alltagswelt – dass man versuchen musste, ein gutes Leben in einem schlechten System zu leben – wurde darüber verdrängt.

Der Diskurs, über das, was typisch ostdeutsch ist, hat sich jedoch deutlich gewandelt. Gerade die Generation der Wendekinder, zu der ich gehöre, formuliert ein neues Narrativ von Ostdeutschland. Initiativen wie »Wir sind der Osten« wollen ein Gegenbild zum rechten, einfältigen Ossi prägen, also in diesem Sinne westdeutsche Narrative widerlegen. Diese jungen Unternehmer und Kulturschaffenden sind bemüht, ein positives Selbstbild zu prägen: Ostdeutsche hätten nach der Wende bewiesen, dass sie anpassungsfähig sind, dass es ihnen gelang, sich schnell auf ein völlig neues politisches wie ökonomisches System einzustellen.

»Wir sind der Osten« positioniert sich gegen eine andere Form der neuen ostdeutschen Identitätspolitik, die von einem konservativen bis erzkonservativen Kulturbürgertum getragen wird und beispielsweise in Dresden durch den Kreis um die Buchhändlerin und Herausgeberin Susanne Dagen repräsentiert wird. Eigentlich handelt es sich um einen Richtungsstreit der Mitte – der ostdeutschen Mitte. Ein Teil von ihr trägt die Werte der gesamtdeutschen Mitte (etwa in Form einer eher gemäßigten politischen Haltung und einer eher progressiven Einstellung in gesellschaftspolitischen Fragen). Der andere Teil grenzt sich radikal ab.

Die neue ostdeutsche Identitätspolitik enthält obendrein einen Generationenaspekt. Während jüngere Ostdeutsche positiv auf ihre »Grenzerfahrungen« – also auf die Sozialisation in zwei Systemen – verweisen, reflektiert die ältere Generation Verlusterfahrungen, die ihre kulturelle Identität betreffen. Sie benötigen noch immer stark die Figur des Wessis zur Abgrenzung.

Ein wunderbares Beispiel hierfür lieferte Ministerpräsident Reiner Haseloff beim Presserundgang zur großen Willi-Sitte-Retrospektive in Halle. Die Ausstellung wurde einige Tage nach seinem überraschenden Wahlsieg bei der Landtagswahl 2021 in Sachsen-Anhalt eröffnet. Haseloff war regelrecht hochgestimmt. Offensichtlich kannte er sich gut aus mit Sitte und betonte sein Interesse am Werk des Malers.

Dazu muss man wissen, dass Sitte als »staatstragender Künstler« gilt, weil er Kulturfunktionär war. Obendrein war er überzeugter Kommunist. Er wollte an das System DDR glauben und blieb nach der Wende bei seiner Haltung. Insofern war er für die ostdeutsche Erinnerungskultur immer eine Problemfigur. Vielen Ostdeutschen stand er sinnbildlich für die systemische Verblendung. Andere wollten Kunst und Person trennen.

Im Rahmen des Presserundgangs hielt Haseloff schließlich vor dem Sitte-Gemälde *Das Unheil begehrt Einlass*. Auf dem Bild drängen sich zombiehafte Gestalten durch eine Tür. »Ach, da kommen jetzt die Westdeutschen, ja?«, spottete er. Ein Teil der Journalisten lachte höflich. Um die Generation meines Sohnes zu zitieren: Es war ein Cringe-Moment. Hier sollten »wir«, die Ostdeutschen, uns mit ein bisschen bösem Gelächter gegen die Wessis abgrenzen. Zugleich spiegelte die Situation einen ostdeutschen Affekt, den alle Anwesenden verstanden.

Beim Presserundgang rekurrierte Haseloff noch häufiger auf das »Wir« der Anwesenden. Etwa angesichts einer Sitte-Illustration für den Buchumschlag von Christa Wolfs *Der geteilte Himmel*. Das Buch sei enorm wichtig gewesen, »wir« hätten es ja früher alle gelesen. Interessanterweise enthält dieses identitätspolitische Wir eine Klassenspaltung. Meine Mutter gehört nicht zu diesem Wir. Sie las weder Wolf noch Stefan Heym oder Monika Maron. Fragt man meine Mutter nach ihren Symbolen der DDR-Kultur, so würde sie vermutlich Entertainer »Günthi« Krause und Schlagersängerin Cornelia Froboess nennen.

*

Jede Erzählung über Herkunft, die Verwurzelung in einer Kultur oder einem Milieu ist identitätspolitische Erzählung. Meine Identität lässt sich nicht von meiner Klassenzugehörigkeit und dem ostdeutschen Arbeitermilieu trennen. Mit den deftigen Braten, die mein Vater jeden Sonntag kredenzte, wurde auch ein bisschen Klassenbewusstsein an mich verfüttert. Deftiges, schweres, »deutsches« Essen ist gutes Essen; nie im Leben wäre mein Vater auf die Idee gekommen, mit uns Sushi zu essen oder eine Moussaka zu kochen. Selbst Spaghetti galten ihm als italienisches Teufelszeug.

Zu meiner Identität gehören die ungezählten Abende, an denen meine Mutter, meine Schwester und ich gemeinsam Wrestling im Fernsehen schauten und dabei Eistorte verdrückten. Und das zu einer Uhrzeit, zu der ein Schulkind längst im Bett sein sollte. Das Groteske, Überzeichnete, das, was Susan Sontag als »Camp« bezeichnet hätte, kann vielleicht nur von jemandem genossen werden, dem ein bürgerlicher Habitus fremd ist.

Zu meiner Identität gehört, dass ich zum ersten Mal mit sechsundzwanzig in einem Flugzeug saß, um in den Urlaub zu fliegen, weil Urlaube und erst recht Fliegen damals für meine Mutter unbezahlbar waren. Zu meiner Identität gehört, dass ich mit großer Genugtuung Kleidung trage, die man als geschmacklos oder trashy charakterisiert; Leopardenleggings etwa. Ich trage sie ironisch, aber das wissen die Menschen, die mich darin sehen, nicht. Es amüsiert mich, andere zu pikieren und dabei zuzusehen, wie meine Identität an all dem kratzt, was sie an Wissen verinnerlicht haben. Literaturkritikerinnen tragen keine Leggings; Akademikerinnen amüsieren sich nicht beim Betrachten halbnackter Männer (und Frauen), die sich mit Stühlen malträtieren.

Zu meiner Identität gehört genauso, dass ich die Klassencodes dekonstruieren kann, dass ich mich dafür entscheiden kann, mit ihnen zu brechen oder sie für mich anzunehmen. Ich bin eher eine bürgerliche als eine proletarische Mutter. Auch wenn ich nicht zur Helikoptermutter tauge, investiere ich viel Zeit und Aufmerksamkeit in die Bildung meiner Kinder. Für sie ist selbstverständlich, was ich mir erst aneignen musste.

Zu meiner Identität gehört zuletzt, dass ich nicht immer schon dort war, wo ich heute stehe. Dass ich »aufgestiegen« bin, dass ich den für mich großen Luxus genießen durfte, Zeit in meine Bildung investieren zu können. Körperliche Arbeit und Mühsal gehören deswegen heute nicht zu meinem Alltag. Ich weiß umso mehr zu schätzen, was ich habe, weil es für mich nie selbstverständlich gewesen ist.

SCHLUSS

Unsere Gegenwart ist von einem eigentümlichen Widerspruch geprägt: Wir glauben, unser Handeln könne über unsere Entfaltungsmöglichkeiten bestimmen. Wer talentiert und fleißig ist oder einfach hart genug arbeitet, der wird es schon zu etwas bringen. Wir sind Unternehmer unseres Ichs, und wer scheitert, der muss es eben noch einmal versuchen. Wir können uns ständig neu erfinden. Als erfolgreicheres, besseres Ich. Weil wir uns kollektiv wie individuell mehr und mehr von Traditionen und sonstigen konventionellen Bindungen lösen, herrscht die Idee vor, wir könnten uns selbst entwerfen – ohne Rücksicht auf Althergebrachtes.[160] Dieser ungehemmten Freiheit steht die Vorstellung entgegen, es gäbe ein Band, das uns im positiven Sinne fest mit unserer Herkunft und unserer Community verbindet. Es ist kein Zufall, dass die Verbindung mit Stamm und Gruppe just in der Spätmoderne, in der sich alle Bindungen auflösen, besonders wichtig wird:[161] Irgendeinen Halt braucht man ja.

Herkunft kann eine wärmende Decke sein. Ein bestimmtes Milieu mit seiner spezifischen Mentalität, mit seinen Bräuchen und Strukturen kann Vertrautheit vermitteln und uns auf positive Art an etwas, eine Gemeinschaft zurückbinden. Deswegen berufen sich viele Menschen auf die Traditionen ihres Milieus, selbst wenn das Milieu womöglich prekär ist.

Aber was ist mit der Klasse? Es ist offensichtlich, dass wir in eine Klasse hineingeboren werden. Aber im Gegensatz zur Hautfarbe oder der Zugehörigkeit zu einer verfolgten Gruppe kann man Klasse abschütteln, überwinden. Das glauben wir jedenfalls. Die Figur des Klassenaufsteigers ist hoch populär; sie demonstriert »Aufwärtsmobilität«, sie überspielt das Unbehagen, das wir angesichts deprimierender Studien über den Zusammenhang von Klassenherkunft und Bildungserfolg oder die Verteilung von Reichtum empfinden.

Aufwärtsmobilität bedeutet, sich von seiner Herkunft zu lösen, Klasse, Milieu, Schicht hinter sich zu lassen. So bedeutet der Klassenaufstieg für jeden, der ihn vollzieht, immer Verlust – und Entfremdung vom Herkunftsmilieu, der eigenen Familie. Man mag sozial und ökonomisch gewinnen, aber man verliert Teile der Identität – oder stellt fest, sie nicht mehr wertschätzen zu können.

Dieser Verlust ist eine Quelle für Melancholie. Ein Klassenaufsteiger muss zwangsläufig Aspekte seiner Herkunft verleugnen: Ich muss überspielen, dass ich »meinen Knigge nicht kenne«, dass ich Vorlieben und Interessen habe, die meine Herkunft eindeutig verraten. Daraus resultiert nicht nur eine gewisse Unsicherheit im gesellschaftlichen Umgang, sondern auch das Gefühl, die Dinge und Menschen, die man liebt, zu verraten.

Herkunft klebt wie Scheiße am Schuh. Das ist ein rohes Bild, aber es beschreibt sehr genau, was ich empfinde. Was, wenn man aufsteigen kann, aber einem die Herkunft anhaftet, wenn man Herkunft wie ein Zeichen eingraviert in der Stirn mit sich herumträgt? Doch es gibt noch die unsichtbaren Zeichen der Herkunft. Es macht etwas mit dem Körper, dem Mindsetting von Menschen, wenn sie in Armut aufwachsen, wenn das Leben ihnen Dinge vor die Füße wirft, die wie immer neue Hindernisse wirken.

Herkunft ist kein Ort, an dem wir wurzeln, sondern eine Art Reisegepäck. Manche Menschen gehen mit einem gut gepackten Rucksack auf die Reise, sie haben alles, was sie benötigen: Proviant, Wasser, Schlafsack, Wechselkleidung. Sie sind optimal vorbereitet, aber der Rucksack wiegt schwer. Mehr als der Rucksack eines anderen, der mit Hightech-Ausrüstung reist, die ebenso gut auf alle Eventualitäten vorbereitet, aber viel leichter ist.

Vielleicht gibt es auch Reisende, die ihr Gepäck gar nicht schleppen müssen, weil ihre Herkunft sie mit Sherpas versorgt hat. Und dann gibt es die Reisenden, denen es nicht nur an Proviant mangelt; obendrein haben sie Steine in den Rucksack gelegt bekommen. Was sie auch tun, sie schleppen Ballast mit sich herum. Womöglich gelangen sie unter größten Mühen ans Ziel, doch die meisten bleiben schlichtweg auf der Strecke. Wenn diejenigen, die mit allerhand Ballast reisen, doch noch ans Ziel kommen, erzählen wir manchmal ihre Geschichte: der erfolgreiche Doktorand, die geniale Firmenmanagerin, der Bundeskanzler, der seine Herkunft überwunden hat. Doch was ist mit denjenigen, die den Weg voran, den Weg nach oben nicht schaffen?

Wir alle lieben ein gutes Happy End, weswegen Aufstiegsgeschichten besonders dazu geeignet sind, unser Herz zu erwärmen. Aber bei jedem wundersamen Aufstieg, bei jeder Geschichte, die in der Gosse, dem Dreck, einer schimmeligen beengten Wohnung oder einer Dynastie aus Sozialhilfe-Adel[162] begann und im Feuilleton und auf den Bestsellerlisten oder an der Spitze einer Partei oder eines Unternehmens endet, sollten wir daran denken, wie viele ähnliche Geschichten im Sozialamt, im Suff oder in Schlimmerem enden. Aufwärtsmobilität ist ein erklärtes politisch-gesellschaftliches Ziel, jedoch nur selten eingelöste Realität.

Die schlimmsten Geschichten landen in den Nachrichten, oder man erzählt in Familien hinter vorgehaltener Hand von ihnen: weil Menschen ihre Kinder oder Partnerinnen schlagen, weil sie im Suff versinken. Latschen, die ins Gesicht eines Kindes geschmissen werden. Kleiderbügel, die auf seinem Kopf landen. Ein Mülleimer, der vor Wut auf dem Bett eines Kindes ausgekippt wird. Das ist Teil des Reisegepäcks, das ist der Ballast.

Meint man Herkunft als Klasse oder Schicht, dann gibt es einen Teil der Menschen, für die Herkunft Sicherheit bedeutet – soziale und ökonomische Absicherung. Herkunft aus der Mittelschicht – insbesondere der gehobenen Mittelschicht – bedeutet ein reiches und zugleich leichtes Reisegepäck. Man ist gewappnet für alle Eventualitäten im Leben, aber die Sicherheit, die die Herkunft bedeutet, hält nicht zurück.

Etwas anderes bedeutet Herkunft für diejenigen, die aus der Unter- und der Arbeiterschicht stammen, deren Eltern einfache Leute sind, bildungsfern, oder prekär beschäftigt. Ihre Herkunft ist ein schwerer Rucksack. Auch dieser Rucksack mag einige Dinge enthalten, die im späteren Leben von Nutzen sein können. Diejenigen, die sich trotz einfacher Herkunft über viele Hürden hinweg hocharbeiten, sind oft besonders resilient, kreativ und durchsetzungsstark. Sie verfügen über gesellschaftlich hoch geschätzte Fähigkeiten. Trotzdem wiegt der Rucksack schwer und hält viele davon ab, jemals ans Ziel zu gelangen.

So wunderbar Aufstiegsgeschichten klingen, sie sind mit Vorsicht zu genießen. Ich sage das als Klassenaufsteigerin, die solche Geschichten begierig liest und nach Ähnlichkeit und Abweichung sucht. Ich stelle eine gewisse Erleichterung darüber fest, dass es andere schlimmer oder härter traf als mich – und dass sie es trotzdem geschafft haben. Selbst mich tröstet die Vorstellung, dass Menschen, denen es buchstäblich dreckig ging, besonders als Kind, doch noch etwas aus ihrem Leben machen konnten.

Ich meine tatsächlich eine gefühlte, echte Erleichterung angesichts eines täglich empfundenen Unbehagens: Ich lebe in einem sehr diversen Stadtteil. Hier lebt eine gut situierte Mittelschicht Tür an Tür mit eher ärmeren Rentnern, Arbeitslosen, Migranten, Studenten aus aller Welt. Unser Stammsupermarkt liegt inmitten eines großen Plattenbauviertels, man trifft hier jeden Tag auf Menschen, die offensichtlich ganz unten angekommen sind. Sturzbetrunkene Männer, die mit ihren Kleinkindern einkaufen gehen, Eltern, die ihre Kinder in der Öffentlichkeit anschreien, hasserfüllt anschweigen oder mit Klapsen auf den Kopf zurechtweisen.

Diese Menschen scheinen ein umfangreiches Gepäck mit sich herumzuschleppen, das vor allem aus Problemen, Armut und Sucht besteht. Ihre Kinder zu sehen, nicht helfen zu können erzeugt nicht einfach ein Unbehagen, sondern echte Verzweiflung. Und es bleibt die Frage, warum es uns nicht gelingt, diese tiefgreifende gesellschaftliche Kluft zu überwinden.

Von der Biografie meiner Mutter zu erzählen gibt ihr immerhin ein bisschen Geschichte zurück, schreibt sie ein in eine übergeordnete Klassenerzählung. Ihre Geschichte erscheint mir wie eine *Arbeiterbiografie par excellence*: Einfach deshalb, weil sie seit ihrer Jugend Erwerbsarbeit nachgeht, weil Arbeit ihr Lebenszweck ist, ihr Halt gibt. Die Geschichte meiner Mutter ist nicht exzeptionell, oder eben zu exzeptionell. Weil sie repräsentativ für eine Schicht ist, die wir nicht als repräsentativ für die Gesellschaft betrachten.

Unsere Gesellschaft ist gespalten, weil es eine Kluft zwischen den Lebensformen und Lebenschancen gibt. Die Spaltung wird nicht dadurch beseitigt, dass man armen Menschen oder Menschen der Arbeiterklasse etwas mehr Respekt und Anerkennung zollt. Vielmehr weitet der Blick auf sie unsere Perspektive auf gesellschaftliche Normalität – eine, die wir für gewöhnlich nicht sehen. Wir, das ist die Mitte oder das, was eine bildungsbürgerliche, bessersituierte Leserschaft dafür hält.

Politische Veränderung wird erst dann möglich, wenn wir eine ehrliche Bestandsaufnahme machen und die Karten auf den Tisch legen. Zu diesen Wahrheiten gehört, dass das, was meinen Geschwistern und mir gelang – der Aufstieg aus unserem Herkunftsmilieu – bei weitem nicht allen Menschen möglich ist und es im Sinne der herrschenden Ideologie auch nicht sein soll. Unsere Gesellschaft wird insgesamt nicht gerechter, wenn hier und da eine Klassenbeste ein angenehmeres Leben als ihre Eltern führt. Unsere Gesellschaft wird erst dann eine gerechte sein, wenn Klassenunterschiede nicht länger existieren.

DANKSAGUNGEN

Es gibt viele Menschen, ohne die das Schreiben dieses Buches nicht möglich gewesen wäre. Allen voran meine Mutter, der ich für alles zu danken habe: für die Liebe, die Zeit, das Engagement, ihre Opfer. Ich danke Richard dafür, dass er mir den Rücken freihält, ganz ohne die Vorteile des Ehegattensplittings. Ich danke Luca und Johann für ihre Geduld mit einer Mutter, die über das Schreiben oft genug die Zeit vergisst.

Lina Muzur gilt mein Dank für das große Vertrauen, das sie in dieses Buch und mich gesetzt hat. Patrick Baumgärtel danke ich für die Wiederbelebung einer Idee, die ich längst begraben hatte. Einen Dank auch an Karoline Winter und Leonard Schroeder für die kritischen Lektüren des entstehenden Textes.

LITERATURVERZEICHNIS

Baron, Ava: Masculinity, the Embodied Male Worker, and the Historian's Gaze. In: International Labor and Working-Class History, No. 69: Working-Class Subjectivities and Sexualities (Spring, 2006), S. 143–160.

Baron, Christian: Proleten, Pöbel, Parasiten. Warum die Linken die Arbeiter verachten. Berlin 2016.

Baron, Christian: Ein Mann seiner Klasse. Berlin 2020.

Beauvoir, Simone de: Das andere Geschlecht. Sitte und Sexus der Frau. Hamburg 2006.

Becker-Schmidt, Regina: Frauenforschung, Geschlechterforschung, Geschlechterverhältnisforschung. In: Regina Becker-Schmidt/Gudrun-Axeli Knapp: Feministische Theorien. Zur Einführung. Hamburg 2003, S. 14–56.

Bollmann, Ralph: Die Kanzlerin und ihre Zeit. München 2021.

Bourdieu, Pierre: Die feinen Unterschiede. Kritik der gesellschaftlichen Urteilskraft. Frankfurt a. M. 2013.

Brecht, Bertolt: »Was ist ein Einbruch in eine Bank gegen die Gründung einer Bank?«. Das Brecht-Brevier zur Wirtschaftskrise. Berlin 2016.

Butler, Judith: Die Macht der Gewaltlosigkeit. Über das Ethische im Politischen. Berlin 2020.

Dabiri, Emma: Was weiße Menschen jetzt tun können. Von »Allyship« zu echter Koalition. Berlin 2022.

Evaristo, Bernardine: Mädchen, Frau, etc. Stuttgart 2021.

Ghodsee, Kristen R.: Warum Frauen im Sozialismus besseren Sex haben. Berlin 2019.

Gramsci, Antonio: Gefängnishefte (10 Bände). Hamburg/Berlin 1994.

hooks, bell: Alles über Liebe. Neue Sichtweisen. Hamburg 2021.

Hufgard, Henriette: Über das wundersame Verschwinden der Zeit. In: Karin Hutflötz/Veronika Hilzensauer [Hrsg.]: Wieder denken. Neue Fragen, andere Antworten, Perspektiven für die Zeit nach der Pandemie (Edition Zeitkritik 3), S. 51–84.

Jahn, Rohland: Wir Angepassten. Überleben in der DDR. Bonn 2015.

Kaiser, Mareice: Das Unwohlsein der modernen Mutter. Hamburg 2021.

Kucklick, Christoph: Das unmoralische Geschlecht. Frankfurt a. M. 2008.

Kurt, Şeyda: Radikale Zärtlichkeit. Warum Liebe politisch ist. Hamburg 2021.

Lemke, Grit: Kinder von Hoy. Freiheit, Glück und Terror. Berlin 2021.
Marx, Karl: Manifest der kommunistischen Partei. In: Karl Marx: Kapital und Politik. Frankfurt a. M. 2008, S. 319–367.
Mau, Steffen: Lütten Klein. Leben in der ostdeutschen Transformationsgesellschaft. Bonn 2019 (= Lizenzausgabe der Bundeszentrale für politische Bildung; Original: Berlin 2019).
McGarvey, Darren: Poverty Safari. London 2017.
McWhorter, John: Die Erwählten: Wie der neue Antirassismus die Gesellschaft spaltet. Hamburg 2022.
Michaels, Walter Benn: Der Trubel um Diversität. Wie wir lernten, Identitäten zu lieben und Ungleichheit zu ignorieren. Berlin 2021.
Münkler, Herfried: Marx, Wagner, Nietzsche. Welt im Umbruch. Berlin 2021.
Nahles, Andrea: Frau, gläubig, links. München 2009.
Pötzl, Norbert F.: Der Treuhand-Komplex. Bonn 2021.
Reckwitz, Andreas/Hartmut Rosa: Spätmoderne in der Krise. Was leistet die Gesellschaftstheorie? Berlin 2021.
Rehberg, Karl-Siegbert: Die unsichtbare Klassengesellschaft. In: Karl-Siegbert Rehberg [Hrsg.]: Soziale Ungleichheit, kulturelle Unterschiede. Verhandlungen des 32. Kongresses der Deutschen Gesellschaft für Soziologie in München 2004, Teil 1, S. 19–39.
Richter, Hedwig: Aufbruch in die Moderne. Reform und Massenpolitisierung im Kaiserreich. Berlin 2021.
Rosales, Caroline: Single Mom. Hamburg 2018.
Rosin, Hanna: Das Ende der Männer und der Aufstieg der Frauen. Berlin 2012.
Rulffes, Evke: Die Erfindung der Hausfrau. Hamburg 2021.
Sarasin, Philipp: 1977. Eine kurze Geschichte der Gegenwart. Berlin 2021.
Sennett, Richard: Respekt im Zeitalter der Ungleichheit. Berlin 2007.
Schnerring, Almut/Verlan, Sascha: Equal Care. Berlin 2020.
Thurman, Wallace: The Blacker the Berry. Aus dem Amerikanischen von Heddi Feilhauer. Berlin 2021.
Vester, Michael: Die geteilte Bildungsexpansion – Die sozialen Milieus und das segregierende Bildungssystem der Bundesrepublik Deutschland. In: Karl-Siegbert Rehberg [Hrsg.]: Soziale Ungleichheit, kulturelle Unterschiede. Verhandlungen des 32. Kongresses der Deutschen Gesellschaft für Soziologie in München 2004, Teil 1. Frankfurt a. M. 2006, S. 73–90.
Vinken, Barbara: Die deutsche Mutter. Frankfurt a. M. 2007.
Wagenknecht, Sahra: Die Selbstgerechten. Frankfurt a. M. 2021.
Wiedemann, Carolin: Zart und frei. Berlin 2021.
Žižek, Slavoj: Wie ein Dieb bei Tageslicht. Frankfurt a. M. 2019.

ANMERKUNGEN

1 Pierre Bourdieu: Die feinen Unterschiede. Frankfurt a. M. 2013.

2 Die Großschreibung von Schwarz kennzeichnet, dass es sich nicht etwa um Farbe oder Hautfarbe handelt, sondern um das Konstrukt von Rasse/race.

3 Antonio Gramsci: Gefängnishefte (10 Bände). Hamburg/Berlin 1994, S. 2108.

4 Bourdieu, S. 184.

5 Michael Vester: Die geteilte Bildungsexpansion – Die sozialen Milieus und das segregierende Bildungssystem der Bundesrepublik Deutschland. In: Karl-Siegbert Rehberg [Hrsg.]: Soziale Ungleichheit, kulturelle Unterschiede. Verhandlungen des 32. Kongresses der Deutschen Gesellschaft für Soziologie in München 2004, Teil 1, S. 73–90, hier S. 76.

6 Andrea Nahles: Frau, gläubig, links. München 2009.

7 Vgl. Karl-Siegbert Rehberg: Die unsichtbare Klassengesellschaft. In: Karl-Siegbert Rehberg [Hrsg.]: Soziale Ungleichheit, kulturelle Unterschiede. Verhandlungen des 32. Kongresses der Deutschen Gesellschaft für Soziologie in München 2004, Teil 1, S. 19–39, S. 21.

8 Leonie Treber: Mythos »Trümmerfrau«: deutsch-deutsche Erinnerungen. https://www.bpb.de/apuz/204 282/mythos-truemmerfrau; Datum des Abrufs: 31.1.2022.

9 Ebd.

10 Ebd.

11 Ebd.

12 Ebd.

13 https://docplayer.org/21 007 021-1-vorwort-2-2-einleitung-3-3-die-zerstoerung-dresdens-und-das-kriegsende-4-4-das-bild-der-frau-in-nationalsozialismus-und-krieg.html#show_full_text; Datum des Abrufs: 25.2.22.

14 Ebd.

15 Ralph Bollmann: Die Kanzlerin und ihre Zeit. München 2021, S. 59.

16 Vgl. Steffen Mau: Lütten Klein. Leben in der ostdeutschen Transformationsgesellschaft. Bonn 2019, S. 55 f.

17 Vgl. ebd., S. 48 f.

18 Grit Lemke: Kinder von Hoy. Freiheit, Glück und Terror. Berlin 2021, S. 9.

19 Carolin Wiedemann: Zart und frei. Berlin 2021, S. 77.

20 Hedwig Richter: Aufbruch in die Moderne. Reform und Massenpolitisierung im Kaiserreich. Berlin 2021, S. 38.

21 Ebd.

22 Ebd.

23 Ebd., S. 227.

24 Ebd., S. 228.

25 Ebd.

26 Ebd.

27 Ebd., S. 225.

28 Ebd., S. 226 f.

29 https://marx200.org/en/mediathek/marx-imagined-totally-asexual-worker; Datum des Abrufs: 25.2.2022.

30 Simone de Beauvoir: Das andere Geschlecht. Sitte und Sexus der Frau. Hamburg 2006, S. 57.

31 Vgl. Judith Butler: Die Macht der Gewaltlosigkeit. Über das Ethische im Politischen. Berlin 2020, S. 64.

32 Beauvoir, S. 82.

33 Vgl. ebd., S. 88.

34 Ebd., S. 80.

35 Vgl. Mau, S. 77.

36 Kristen R. Ghodsee: Warum Frauen im Sozialismus besseren Sex haben. Berlin 2019.

37 Vgl. ebd., S. 171.

38 Vgl. https://taz.de/Mythos-Ostfrauen/!5 757 365/; Datum des Abrufs: 26.4.2022.

39 Klaus Theweleit: Männerphantasien. Band 1, Frauen, Fluten, Körper, Geschichte. München 1995, S. 159.

40 Ebd., S. 151.

41 Ebd.

42 Ebd., S. 154.

43 Zitiert nach: https://www.bpb.de/dialog/netzdebatte/159 677/da-ist-der-heiratsmarkt-zielfuehrender-als-der-arbeitsmarkt. Datum des Abrufs: 30.8.2021.

44 Vgl. Mau, S. 43.

45 https://taz.de/Frauen-aus-Ost--und-Westdeutschland/!5163287/; Datum des Abrufs: 8.6.2022.

46 Vgl. auch https://www.zeit.de/kultur/2018–09/gleichberechtigung-frauen-ostdeutschland-westdeutschland-emanzipation-verstaendnis; Datum des Abrufs: 26.4.2022.

47 Vgl. Mau, S. 48.

48 Bourdieu, S. 59 f.

49 Georg Simmel: Philosophie der Mode. Zitiert nach: http://www.modetheorie.de/fileadmin/Texte/s/Simmel-Philosophie_Mode_1905.pdf, S. 5. Datum des Abrufs: 26.4.2022.

50 Mareice Kaiser: Das Unwohlsein der modernen Mutter. Hamburg 2021.

51 Caroline Rosales: Single Mom. Hamburg 2018.

52 https://www.welt.de/politik/deutschland/article215 876 274/Arbeitende-Muetter-Was-westdeutsche-Frauen-von-den-Ostdeutschen-gelernt-haben.html. Datum des Abrufs: 30.8.2021.

53 https://www.welt.de/vermischtes/article154 880 811/Zu-Besuch-bei-den-Latte-Macchiato-Muettern-im-Klischee-Kiez.html; Datum des Abrufs: 26.4.2022.

54 https://www.sueddeutsche.de/leben/prenzlauer-berg-muetter-huebsches-hassobjekt-1 111 2080; Datum des Abrufs: 26.4.2022.

55 Lemke, S. 23.

56 Vgl. https://www.bpb.de/kurz-knapp/zahlen-und-fakten/soziale-situation-in-deutschland/61 556/alter-der-muetter-bei-der-geburt-ihrer-kinder/; Datum des Abrufs: 26.4.2022.

57 Vgl. etwa: Almut Schnerring, Sascha Verlan: Equal Care. Berlin 2020, S. 76 f.

58 https://sz-magazin.sueddeutsche.de/freie-radikale-die-ideenkolumne/gleichberechtigung-haushalt-pflege-88 262; Datum des Abrufs: 15.2.2022.

59 https://sz-magazin.sueddeutsche.de/freie-radikale-die-ideenkolumne/gleichberechtigung-haushalt-pflege-88 262; Datum des Abrufs: 15.2.2022.

60 Vgl. Barbara Vinken: Die deutsche Mutter, S. 134 f.

61 Vgl. Evke Rulffes: Die Erfindung der Hausfrau. Hamburg 2021, S. 182.

62 https://sz-magazin.sueddeutsche.de/freie-radikale-die-ideenkolumne/gleichberechtigung-haushalt-pflege-88 262; Datum des Abrufs: 15.2.2022.

63 Vgl. Henriette Hufgard: Über das wundersame Verschwinden der Zeit. In: Karin Hutflötz und Veronika Hilzensauer [Hrsg.]: Wieder denken. Neue Fragen, andere Antworten, Perspektiven für die Zeit nach der Pandemie Edition Zeitkritik 3, S. 51 f.

64 https://www.dkfz.de/de/tabakkontrolle/download/Publikationen/sonstVeroeffentlichungen/Alkoholatlas-Deutschland-2017_Doppelseiten.pdf; Datum des Abrufs: 14.1.2022.

65 https://www.n-tv.de/wissen/Sozial-Schwache-sterben-eher-an-Alkohol-article16 475 531.html; Datum des Abrufs: 14.1.2022.

66 Ebd.

67 https://pubmed.ncbi.nlm.nih.gov/29 293 492/; Datum des Abrufs: 14.1.2022.

68 Karl Marx: Manifest der kommunistischen Partei. In: Karl Marx: Kapital und Politik. Frankfurt a. M. 2008, S. 319–367, hier S. 341.

69 Regina Becker-Schmidt: Frauenforschung, Geschlechterforschung, Geschlechterverhältnisforschung. In: Regina Becker-Schmidt und Gudrun-Axeli Knapp: Feministische Theorien. Zur Einführung. Hamburg 2003. S. 14–56, hier S. 45.

70 Christoph Kucklick: Das unmoralische Geschlecht. Frankfurt a. M. 2008, S. 137 f.

71 Mau, S. 153.

72 Hanna Rosin: Das Ende der Männer und der Aufstieg der Frauen. Berlin 2012, S. 117.

73 Ebd., S. 144.

74 Emma Dabiri: Was weiße Menschen jetzt tun können. Von »Allyship« zu echter Koalition. Berlin 2022, S. 160.

75 Christian Baron: Proleten, Pöbel, Parasiten. Warum die Linken die Arbeiter verachten. Berlin 2016, S. 34.

76 Dabiri, S. 38.

77 Vgl. Dabiri, S. 99 f.

78 Vgl. ebd.

79 Vgl. ebd., S. 62 f.

80 https://www.deutschlandfunknova.de/beitrag/toxische-maennlichkeit-maenner-das-gefaehrliche-geschlecht; Datum des Abrufs: 9.1.2022.

81 Vgl. Walter Benn Michaels: Der Trubel um Diversität. Wie wir lernten, Identitäten zu lieben und Ungleichheit zu ignorieren. Berlin 2021, S. 148 f.

82 https://www.bmfsfj.de/resource/blob/93 970/957 833aefeaf612d9806 caf1d147 416b/gewalt-paarbeziehungen-data.pdf; Datum des Abrufs: 10.1.2022.

83 https://www.bmfsfj.de/bmfsfj/service/publikationen/gewalt-gegen-frauen-in-paarbeziehungen-80 614; Datum des Abrufs: 2.5.2022.

84 https://www.bmfsfj.de/resource/blob/93 970/957 833aefeaf612d9806 caf1d147 416b/gewalt-paarbeziehungen-data.pdf; Datum des Abrufs: 10.1.2022.

85 Ebd.

86 https://www.belltower.news/die-geschichte-der-skinhead-kultur-28 584; Datum des Abrufs: 18.2.2022.

87 Ava Baron: Masculinity, the Embodied Male Worker, and the Historian's Gaze. In: International Labor and Working-Class History No. 69,

Working-Class Subjectivities and Sexualities (Spring, 2006), S. 143–160, hier S. 144.

88 Ebd., S. 146.

89 Ebd., S. 147.

90 Ebd., S. 149.

91 Ebd.

92 https://www.cicero.de/kultur/schauspieler-thomas-arnold-unglaubiger-thomas-sachsen-erzgebirge-welterbe-ddr; Datum des Abrufs: 12.1.2022.

93 https://www.fr.de/ratgeber/gesundheit/studie-lebenserwartung-rente-arbeiter-leben-beamte-tod-stress-diw-berlin-zyx-zr-90 964 361.html; Datum des Abrufs: 9.1.2022.

94 Ebd.

95 Butler, S. 23.

96 Vgl. Slavoj Žižek: Wie ein Dieb bei Tageslicht. Macht im Zeitalter des posthumanen Kapitalismus. Frankfurt a. M. 2019, S. 170.

97 https://www.mdr.de/geschichte/ddr/politik-gesellschaft/bautzen-gefaengnis-strafvollzug-gelbes-elend-100.html; Datum des Abrufs: 11.4.2022.

98 Ebd.

99 Ebd.

100 Vgl. Roland Jahn: Wir Angepassten. Überleben in der DDR. Bonn 2015, S. 18 f.

101 Vgl. Rehberg, S. 21.

102 Vgl. ebd., S. 20 f.

103 Vgl. ebd.

104 Vgl. Bourdieu, S. 224 f.

105 The Nomadic Proletariat: An Interview with Alain Badiou (https://www.academia.edu/38929266/The_Nomadic_Proletariat_An_Interview_with_Alain_Badiou); Datum des Abrufs: 22.6.22.

106 Herfried Münkler: Marx Wagner Nietzsche. Welt im Umbruch. Berlin 2021, S. 356.

107 Ebd.

108 Vgl. Anna Mayr: Die Elenden. Berlin 2020, S. 36 f.

109 Vgl. ebd., S. 64.

110 Vgl. https://www.bib.bund.de/Publikation/2012/Wenige-junge-Frauen-im-laendlichen-Raum-Ursachen-und-Folgen-der-selektiven-Abwanderung-in-Ostdeutschland.html?nn=9 751 912; Datum des Abrufs: 2.5.2022.

111 Vgl. Martin Kroh und Harald Schoen: Politisches Engagement. https://www.uni-bamberg.de/fileadmin/uni/fakultaeten/sowi_lehrstuehle/po

litikwissenschaften_2/MANUSKRIPTE_FEB/Kroh_Schoen_2010_Politisches_Engagement.pdf; Datum des Abrufs: 2.5.2022.

112 https://www.welt.de/kultur/plus219 680 438/Querdenken-in-Leipzig-Ein-etwas-anderer-Rueckblick-auf-den-Corona-Protest.html; Datum des Abrufs: 10.4.2022.

113 https://www.wissenschaft-und-frieden.de/seite.php?artikelID=1786; Datum des Abrufs: 18.10.2021.

114 https://taz.de/Norberto-Bobbios-Rechts-und-Links/!5 817 333/; Datum des Abrufs: 18.12.2021.

115 https://www.wissenschaft-und-frieden.de/seite.php?artikelID=1786; Datum des Abrufs: 18.10.2021.

116 Bertolt Brecht: »Was ist ein Einbruch in eine Bank gegen die Gründung einer Bank?«. Das Brecht-Brevier zur Wirtschaftskrise. Berlin 2016.

117 https://www.sueddeutsche.de/politik/aktion-gegen-journalisten-sachsens-polizei-immer-wieder-auffaellig-1 409 7877; Datum des Abrufs: 5.2.2022.

118 https://www.deutschlandfunkkultur.de/studie-zu-genvarianten-schlaue-eltern-schlaue-kinder-100.html; Datum des Abrufs: 2.2.2022.

119 https://www.spiegel.de/panorama/bildung/bildungsbericht-des-bundes-zahl-der-schulabgaenger-ohne-abschluss-steigt-a-d856b93b-f851–4266-be73–22 982af83dfe; Datum des Abrufs: 20.2.22.

120 https://www.spiegel.de/politik/deutschland/leseschwache-schueler-die-neue-klassengesellschaft-a-1 183 282.html; Datum des Abrufs: 21.2.22.

121 https://www.zebrabutter.net/ich-bin-der-working-class-proll-ein-offener-brief-an-jan-fleischhauer.html; Datum des Abrufs: 21.2.22.

122 John McWhorter: Die Erwählten. Wie der neue Antirassismus die Gesellschaft spaltet. Hamburg 2022, S. 197.

123 Ebd., S. 147.

124 Ebd., S. 196.

125 Wallace Thurman: The Blacker the Berry. Berlin 2021, S. 31.

126 Vgl. McWhorter, S. 189.

127 Vgl. ebd., S. 210.

128 Vgl. ebd., S. 112.

129 Vgl. Michaels, S. 106.

130 Vgl. ebd., S. 107.

131 https://www.bundestag.de/resource/blob/438 944/7313a1540db3aae55 675d4c88a0a14ad/WD-6–102–16-pdf-data.pdf; Datum des Abrufs: 14.4.2022.

132 Richard Sennett: Respekt im Zeitalter der Ungleichheit. Berlin 2007, S. 136 f.

133 https://www.zdf.de/nachrichten/panorama/hartz-iv-empfaenger-alleinerziehend-100.html; Datum des Abrufs: 5.1.2021.

134 https://www.zdf.de/nachrichten/panorama/hartz-iv-empfaenger-alleinerziehend-100.html; Datum des Abrufs: 5.1.2021.

135 Darren McGarvey: Poverty Safari. London 2017, S. 155.

136 Vgl. Michaels, S. 106.

137 Vgl. Sahra Wagenknecht: Die Selbstgerechten. Frankfurt a. M. 2021, S. 40.

138 Vgl. McGarvey, S. 155.

139 Ebd.

140 Vgl. Wiedemann, S. 59.

141 Vgl. Philipp Sarasin: 1977. Eine kurze Geschichte der Gegenwart. Berlin 2021, S. 229.

142 Vgl. Andreas Reckwitz / Hartmut Rosa: Spätmoderne in der Krise. Was leistet die Gesellschaftstheorie? Berlin 2021, S. 110 f.

143 Vgl. ebd., S. 120 f.

144 Vgl. Žižek, S. 165.

145 Vgl. Michaels, S. 137.

146 Ebd.

147 Vgl. Wagenknecht, S. 28.

148 Vgl. ebd., S. 23.

149 Gramsci, S. 1500.

150 Bernardine Evaristo: Mädchen, Frau, etc. Stuttgart 2021, S. 351.

151 Ebd., S. 359.

152 Ebd., S. 360.

153 Şeyda Kurt: Radikale Zärtlichkeit. Warum Liebe politisch ist. Hamburg 2021.

154 bell hooks: Alles über Liebe. Neue Sichtweisen. Hamburg 2021, S. 51.

155 Dabiri, S. 161.

156 https://taz.de/Simin-Jawabreh-ueber-ihren-Aktivismus/!5 834 658/; Datum des Abrufs: 6.4.2022.

157 Vgl. Wiedemann, S. 58 f.

158 Vgl. Norbert F. Pötzl: Der Treuhand-Komplex. Bonn 2021, S. 34 f.

159 Vgl. Jahn, S. 16.

160 Vgl. Reckwitz/Rosa, S. 112 f.

161 Vgl. ebd., S. 116.

162 Vgl. Christian Baron: Ein Mann seiner Klasse. Berlin 2020, S. 215.